「昭和」を生きた台湾青年

日本に亡命した台湾独立運動者の回想　1924-1949

王育徳

近藤明理（土明理）＝編集協力

草思社文庫

はじめに

本書の著者、王育徳《おういくとく》は、大正十三年（一九二四）に台湾の台南市に生まれ、日本教育を受けて育った台湾人である。

王育徳は、戦後台湾を占領した中国国民党の独裁政治を批判したために、政府ににらまれ、昭和二十四年（一九四九）に日本へ亡命した。その後、日本で大学教師として生活するかたわら、台湾独立運動、台湾語の研究、台湾人元日本兵士の補償問題の活動などに力を注いだ。一方では、『台湾——苦悶するその歴史』（弘文堂・一九六四年）などの台湾の歴史や文学・言語に関する著作を多数残している。

故郷に帰ることを許されないまま、昭和六十年（一九八五）に他界したが、一生を台湾のために捧げた著者が、実際に生活したのは、戦後の四年間をのぞき、日本社会であった。その人生は、まさに激動の昭和の時代と重なっている。

著者が生まれた頃の台湾は、日本の植民地統治がはじまって三十年目であった。台南では日本の社会制度のなかに、清《しん》朝風の文化、風俗がまだ色濃く残っていた。その様子を、自分の体験をとおして書き残しておこうと、著者が四十一歳の頃に書いたのが、この回想記である。著者の幼少期から台湾を脱出する二十五歳までの回想であるが、当時の台湾独特の文化が詳しく描かれ、一つの貴重な記録ともなっている。「なぜ植民地統治されたのに、台湾には親日的な人が多いの？」、「台湾は中国の一部じゃないって本当？」。よく聞かれるそういう疑問に対する答えも、読後に感じとっていただけることと思う。

著者が他界した数年後、東京外国語大学アジア・アフリカ言語文化研究所に「王育徳文庫」が設置されることになり、そのために蔵書と遺稿を整理していた際に発見されたのが、この回想記であった。台湾の前衛出版社では、これを中文に翻訳し、二〇〇二年、王育徳全集の第十五巻『王育徳自伝』として刊行している。

この度の出版にあたっては、この回想記に、著者が後に書いた随筆から抜粋した文章を加えて編集し、また二十五歳以降の足跡について、「おわりに」にまとめさせていただいた。

なお、次のことを付記させていただきたい。日本時代の台湾では、漢字は日本語読みと台湾語読みが、ある程度併用されていた。本文中、ひらがなのルビは日本語読み、カタカナのルビは台湾語読みを表わしている。文中の人物名は、基本的に本名だが、一部プライバシーに配慮して、仮名としたところがある。表現に多少不適切と感じられる部分があるが、著者が故人であることや時代的な背景を考慮して、なるべく原文のまま残す方針とさせていただいた。

二〇一一年 春

近藤明理（王明理）
王育徳・次女

「昭和」を生きた台湾青年◎目次

図版作成＝アートライフ（小笠原諭）

台南市
台南第二中学校
↓
戦後台南第一中学校
(育徳が戦後教えていた所)
台南駅
台南第一中学校
大正町通り
花園小学校
竹仔巷の
別荘
明治町通り
開山神社
台南第一
高等女学校
五妃廟
大正
公園
警察署
上帝廟
台南州庁
孔子廟
台南第二
高等女学校
王家
鴨母寮
天公廟
白金町通り
明治公学校
幼稚園
南門小学校
桶盤桟
赤崁楼
ハヤシ百貨店
本町通り
台南神社
末廣公学校
大舞台
西門町通り
宮古座
雪梅の実家
世界館
戎館
N

台湾
台湾海峡
台北
新竹
太平洋
嘉義
台南
台東
高雄
東港
火焼島
(緑島)
N

王家の見取り図

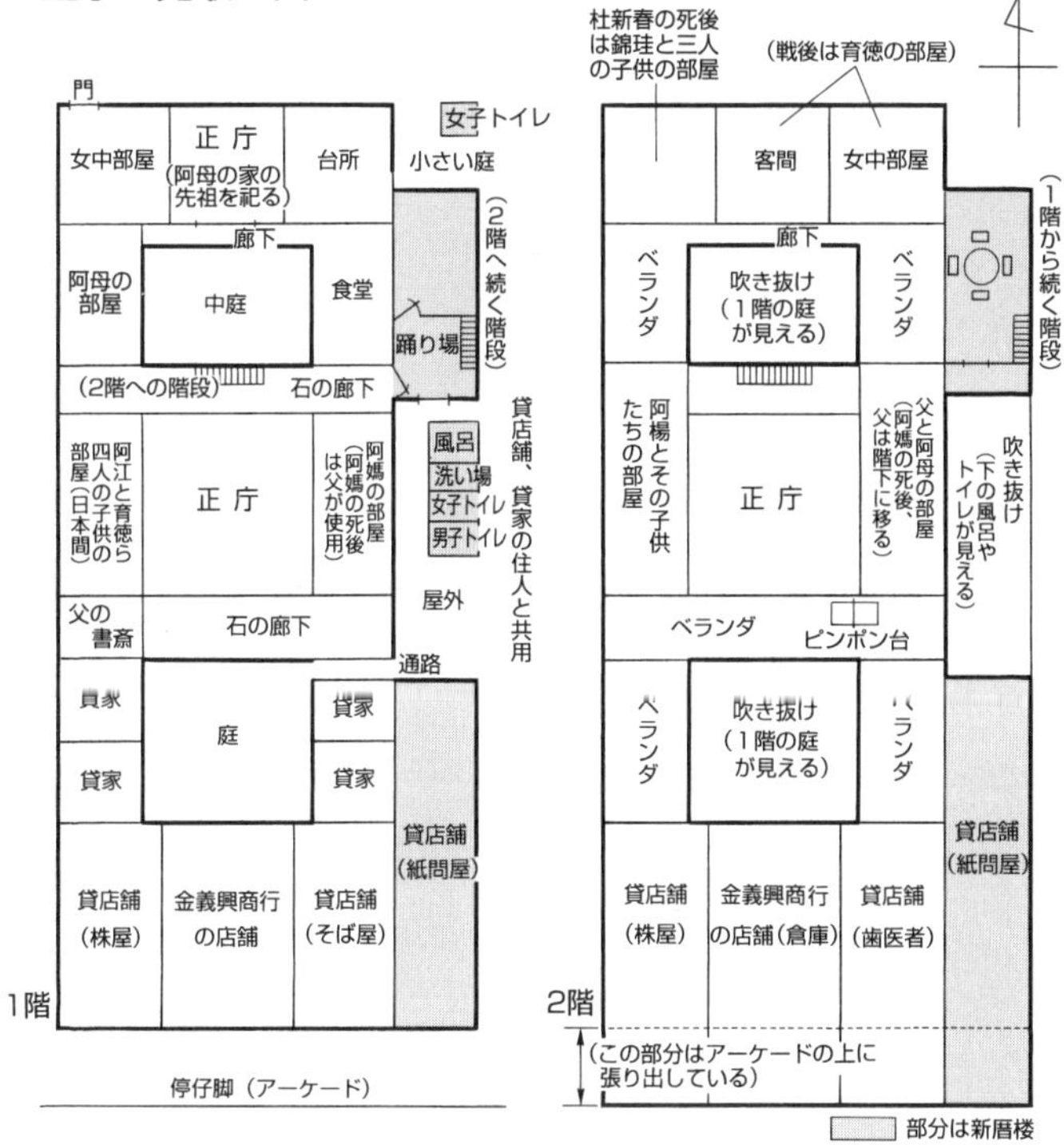
N
門
女中部屋
正庁
(阿母の家の先祖を祀る)
台所
女子トイレ
小さい庭
(2階へ続く階段)
廊下
阿母の部屋
中庭
食堂
踊り場
(2階への階段)
石の廊下
阿江と育徳ら四人の子供の部屋(日本間)
正庁
阿媽の部屋(阿媽の死後は父が使用)
風呂
洗い場
女子トイレ
男子トイレ
貸店舗、貸家の住人と共用
屋外
父の書斎
石の廊下
通路
貸家
庭
貸家
貸家
貸家
貸店舗(紙問屋)
貸店舗(株屋)
金義興商行の店舗
貸店舗(そば屋)
1階
停仔脚(アーケード)
杜新春の死後は錦珪と三人の子供の部屋
(戦後は育徳の部屋)
客間
女中部屋
廊下
ベランダ
吹き抜け(1階の庭が見える)
ベランダ
(1階から続く階段)
阿揚とその子供たちの部屋
正庁
父と阿母の部屋(阿媽の死後、父は階下に移る)
吹き抜け(下の風呂やトイレが見える)
ベランダ
ピンポン台
ベランダ
吹き抜け(1階の庭が見える)
ベランダ
貸店舗(紙問屋)
貸店舗(株屋)
金義興商行の店舗(倉庫)
貸店舗(歯医者)
2階
(この部分はアーケードの上に張り出している)
部分は新厝楼

【家系図】
※本文に登場する人物のみ。

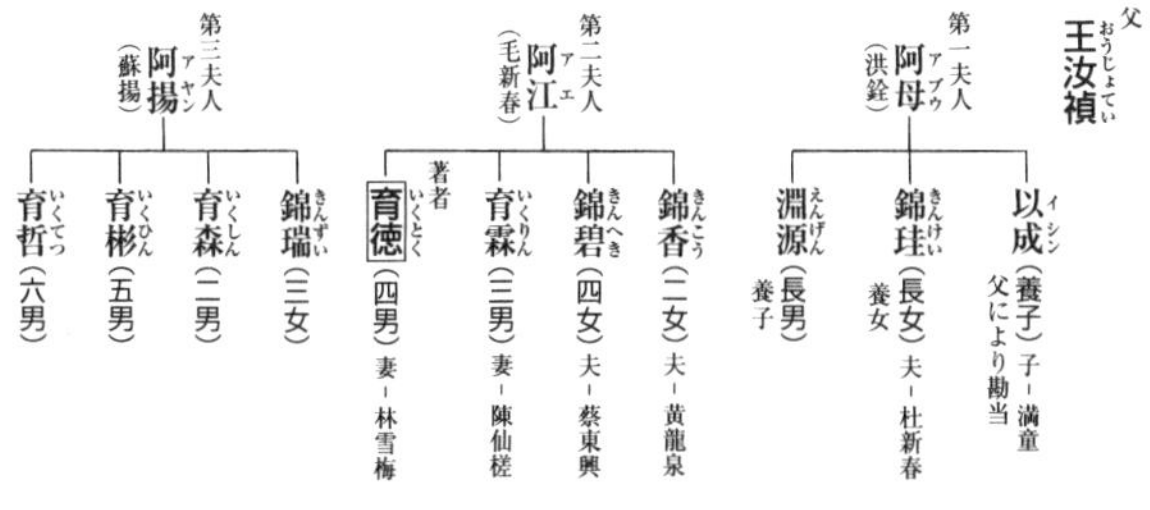
父
王汝禎《おうじょてい》
第一夫人
阿母《アブウ》(洪銓)
以成《イシン》(養子)父により勘当 子-満童
錦珪《きんけい》(長女)養女 夫-杜新春
淵源《えんげん》(長男)養子
第二夫人
阿江《アエ》(毛新春)
錦香《きんこう》(二女)夫-黄龍泉
錦碧《きんへき》(四女)夫-蔡東興
育霖《いくりん》(三男)妻-陳仙槎
著者
育徳《いくとく》(四男)妻-林雪梅
第三夫人
阿揚《アヤン》(蘇揚)
錦瑞《きんずい》(三女)
育森《いくしん》(二男)
育彬《いくひん》(五男)
育哲《いくてつ》(六男)

・「『昭和』以前の台湾」（一五頁〜一七頁）は編集協力者・近藤明理氏による。
・〔 〕内の注は、近藤明理氏および編集部による。
・小見出しは編集部による。

「昭和」以前の台湾

台湾は中国大陸と百八十キロの台湾海峡で隔てられた島で、大きさは日本の九州よりやや小さい。紀元前三〇〇〇年以上前から、マレー・ポリネシア系の先住民族が定住していた（現在は、原住民という呼称が正式な名称として使われている。風習、言語の違う民族に分かれ、二〇一〇年現在、政府に公認されている民族数は十四である）。

台湾に中国大陸の漢民族が移住を始めたのは十六世紀である。理由は大陸の飢饉、生活苦から逃れ、新天地を求めるためであった。以後、原住民との交流、結婚もあり、大陸の中国人とは、風俗、習慣の異なる民族を形成してゆく。

台湾人の多くはホーロー人と呼ばれる福建《ふっけん》系で、二番目に多いのが広東《カントン》系の客家《はっか》人である。言語も福建系のホーロー語、広東系の客家語、各原住民族語など多様であるが、本書で「台湾語」というのは、著者、王育徳の母語でもあるホーロー語を指す。

十七世紀に入って、台湾はオランダ、スペイン、鄭成功《ていせいこう》（明王朝の遺臣）の支配下に置かれた。清朝《しん》は鄭氏の脅威を除去する必要から、鄭氏と戦い、一六八四年、これを撃滅した。

当初、清朝は、元来固有の領土ではなかった台湾を放棄する予定であったが、新たな脅威が生まれることを怖れて、版図に組み入れ、福建省の植民地とした。大陸から台湾への渡航、移住に関しては厳しく制限したが、台湾に新天地を求めて渡航する者は後を絶たなかった。清朝の支配下にあった二百余年、移住民の反乱と清朝軍による鎮圧が繰り返され、社会整備にはほとんど手がつけられなかった。

十九世紀半ば、欧米列強が東洋に進出し、中国を半植民地化すると、台湾も開港されて、宣教師によるキリスト教布教が始まった。

一八九四年（明治二十七）、朝鮮をめぐる権力競争を原因に、日本と清国のあいだに日清戦争が起きた。勝利した日本は、講和条約（下関条約。一八九五年、明治二十八年）で、台湾、澎湖《ほうこ》諸島の割譲を受けた。

自分たちの与《あずか》り知らぬところで、清朝から日本へ割譲されたと聞いた台湾人は驚愕した。彼らにとって、日本は東夷《とうい》と呼ばれる未知の脅威であったからである。下関条約のなかには国籍選択の自由と二年間の猶予期限が設けられていたが、遠い昔に大陸を離れてきた大多数の台湾人にとっては、大陸はもはや帰る場所ではなかった。

明治二十八年（一八九五）五月、日本が進駐して来ると、台湾各地で台湾人の武装抵抗が起きたが、いずれも単発的で、近代的軍隊の前に次々と鎮圧され、約二十年で終息した。

日本の支配下に入ったときの台湾は人口二百五十万、住民のほとんどが字も読めず、鉄道、幹線道路、上下水道などのインフラも無に等しかった。

この台湾の植民地経営に対して、日本は台湾総督から市民まで、国の名誉にかけて最善の努力をはらって取り組んだ。

台湾総督は法律と同じ効力を持つ律令を制定施行する権限を持った。初代総督に樺《かば》山資紀《やますけのり》、第二代に桂太郎、第三代に乃木希典、第四代に児玉源太郎が任命され、第十九代安藤利吉が最後の総督であった。

日本人の移住も奨励され、昭和二十年（一九四五）には、在台湾日本民間人は約三十三万人にのぼった。

日本は台湾住民の生活水準を本国と同程度に引き上げ、いずれは同化することを目的として、世界のどこよりも良い植民地経営を目指したのである。このため、台湾は行政体制から経済、治安、衛生、教育のあらゆる面で近代化の恩恵を受けることとなった。

第1章　大家族

生い立ち

私は大正十三年（一九二四）一月三十日に、台湾南部の古都、台南市に生まれた。父は王汝禎《おうじよてい》といい、金義《きんぎ》興《こう》商行という屋号の海陸物産缶詰類の卸問屋を営んでいた。母の名は毛新春《もうしんしゅん》というが、私たち子供は「アエ」と呼び、字では「阿江」とあてた。アエは一種の愛称だが、その由来はよく知らない。母は父の三人ある妻の二人目、つまり妾の一人で、私たちが「阿母《アブウ》」と呼ぶ正妻と、もう一人の妾「阿揚《アヤン》」の連合戦線によっていじめられどおしで、昭和九年（一九三四）、私が十歳のときに四十三歳の薄幸な生涯を終えた。

　わが家は封建的大家族制度の典型で、そのために私の兄弟関係は複雑なものになっている。

　長男は王淵源《えんげん》といい、これは養子であった。いい総領息子だったが、昭和八年（一九三三)、十七歳の若さで急性盲腸炎を患って死んだ。

次男は王育森《いくしん》といい、阿揚が産んだ最初の男子で、淵源兄が死んだあと家督を継いだ。男兄弟はこれだけではない。私と同じ腹の育霖《いくりん》兄があり、下に阿揚の子の育彬《いくひん》弟と育哲《いくてつ》弟の二人がいる。

このほかに、小説のネタにはもってこいの奇妙な存在として、以成《イシン》という名前の、運命が運命ならば、私たちの最年長の兄にあたる人がいた。以成は私たちが生まれてくるよりずっと以前に養子にもらわれてきて、長男として入籍していたが、素行が悪かったために、早くから勘当されてしまった。

すでに縁が切れていたのだが、かれはときどき後壁門《アウピアムン》(裏門)から忍び込んできては、「阿母を呼んでくれ」と偉そうに家の者に命令し、「病気で死にそうだ」とか、「これから遠方へ出稼ぎに行くから」と、うまいことを言って、「最後のお願いだから」と、金品を阿母からせしめていく。「以成を家に入れてはいかん、金や物をやるのはもってのほか」と父から固く禁じられているのに、阿母はそれでも「おまえらの兄さん」と呼んで、情をかけてやるので、それが私たちには不潔に感じられ、不満でもあった。

男兄弟のほかに、姉が四人いる。長女はこれも養女の錦珪《きんけい》、二番目の姉は私と同じ腹の錦香《きんこう》、三番目の姉は阿揚の子の錦瑞《きんずい》、四番目の姉はまた私と同じ腹の錦碧《きんへき》となっている。

姉たちは、いずれも父の見立てた相当の家柄の人のところへ嫁いだが、父は姉婿の学問第一を条件としたから、教養の高い姉婿たちから私が受けた影響は大きいものがあった〔家族構成については一三頁参照〕。

父、王汝禎の立志伝

父は清《しん》暦の光緒《こうしょ》六年（明治十三、一八八〇）の生まれで、昭和二十八年（一九五三）に七十三歳で他界した。亡くなる三年前に、洋罫紙五枚におよぶ長文の「汝禎遺書」を書き、ほかに「汝禎略叙一生経過」という簡単な自叙伝を書いている。

父が十五歳のとき、明治二十八年（一八九五）に台湾は清朝から日本に割譲された。そのとき、父は「和源」という、いとこの劉泰山《りゆうたいざん》が経営しているタバコや油や紙類を売る日用雑貨商の丁稚小僧をやっていた。月給が二元で、ほかに得意先に品物を届けたりすると二銭、三銭のチップがもらえた。

父は収入のすべてを家に持ち帰って、母親（父親の後妻）に渡し、母親はそれに自分と自分が産んだ娘が内職して稼いだ金とをあわせて、苦しい家計を切り盛りしていた。

そこへ降ってわいたような台湾割譲の騒ぎである。日本人は野蛮人で、アヘンを禁じ、纏足《てんそく》を解き、辮髪《べんぱつ》を切るそうだ、これではこの世の中に生きる甲斐がないなどと、いろいろな流言飛語がとびかって、役人や資産家は大陸へ逃げ出し、血の気の多い人は「義勇軍」に応募して抗戦した。乱れた社会秩序に乗じ、各地に土匪《どひ》が跳梁《ちょうりょう》した。

父は母親をいたわり、妹の手を引いて、あちこち逃げ隠れた。このときの恐慌と苦難を父は「走番仔反《ツァウホアナホアン》」といって、私たちに語って聞かせた。「走《ツァウ》」とは逃げる、「番仔《ホアナ》」とは日本人、「反《ホアン》」とは動乱の意味である。私はこの言葉に、大きく変わる歴史の真っ只中を生き、国際情勢も、政治もまったくわからない少年の毎日を察知するのである。

やがてその中で生きることを余儀なくされた日本時代は、父にとって良かったのか悪かったのか。父は一度も政治運動に加わったことはないし、政論めいたことも言わなかった。

日本語はからっきし駄目で、せいぜい「もしようし」（モシモシ。電話をかけるときに使う）とか、「たたりま」（タダイマ。私たちが挨拶するのにオウムがえしに答える）とか、「らめらめ」（ダメダメ。商談のときに使う）とかの片言を言うだけであった。したがって、使いたくても政治的なコネはなかった。

にもかかわらず、「起早坐暗《キイツァツェアム》」（早起きして遅くまで働く）「大富ハ天ニ由リ、小富ハ勤倹ニ由ル」の、単純すぎるほど単純な経済観念だけで大きな富を積むことができ、社会事業家として州知事や市長から何度も表彰を受けた。「起請賢会《キイチアヘンフェ》」（目上の人を大切にしなさい）も、父が私たちによく言っていた言葉だ。

その社会事業の一つに、乞食や浮浪者を収容する「愛護寮」を建てたことがあげられる。そのおかげで台南市から乞食が姿を消した。昭和十五年（一九四〇）の紀元二千六百年祝賀式典には、台湾人の民間代表の二人のうちの一人に選ばれて皇居にまで参内する栄誉を担ったことを思えば、素直に、心から満足できる、よき時代と言えたのではなかろうか。

皮肉なことに、父は日本人がもたらした近代精神はさっぱり受けつけず、頭の中は人生の最初の十五年を過ごしただけの清朝時代の思想で凝り固まっていた。

子供たちが受けなければならなかった日本の近代教育に一応の理解は示したが、孔教だけが本当の学問で、漢文が実社会で一番役立つと、つねに諭すのであった。

といっても、父が受けた書房の学問はたかが知れており、私がのちに東大で習ったテキスト、『左伝』や『荘子』の類をひやかし半分に見せて質問すると、「難しすぎてわからんな」と恥ずかしそうに、また嬉しそうに笑いとばすのであった。日本時代以前には公的な教育機関はなく、余裕のある家庭の子供だけが、書房で漢文を習う程度であった。

しかし、おかげで私たち兄弟は、五つ六つのころから、あるときは家に師匠を招き、あるときは街の書房にかよって漢文を強制的に勉強させられた。このころの漢文は台湾語で読まれていた。日本時代、台湾語の使用は昭和十二年（一九三七）の支那事変までは許されていたのだ。

日本語との二重教育はたいへんな負担で、ことに遊び盛りの子供のころは、まったくの泣きの涙であったが、今にして思えば、あれは父が私たちに残してくれた価値ある遺産の一つであった。私たちは同年輩の台湾人よりずっと古文に強く、とくに私の場合は妙なめぐりあわせから、台湾語の研究を専門とするようになり、漢文の勉強でつけた台湾語の力が思いがけず役立って、父の頑固頭への感謝の念はひとしお深いものがある。

もちろん、これは結果論である。父のこのような人生観は清朝の封建社会の残滓《ざんし》の一つというべきで、実際、その残滓は大正末期、昭和の初めまで、台湾社会のあらゆる面に見られ、伸びるべき若い世代の台湾人を苛《さいな》み、萎縮させたのである。

私の複雑な兄弟関係がその残念な、そして悲しい一例である。

当時の台湾人には、子供を多く残すことは最大の親孝行で、また自分の「好命《ホヲミア》（幸福）」である、という考えが強かった。そのために、妾を持つことは悪くないばかりか、甲斐性ある男性として尊敬されもした。

子供は多いだけでは理想的とは言えない。よくこれを養育して、『三字経』にいう

「名ヲ揚ゲ、父母ヲ顕ワス」ようにしなければいけない。どうすれば、名声をあげて父母を顕彰することができるか。二つの定式がある。一つは偉い役人になること。一つは大金持ちになること。といっても、これは二にして一、一にして二である。偉い役人になれば自然に金が入ってくる、大金持ちになれば官職を買うことができる。そして、このような可能性を持つのは男の子に限られる。女の子がいいというのは楊貴妃のような場合だけで、これは夢物語に近いことだから、考えない方がよろしい。

で、父の一生は、祖父の代に衰微した王家を再興すること、子供たちがさらに王家を発展繁栄させることと、目的を二段階に分けて刻苦勉励したということができよう。第一段階の目的は、祖母や阿母の協力を得て立派に達成したが、第二段階の目的は不肖の子ばかりで、残念ながら失敗したと言わざるをえない。

父の簡単な自伝によると、父は五歳のときに生母に死なれ、十三歳のときに父親に死なれている。残されたのは父親の若い後妻と、後妻が産んだ二人の男児と一人の女児と、そして百元の借金であった。若い後妻——私たちが「阿媽《アマア》」と呼ぶ祖母はこのとき二十五歳であった。

家長制の封建社会では、女性の地位は低い。祖母はこの前人子《チエンランキア》〔前妻の子〕が自分にどんな仕打ちをするだろうかと、二人の幼児をかかえて、さぞかし心細い思いをしたことであろう。

父は父で、継母が自分を見捨てて再婚するのではないかと心配した。悲嘆に暮れている継母を安心させるために収入の全額を手渡し、使いに出たついでに家に寄っては、慰めの言葉をかけた。跪《ひざまず》いて哀願することも稀ではなかったそうだ。

「お母さん、安心してください。私はあなたを、自分を産んでくれたお母さんと思って、きっと大事にします。決してよそへ行こうなどと考えないでください。どうか王家の名を守って操を立ててください」

祖母は自分のつらい宿命を嘆いて、さめざめと泣くだけであったという。

しかし、父の継母に対する孝養は実子も遠く及ばぬものがあった。近所の人は、『二十四孝』の一つにたとえたという。だから、祖母は二人の男児が病気や事故で前後して夭逝するという悲運に遭遇しても、この子のために生きようと堪え忍ぶことができたのであろう。

祖母は女児と二人で造花や刺繍の内職をしたり、纏足を洗うという卑賤な仕事までやって父の孝心に報いた。

纏足はきれいに縛りあげて、可愛らしい赤い布靴を履かせたところは、いわゆる「三寸の金蓮」といったなまめかしい風情があるが、その手入れが実は大変なのである。

少なくとも二、三日に一回は、脚帛《カアペエ》〔脚絆〕をほどいて、ぬるま湯で足をよく洗い、のびた爪を切り、明礬《みょうばん》の粉をふりかけしから新しい脚帛と取りかえる必要がある。でないと、文字どおり鼻持ちならぬものになってしまう。

一人ではなかなか手がまわりかねるので、たいていは女婢〔下女〕に手伝わせるが、女婢は赤脚仔《チャカアア》といって纏足しておらず、要領がわからないので、主人はいらいらする。祖母は自分が纏足していたから、それこそ痒いところにも手が届くサービスをすることができて、いたるところで歓迎された。

祖母は本当に心のやさしい、情け深い人であった。それが久しく広く知られて、昭和三年（一九二八）に日本の賞勲局総裁から緑綬褒章を授けられた。台湾人で緑綬褒章を授けられた人は何人もいない。わが家の名誉であるばかりでなく、台南市、台南州の名誉でもあるとして、華やかに騒ぎ立てられたものである。祖母についての思い出は楽しいものが多い。あとにとっておこう。

父は二十二歳のときに七年勤めた「和源」から暇をもらって、自立への道を歩き始めた。ときに明治三十八年（一九〇五）、台湾煙草専売規則が施行され、内地つまり日本のタバコ、外国タバコ、台湾刻みタバコの三種が発売されたが、台湾刻みタバコは総督府が従来どおり原料の葉タバコを大陸から輸入して、それを台北と台南の旧来の製造業者に委託製造させた。この専売制がかえって一時のブームをもたらしたらしく、父はその一軒の「同和行」という店に、「和源」当時の倍の月給十二元で雇われた。

在職八ヶ月後、主人から刻みタバコ十担〔一担は六十キログラム〕分、六百元相当を前借りして日用雑貨商を始める資本とし、天秤棒を担いで行商を始めた。そのうちに小さいながら一軒の店舗をかまえることができた。

そして、商売が繁盛するにつれて、父親の残した負債と「同和行」から借りた資金を返済していった。やがて商売の規模を卸売りにきりかえ、仕入先も島内から日本内地、朝鮮、上海と拡張して、ついに台湾南部にその名を知られた金義興商行へと発展させたのである。その最盛期には、台湾南部の物価は金義興商行が決めるとまで噂されたほどであった。

阿母の内助の功

父の事業の発展、家運の隆盛の陰に、阿母の内助の功があったことを忘れるわけにはいかない。父は二十二歳のときに阿母と結婚したが、この結婚にはちょっとしたエピソードがある。

阿母は台南公園に近い老松町の、得意先の娘であった。そこに品物を届けに行っていた父は、この家に小柄な姉娘とグラマーな妹娘がいることを知り、ひそかに妹の方に恋をした。父は写真で見てもわかるように、がっちりした体格の持ち主であるから、自分に似合う相手は、グラマーな妹娘だと考えたとしても自然であろう。

仲人が話を持ってきたときは、てっきりそのグラマーな娘のことにちがいないと思って、大喜びで承知した。ところが、結婚の当日に、新娘轎《シンニュウキョウ》（花嫁の乗る輿《こし》）から降りてきたのは、何と小柄な姉娘のほうだった。しかたなしに夫婦の契りを結んだが、これが案外の賢夫人となったのである。

父は祖母と相談して、結婚費用を五叔公《ゴチークコン》から借りた。五叔公というのは五番目の叔父のことで、この人は中国の福州《ふくしゅう》まで行って科挙の試験を受け、挙人に合格していた。

一族から挙人を出すことは、たいへんな名誉で、当人は天子から許された種々の栄典を享受できるほかに、一族三代にわたって、「××舎《しゃ》」と尊ばれる資格をあたえられる。「舎」とは、高貴な人の子孫に対する尊称で、「若旦那」なんていうものではない。三代だから、私の代まで適用される勘定で、私も小さいころは、女中たちから「阿徳舎」と呼ばれて、悪い気持ちがしなかったものである。

さて、五叔公は挙人で偉かったかもしれないが、金のことになると凡人と変わりなく、約束の期限が来ないうちから矢の催促である。阿母が気配を察して父にたずねると、「面目次第もないが、結婚費用を借りたのだ」と事情を打ち明けた。

阿母は、貧乏は覚悟していたが、これほどとは知らなかったと思い悩んだ末、持参金の一部として持ってきた金の首飾りや腕輪の類を質に入れ、返済費用にあてた。しかし、しきたりとなっている正月二日の里帰りがさし迫っている。装身具一つなくては、いくら身内とはいえ体裁がつかない。しかたなく病気ということにして里帰りをとりやめ、夫の面目をつぶさずにすんだ。

これは父が何度も私たちに言ってきかせた「阿母の内助の功のいかに大なりしか」の美談の一つである。

実際に阿母が父の商売をどのように助けたかは知らないが、阿母は買い物がうまかったことは本当である。家族の衣類から、大小の道具、什器はもちろん、毎日のおかず、おやつのマンゴー、バナナまで、良質のものを値切って買う手腕は、たいしたものであった。「買い物上手は家庭の幸福」というから、これはたしかに阿母の内助の功の一つにかぞえていいだろう。

阿母はまた冠婚葬祭の故事に驚くほど詳しくて、しかも物事を順序立てて、てきぱきと指図してやらせる、裏方的な指導力に秀でていた。

時代が許し、家の経済力が伴ったときは、この能力はわが家の格式をあげ、名声を広めるのに貢献するところ大であったと思う。

しかし、時代が進み、家の経済力が衰えてからも、なおうるさく口出しするので、私などはむしろ困った存在だとしきりに憤慨したものである。

ともかく阿母は父にとって文字どおりの糟糠《そうこう》の妻だから、父は阿母のいうことは、ほとんど無条件で聞き入れ、金も自由に使わせた。たとえば、父の帳場にある大金庫の鍵は、父のほかに阿母が一本持つだけであった。父は私たちに「自分に対するのと同じく阿母を尊敬し大事にせよ」と要求し、二人の妾に対しても「身分をよくわきまえて、かりそめにも僭越な振る舞いがあってはならぬ」と戒めた。

結婚後数年たって阿母に子供ができないと知ったとき、父はどんなに失望し、焦燥を感じたことであろうか。そして、大げさにいえば、ここにわが家の悲劇の種がまかれたのである。

不幸な若夫婦は、彌縫策《びほう》として、昔からある螟蛉子《ベンレンツウ》の制度に従って、以成と錦珪の二人を養子にとった。せめて一男一女はほしいと主張したのは阿母であろう。

阿母は二人の養子を心から可愛がった。可愛がりすぎて甘やかす一方であったので、以成はつけあがり、不良化した。錦珪も私たちが「姉御《あねご》」とあだ名をつけて敬遠するほどの高慢なわがまま娘となった。

父は阿母に気がねしながらも、自分の血をわけた実子がほしいという一念を棄てることができなかった。阿母は苦悩したか、結局、妥協せざるをえなかった。そこで、私たちの生母の阿江が妾として迎え入れられることになった。

生母、阿江の忍従

阿江の生家は、高雄《たかお》州橋仔頭《キヨアタウ》の近くの九甲囲《カウカアウイ》という村の貧しい農家であった。阿江は四歳のときに養女に出された。貰われた先は、高雄の近くの旧城《クウシヤア》という街の曽《そう》家であった。そこで阿江は家事を手伝いながら、実の子供のように可愛がられて育った。阿江が十九歳のとき、父は人に紹介されて阿江を見に行き、一目で気に入り、早速申し込んだ。

父の話によると、阿江は父の妾になる話を受け入れたものの、内心は悲しんでいたらしい。その証拠に父が迎えに行き、駅で台南までの切符を買って渡したところ、その切符を破り捨ててしまったのだそうだ。それが、自分の運命に対する阿江の精一杯の抗議の表現であったとは、おろかしくもまた哀れである。

戦後、育霖兄と二人でバスに乗って、九甲囲の阿江の生家を訪ねたことがあった。二部屋だけのみすぼらしい農家で、実の兄だという盲目の老人が、おそるおそる私たちの体に触ってから、「妹は幸福になってよかった。こんな立派な男の子を二人も産んだものな。私たちは何もしてやれなかったよ」と言って、さめざめと泣いた。

私はウェットな話は苦手だ。それよりも旧城の阿江の養家の思い出の方がよほど楽しい。阿江は養家を自分の里のように思って、ときどき私たちを連れて泊りがけで遊びに行った。

旧城は鄭成功《ていせいこう》時代から鳳山《ホンスア》県庁のおかれた街で、名称どおりの旧い城が残っていた。縦貫鉄道の駅からおりて、西に向かって、ほこりっぽい田舎道を十五分ほど歩いていくと、左手に崩れかけた城壁が見えてくる。街は城壁の右手の外側にひらけていて、石畳の狭苦しい道が曲がりくねり、上下している。たいした店舗もなく、人通りも少ない。

曽家は旧市街の北の外れの一角にあって、ここまで来れば奇怪な姿をした半屏山《ポアピンスア》のふもとは間近である。曽家はこの付近の地主で保正《ポヲチン》（日本の町内会長にあたる）を兼ねていた。広くて明るい中庭の奥に住む曽家の人々は、一様に朴実で快活で、そして気前がよかった。

食事のとき、叔母はいつも立ち上がって、自分の箸で豚肉のかたまりや鶏の腿肉をつまんで私たちの茶碗いっぱいにのせるので、下からご飯をかき出すのに困るほどであった。戦後、私が妻をつれて挨拶に行ってご馳走になったときも、こんな調子であった。

私たちは曽家の子供たちと中庭で鬼ごっこをして遊んだり、半屏山のふもとの蓮池へヒシの実を採りに行ったり、城壁の中へ入ってみたりした。

旧城は山城の一種で、小高い丘のところどころに兵舎や砲台跡と思しきものがあった。また、かなり大きい廃寺があり、墓石が散らばっていた。

阿江は分をわきまえた女性で、よく父や阿母や祖母に仕え、以成や錦珪の世話をした。器量も悪くなく、手先も器用で、料理や裁縫もうまかった。

阿江は十九歳で妾になった後、二十三歳でようやく女児を産んだ。これは阿江としては、はなはだまずいことであった。だいたい台湾人は、結婚してすぐに妊娠することを、入門喜《リプムンヒィ》といって慶賀する習慣がある。父はあんなにも実子を、しかも男子を熱望していたのだから、ポカスカ男子を産んでやればよかった。なのに、四年もたってから女子では、失望せざるをえない。

ここでまた養子として淵源兄が貰われてきた。さらに新しく阿揚が妾となった。しかし、阿江がその後産んだ男子の一人として私が納得いかないのは、阿江が少なくとも子供を産める体であることがわかったのだから、父はもう少し辛抱して様子を見るのが本当ではなかったか、ということである。

一説には、阿江があまりにも出来がよく、父や祖母や親戚に人気があったので、阿母が嫉妬して、これを邪魔するために阿揚を父に押しつけたのだという。そして、男子が産まれる前に、淵源兄を自分の子として貰ったのだそうだ。

阿揚は台南の南方の鯤鯓《クンシン》という村の漁師の家の生まれである。背がすらりとして細面の美人であるが、性質が単純で粗っぽいところがあった。

私たちは阿江の敵の一人として阿揚を憎み、ときには口喧嘩もしたが、不思議に阿母より阿揚の方に人間的な親しみをおぼえた。

阿揚は阿江が生きているあいだは阿母と組んで阿江と対立したが、阿江亡きあとは、阿母とよく衝突し、ヒステリーを起こしては父に嚙みつくことも稀ではなかった。

阿江は父を頭家《タウケエ》〔旦那さま〕、阿母を頭家娘《タウケエニユウ》〔奥さま〕と呼んで、歯がゆいぐらいに忍従を旨としたが、阿揚はあとになると平気で阿母や父を罵った。跡取り息子の育森兄をはじめ育彬弟、育哲弟の三人の男子を産んでいる強みがあったのは言うまでもないとしても、妾だって本妻と平等のはずだという進歩的な意識ができてきたからではあるまいか。

それはともかく、二人の妾はまるで建艦競争のように子供製造競争をするようになった。大正六年（一九一七）に、錦瑞姉さんと錦碧姉さんが生まれた。またしても女の子だ。阿母は市内の寺廟に「もし男子を授けてくださいますならば、満月《マアグエ》〔生後一ヶ月目〕に、百二十跪百二十拝しますから」などと願掛けしたそうである。その甲斐があってか、大正八年（一九一九）に育森兄と育霖兄が生まれた。姉も兄も阿揚の子の方がタッチの差で早く生まれたから、阿江は序列の順でしてやられた。

四年半後に、私の組の競争が行なわれた。阿揚が産んだ阿棋《アキイ》の方は、二歳のときにマラリアで死んだとのことである。

一年半後にまた両方で妊娠した。今度は母が堕胎して棄権し、阿揚は育彬弟を産んだ。尾子《ブェキァ》〔末っ子〕の育哲弟は、阿江が死んでから阿揚にできた子で、父のペットのような存在であった。

父は次々と生まれた男子に戸籍上の一つの操作を加えた。阿江の子から私が、阿揚の子から育森兄が一人ずつ供出されて、阿母の籍に入れられたのだ。これは二人の妾の子に対して、戸籍上でも〝一視同仁〟の意のあるところを見せたかった阿母の要請にもよったものであろう。父としては、二腹の実子二人に、法律的にも阿母に孝養を尽くすべき義務をあたえて、阿母を安心させたかったのであろう。

阿江から育霖兄でなくて私が供出されたわけは、育森兄と育霖兄の誕生が一ヶ月しか違わなかったために、戸籍上、兄弟として届け出るのがまずかったからだそうだ。

まあ、誰であろうと、心から阿母を慕い、孝行を尽くした兄弟は一人としてなかったようである。淵源兄が生きていたならともかく、阿江の子も阿揚の子も、実の母でない阿母に対して最後までわだかまりを持ち続けた。

父はこうした空気を早くから察して心を痛め、ときには高圧的に私たちを叱りつけ、ときには下手に出て哀願するようなことを言ったが、最後には、「おまえが先に死ねば問題ないが、おれが先に死ぬとコトだな」と、さびしく阿母を慰めるほかなかった。

阿母もあきらめがついていたようで、父にせがんで財産の一部を自分の養老資金として確保し、表面上悠々自適の老後生活を送っていた。

本町（草花街）の広い家

本妻と二人の妾がよくも同じ屋根の下に何十年と住めるものだ、と読者は呆れもし、軽蔑もするであろう。しかし、そこが封建的大家族制度の封建的大家族制度たるゆえんである。これは中国的な歴史的所産で、私自身、その中でもがき苦しみ、呪詛のあまり、その破壊を誓うほどであったが、微々たる一個人の力ではどうにもならず、隠《いん》忍自重《にんじちょう》して、時代の流れが変わるのを待つよりほかなかった。

もっとも「同じ屋根の下」といっても、うちの場合は敷地二百坪あまり、建坪上下のべ二百五十坪の家屋が三棟もある広壮な店舗兼住宅で、さらに隣接して敷地六十坪、建坪上下のべ五十坪の、いわゆる新厝楼《シンツウラウ》を買い増しして連結させていたから、大家族の割には広々としていて、しょっちゅう鼻をつきあわせて息がつまるというような心配はなかった〔著者の生家の間取りは一三頁参照〕。

一人一人に割り当てられた部屋は、七、八坪（約二十五平米）ぐらいの広さがあり、階を異にしたり、正庁や廊下を隔てて分離していた。各部屋は厚い煉瓦壁で仕切られている上に、扉は頑丈なかんぬきがかかるようにできている。室内には寝台と机や椅子が配置され、洗面設備や便器までついていて、そこらあたりのアパートよりずっとましである。正庁とは、家の中心部にある十畳ほどの広間だ。正面にある高い机の右側に仏像を置き、左側に先祖の位牌を祀り、朝晩、線香をあげて礼拝する。部屋の両脇に椅子とテーブルを置いて応接間としても使われた。

父がこの広壮な本宅を建てたのは、大正七年（一九一八）、三十八歳のときのことで、第一次大戦の好景気に際して商売が飛躍的に発展・拡大した結果のようである。それまでは東門町（大人廟《タイリヌビヲ》）に店舗を借りたり、高砂町（員外境《ワングエキン》）の「和源」の旧店舗を買い取ったりしていたが、すぐに手狭になったので、思いきって本町（草花《ツオフエ》街《ケエ》）に進出したのであった。

本町は台南の目抜き通りの一つで、東京でいえば日本橋、京橋にあたるところである。

本宅を建てるにあたって、父は祖母の希望を尊重した。店舗兼倉庫に使われる頭前《タウチン》楼《ラウ》（前棟）は、半新式の建築としたが、中楼《ティヨンラウ》（中棟）は、上下とも「四房一庁《シイパンチッチア》」の伝統的設計とし、一、二階あわせて八つの部屋を作り、八組の孫夫婦が同時に住めるようにした。そして、何かの儀式や行事があれば下の正庁を使い、たくさんの供物を置いたり宴会や芝居を催す場所が必要なときは、正庁から頭前庭《タウチンテイア》（前庭）を経て店先まで、ぶち抜きにできるように、正庁の正面と店舗の裏側の扉や建具は、取りはずしのきく特製のものとした。

後壁楼《アウピアラウ》（後棟）と後壁庭《アウピアティア》（後庭）はこのための舞台裏みたいなところで、ここには台所、食堂、洗濯場、女中部屋などがあった。便所と風呂場は不浄視された関係から、新厝楼の敷地に設けられた。店先は、台湾の特徴で、停仔脚《ティンアカア》になっている。一階部分を二・五メートルほど歩道として提供し、張り出した二階部分はその屋根の役目をするのである。

よく内地から来た製造元の出張員が店舗の応接間から、中楼の中の立派な彫刻が施された柱や金箔が張られた板壁にしげしげと見とれて、「恐れ入りますが、お屋敷がどういう構造になっているのか、後学のために拝見させてもらえないでしょうか」と言った。

父は得意そうに笑ってから、私たちに命じて案内させたが、いくつもある部屋を出たり入ったりしているうちに、客人はよく迷子になってしまった。「助けてください。出口はどこですか」と大声をあげる。

おかしくてしょうがない。それは彼らが、部屋によって違う寝台のつくりや、庁に飾ってある壁聯《ピアレヌ》（掛軸）や骨董品に、いちいち感心して道草をくうからであった。

慈悲深い祖母の思い出

祖母の唯一最大の念願が、わが家の「四世同堂《シイセトントン》」、つまり祖母の代を入れて、子供、孫、曾孫の四世代が共に暮らすことにあったのは明白だが、ただでさえ面倒の多かった王家で、それが実現していたら、一体全体どんなことになったのか、想像してみただけでゾッとする。

幸か不幸か、祖母は孫たちの成婚を見ずして逝去した。祖母の存命中は、家業は発展隆昌の一途をたどり、家長の権威はますます高く、孫たちは幼く無邪気であったから、わが家はひたすら昇平を謳歌できた。そのわが家の昇平の陰の推進者として祖母の存在を見落とすことはできない。

聖徳太子の十七条憲法ではないが、大家族制度は和をもって貴しとしなければいけない。祖母はその率先垂範者であった。慈悲深くて、怒るということを知らず、家のすべての者を心から愛し、それが家族に影響をあたえ、私たちの情操を豊かにした。

祖母がいかに慈悲深かったか、その一例として、こんなことがある。

祖母は、生き物は何であれ殺してはいけないよと私たちを戒めた。

「あれはね、土地公《トオテエコン》（土地の神）のお使いなんだよ」

祖母にかかっては、蠅も蚊も手や払子《ほっす》で軽く追い払われるだけである。私たちはゴキブリやコオロギを見つけると、ヒゲのところをつまんで、持っていく。

「阿媽（おばあさん）、ほらほら、殺しちゃうよ」

「ああ、そんな悪いことをするんじゃない。可哀想だから放しておやり。そのかわり、一銭あげるからね」

祖母は腰肚《イヲトオ》（腹巻に縫い付けたポケット）から、銅貨を一枚つまみ出して握らせてくれる。一銭あると、油食粿《ユウチャクエ》（揚げパン）なら一本、杏仁茶《ヘンリンテエ》（アーモンド湯）なら一杯買える。

「じゃあ、放生《パンセェ》（捕えた生き物を放すこと）してくるからね」と、一銭せしめる。

「いいなあ、いいなあ」と、ほかの兄弟が羨む。

「なら、おまえもやれよ」

同じ一匹を渡して、かれがまたそれを祖母に見せに行く。と、また金をくれる。初めは有頂天になったが、しまいには自分でも気がひけてきて、ウソッパチなことはやめてしまった。

祖母は孫たちにあだ名をつけて呼んだ。錦香姉さんと育森兄は腕白なので、それぞれ「悪香《オクパン》」（「こわい蜂」に通ずる）、「悪森《オクシム》」（「こわい心」に通ずる）。育彬弟はこぶしを握りしめて力む癖があるので、「拧拳頭《ギムクヌタウ》」、私は頭が尖っているので、「尖頭《チャムタウ》」というふうである。

祖母はよく店先に座って往来を眺めて楽しんでいた。通りすがりの人が、「金義興の頭家媽《タウケエマア》（大奥さま）」と声をかけるし、愛想よく挨拶を返す。

私の姿を見かけると、「尖頭、こっちへおいで、阿媽が背中を掻いてあげよう」といって、膝の間に抱きかかえる。「孫の手」とは正反対の「祖母の手」で、柔らかい爪で軽くゆっくりと掻いてもらうと気持ちがよくなって、とろっとしてくる。

祖母は水盤でたくさんの水仙花を栽培して、それを鉢に分けて、みんなの部屋や庁に飾らせた。水仙花は小刀で簡単な彫刻を施すことができる上に、匂いがいい。それを見たり、かいだりすると自然に心がなごんでくる。

カイコも飼った。相当に大がかりなもので、浅いザルをいくつも準備して、カイコ棚とした。私たちの役目は、祖母を手伝って濡れ布巾で桑の葉をきれいに拭くことであった。

祖母はまた、芝居を見るのが好きであった。一人では行かないで必ず誰かをお供にする。私はよく指名にあずかった。

「尖頭、阿媽がお芝居に連れて行ってあげよう」

「いやだ」

「そんなこと、言うんじゃありません」

「なら、何を買ってくれる」

「ほんとに悪い子だ。じゃあ、何でも好きなものを買ってあげようね」

というわけで、人力車に乗り「大舞台《トアブウタイ》」に行って、歌仔戯《コアアヒイ》を見る。歌仔戯は台湾固有の〝オペラ〟である。

「大舞台」は古い劇場で、当時台湾にあった四つの劇場のうちで規模が一番大きく、歌仔戯の常設上演館であった。台湾島内にその名をとどろかせていた劇団「丹桂社《タヌクイシャ》」の本拠地でもあった。父はここの大株主で、招待券が使い切れないぐらいに来るのだ。祖母のお供をして行くと、「今日も金義興の頭家媽が来ているぞ」と周囲の人がささやきながら、こちらを見る。祖母はいつもニコニコ顔で挨拶をかわす。

胡弓やドラや太鼓、小鼓の伴奏が騒々しくて、華やかで、それを聞いただけで心がうきうきしてくる。まばゆいばかりの電灯に照らし出され、劇場の中は華やいだ熱っぽい空気に包まれている。

私にとって一番楽しいのは、包仔《パウア》（肉饅）も水餃《ツイキャウ》も祖母にねだると買ってくれることである。ホカホカ湯気の出ているやつを皿に二つずつ入れて、売子が次から次へと回ってくる。包仔や餃子を食べないときは、西瓜の種をかじる。芝居を見に来たのか、食いに来たのかわからないぐらいであった。

歌仔戯のしぐさ、せりふ、うたいの要領は京劇とまったく同じである。ただしレパートリーは京劇のように広くなく、主に「三伯英台《サムペクインタイ》」〔梁山伯と祝英台の悲恋物語〕とか「陳三五娘《タヌサアゴオニュウ》」〔鏡磨きの陳三と令嬢の五娘の悲恋物語〕とかのメロドラマを演じて、庶民をワクワクさせ、ホロリとさせる。

幼い私にも、何となくその辺の雰囲気がわかるような気がするのだが、さしあたり食べる方に熱心であった。しかし、のちに私が演劇や歌仔冊《コアアツエ》（歌仔戯の種本）に深い関心を持つようになったのは、こんなところにきっかけがあったのかもしれない。

愉快なのは、祖母がバクチをやったことである。バクチといっても、まったくの家庭の娯楽で、よほど暇をもてあましたときの最後の手段のようであった。

バクチ道具は四色牌《スウセクパイ》という幅一・五センチ、長さ五センチほどのカードで、四色《スウセク》と十湖《ツアプホオ》の二種類の遊び方がある。四色牌は読んで字のごとく、黄、赤、白、青の四色の札が、師《クヌ》（将）、仕《スウ》（士）、相《チオ》（象）、俥《キイ》（車）、傌《ベエ》（馬）、炮《パウ》（包）、兵《ツツ》（卒）の七種あり、四枚一組で合計百十二枚ある。四色は麻雀式に、吃《チヤ》したり、対《トイ》したりして、牌を整えてあがればよい。いろいろ役があって、翻《ホアヌ》の多いのを競う。十湖は牌の種類によって、吃や対した湖（点）の数え方が違うが、早く十湖以上にしてあがったものが勝ちである。

牌はトランプみたいに手に持つが、一人二十枚だから扇みたいに開いて、要《かなめ》のところを親指で押さえておく。生来無器用な私は牌をうまく扇型に開くことができず、ポロポロ落っことす。へんに親指に力が入りすぎて、すぐに疲れてしまう。それであまり好きではなかった。

子供の私でさえ、見よう見まねでカードの持ち方や遊び方を覚えたぐらいだから、わが家のバクチ人口とバクチ熱のおよその程度がわかろう。祖母以下〝有閑マダム〟

が三人もいるから、これで一卓囲める。そのほか補欠要員として、姉御や遊びにくる親戚の婆さんたちがいた。

父も一時期やったらしい。ただし竹仔巷《テクアハン》にあった別荘で、家族の者に知られないように、友人たちを呼んで遊んだ。だが、家では厳しく禁じていた。子供たちが見物したり、やったりしているのが見つかったら、こっぴどく叱られて正庁の仏壇の前で罰として跪《ひざまず》かされた。

これはきつい。ひざ小僧が痛い上に、出入りする人たちに、からかわれたり、冷やかされたりする。許されて立ちあがるときには、神像や先祖の位牌に深々と礼拝してから、父に向かって、

「どうも悪うございました。これからは決してしません」

と、はっきり聞こえるように謝らなければいけない。

姉たちに対する罰則は比較的軽かったが、小言を貰うだけでも、ひどくこたえるから、バクチをやるのも見るのもスリル満点であった。たいていは父が旅行するとか遠出するとかの留守のあいだをねらって開帳した。

父は家にいるときは、底の厚い革のスリッパを履いていて、歩くときにチェッチェッと引きずるクセがあった。その音が聞こえてこなければ安心だが、何かの拍子に父が予定より早く帰宅し、しかも一直線に現場にやってくるように聞こえる場合がある。

そのときは、もう〝緊張のパントマイム〟で点棒（といっても、おはじきだが）を各自ポケットにつっこみ、履物を下げて、電光石火の早業で逃げた。

バクチの仲間はずれにされたとか何とかで、仕返ししてやりたいときには、屏後《ピンアウ》（中楼の仏壇の後ろの板壁）に置いてある父の革スリッパをとってきて、現場の近くで履いてチェッチェッと鳴らして歩く。すると慌てふためいて鉢合わせしたり、机の角に体をぶつけたりする者が続出して、痛快といったらない。そのかわり、後でみなに寄ってたかってどやしつけられ、ひどいときは拳骨を食らわされることぐらいは覚悟しておく必要があった。

唯一つ、例外があった。祖母が生きていたあいだは祖母が、祖母の亡くなった後は阿母が加わっているときは、その限りにあらずで、父がやってきても、祖母や阿母を笑わせるような冗談を言っていれば平気であった。父は苦笑しながら、祖母の後ろに立ってコーチすることもあったぐらいである。阿江も誘われると仲間に入ることがあった。私たちは脇でしきりに応援するのだが、あまり腕がいいとはいえず、よくカモになった。

祖母が亡くなってからは、わが家の家族トバクもガメツく、エゲツなくなり、阿母と阿揚がグルになって阿江をカモにして喜ぶ傾向がひどくなった。後に病気で倒れてからは、阿江は畳の上を歩いている音でも頭に響くくらいだったから、隣の部屋でバクチをする音に苦しんだ。

私たち、日本女子大学に留学中だった錦香姉さんを除いた阿江の子供たち三人は、「バクチは敵だ。死んでもバクチはやらないぞ」と誓いを立てた。錦碧姉さんと育霖兄は誓いを破らなかったが、私は意志薄弱なものだから、誘われると四色牌でもマージャンでも、銅貨の裏か表かをあてる圡蛤殼《リエハムカク》でも何でもやって、育霖兄に見つかっては油をしぼられた。

祖母についての一番楽しい思い出は、何といっても做生日《ツヲセエリッ》（誕生祝い）であろう。台南市でも評判であった祖母の盛大な誕生祝いは、昭和元年（一九二六）に迎えた還暦祝いがきっかけで六回ほど続いたか、私が覚えているのは最後の一、二回である。まず中庭で二、三日前から芝居が演じられて前景気をあおる。華やいだ浮き浮きするような雰囲気の中で家族は準備にてんてこまいし、親戚のおばさんたちが泊まりこみで手伝いに来る。私たちまでが神様に捧げるための金紙・銀紙（焼くとあの世でお金となる）を折る、半分遊びみたいな仕事を割り当てられた。

いよいよ誕生日の前夜になると、正庁はきれいに掃き清められ、物置から赤いネルの絨毯が担ぎ出されて、いっぱいに敷きつめられる。絨毯は中庭まで覆う大きさで、これが情けないというべきか、有難いというべきか、戦時中、衣料統制で困ったときに紺色に染めかえられて、私たちのパジャマや女中たちのモンペや布団カバーに化けてしまった。

盛大な誕生祝いが迎えられるのも、神様や仏様の加護のおかげというわけで、頂卓《テイントオ》（正庁正面の高い机）に安置されてある二つの神龕《しんがん》がテカテカに磨きあげられ、いかめしい仏像と立ち並んだ祖先の位牌も、きれいにほこりが払われて、赤い百目蠟燭がともされる。壁聯《ピアレヌ》は普段のものが外されて、深紅の繻子《しゆす》に金箔で文字の書かれた一番立派なものに掛けかえられ、机と椅子は金糸・銀糸で刺繡されたカバーが特別に掛けられる。さらに天井の電球を五百燭光のデカイものにつけかえれば、これで晴れの儀場はできあがり。その豪奢絢爛たるさまは「大舞台《トアブウタイ》」の舞台も遠く及ばない。

待ちに待った店舗の大柱時計がボン、ボン、ボンと真夜中の十二時を打つと、店員が中庭や道路に出て籠一杯の爆竹に次々と火をつけて鳴らし、待機していた鼓吹《コオツエ》（楽隊）が、ピーピードンジャンとやり出す。

今なら安眠妨害、騒音取り締まりに引っかかるところだが、なにしろ封建色の濃い一昔も二昔も前の台南市のこと、付近の人はめったに見られない盛典を一目見ようとつめかけ、店先は黒山のような人だかりである。警察も、市の名家の、緑綬褒章を授けられたご当人の誕生祝いとあっては、見物がてらヤジウマの整理に立つだけである。

父は樟脳くさい長衫馬掛《トウンサアベエクワ》の清朝式礼装に身を固め、祖母の手をひいて正庁の中央にしつらえた寿椅《シュウィ》に座らせる。これから、みんなの礼拝を受けるためである。

その祖母は真っ白に厚化粧をし、これもガバガバゴテゴテした清朝風の衣装をつけている。阿江たちが寄ってたかって、おめかしさせたのである。祖母が着席したところで音楽がやむ。

胸がきゅっと締めつけられるような厳粛さに一変する。やがて父が進み出て、祖母の前に立つ。いよいよ嫡子であり家長である父の礼拝が始まるのである。音楽がふたたび起こる。前と違ってテンポが悠長である。これは礼拝がゆっくりと厳かに行なわれるのに合わせるためである。

父の礼拝がすむと、阿母、阿江、阿揚の順とまわって、次が私たち孫の番である。男が先で、女は後だ。順番を待つあいだは、まるで受験生のように胸がドキドキし、足がふるえる。失敗したら満座の中で恥をかく。もっとも祖母は「尖頭《チャムタウ》、間違えちゃったね」と優しく笑うだけだが、あとで阿江に叱られるのが怖い。

礼拝は中国式の叩頭《こうとう》というもので、要領はこうだ。

祖母の前一メートルほどのところに進み出て、

「阿媽《アマア》、給汝恭喜《カリイキヨンヒイ》、添福寿《テアムホクシュウ》、老康健《ラウコンケン》（おばあさん、おめでとう。長生きしてお丈夫でありますように）」

と、まず祝詞を言上する。これはあらかじめ阿江に教えられて、ずっと口の中でつぶやいていたのを、早口で一息に言ってしまうのである。トチらなかったことに、ほっとして、ついニヤッとする。

しかし、これからが大変だ。胸のところで拳を合わせて（女は合掌の形）、三回振る。左膝を先にして跪き、手のひらを地面につけて（女は指を軽く組む）体をかがめ、伏せる。これを三回繰り返して立ち上がる。これでワン・サイクル。スリー・サイクルやらないと完結ということにならない。

子供は面白半分にやって、それでも物足りないような気がするが、病気を持っている人や纏足した女性はフーフーいったり、ヨタヨタしたりして気の毒になってしまう。初めからわかっているときは、介添え役がついて手をとってやり、ついでに間違わないように耳元で回数をささやいてやる。

祖母はワン・サイクルが終わったところで手を振って、「もう結構だよ。どうもありがとうね」と言うが、みんなはこれが儀礼的な言葉だと知っているから、途中でやめる人はいない。

人の礼拝を見ていると、型にはまったものながら、それぞれに癖があって面白いし、晴着や装身具をじっくり鑑賞できるので、自分の番が終わっても脇で頑張っている人が多い。

このようにして、家族から親類縁者、店員、女中と及ぶころには東の空が明け染める。一番つらい役目は父で、自分が拝んだあとは、ずっと祖母の脇にひかえていて、拝み終えた人に、身分に応じて紅包《アンパウ》を渡す。紅包とは、赤い紙に包んだお祝儀のことであるが、何とこれが今の台湾では、公然と横行する賄賂の代名詞になっている。

紅包をもらって嬉しくない人はいない。早速、物陰で開けてみて、さらに兄弟同士で見せ合う。ちゃんと長幼の序がつけられているのには驚く。十銭均一の店が開くのを待ちかねて、十銭で財布を買って、残りを大事に入れておく。毎年同じようなことを繰り返すから愉快だ。

父の友人や隣近所の人が贈り物を持参してきて、拝ませてくれというときは、従拝《トエパイ》といって、父は祖母のかたわらで客と向かい合って、同じように礼拝する。「それほど礼儀を尽くされる筋合いはない、お返しする」という意味である。

夜が明け、誕生日当日の朝は圓仔湯《イアトウン》という紅白二色のお団子を食べる。台所は昼食用の寿麺《シュウミイ》（お祝いの五目ソバ）や親類縁者にお返しするお祝いの品々（ソバ、饅頭、餅、豚肉、鶏、アヒル、酒等）の準備でごった返しているから、こうして手間をはぶくのである。

午後から始まる芝居を見るまで子供はすることがないから、家の中をウロチョロするか、外へ遊びに行く。

家の近くの上帝廟《ションテエビヲ》〔玄天上帝を祀っている廟〕で、誕生日を記念して貧民救済のためのお米の無料配布が行なわれる。前もって保正《ポヲチン》(町内会長)が調査した名簿に従って、警察の立ち会いのもとに行なう。一戸あたり約十キロだから、かなりの量にのぼる。余裕をもって準備してあるのに、人々はなくなってしまうのではないかと、先を争う。

初めは面白がって見ているが、すぐに飽きて家にもどれば、店員が手分けして親類縁者の家に返礼の品々を届けに行くところである。棧籃《ツアンナア》という三段になった朱塗りの大きな籐籠を二つ、天秤棒で担ぐ。器用に自転車に乗って行く者もあれば、エッサエッサとしなわせて歩いていく者もある。かれらは一人で少なくとも六ヶ所から紅包が貰える勘定だから、多少きつくても我慢のしがいがある。

夜は待ちに待った食卓《チャトオ》だ。食卓とは愉快な表現で、これは宴席を囲んで食べるという意味である。中庭の俄かづくりの舞台がバタバタと取り外され、正庁から店舗にかけて、さらに歩道まではみ出してテーブルが並べられる。テーブルは組み立て式のものなので、椅子と揃いになったのが十何卓分も常備されている。階下は、停仔脚にはみ出した分まで計算すると、十二、三卓はある。中楼の二階には四卓、後壁楼の二階の庁と新厝楼の下にそれぞれ一卓、といった調子で、招待客は百人以上にも及び、家の中は雑踏をきわめる。

料理は臨時の大厨房となった後壁庭(裏庭)で準備され、「宝美楼」とか「招仙閣」

といった市内の代表的な料亭のコックが助手を帯同して、朝から来てコトコトやるのである。なかでも印象に残っているのは、裏庭で仔豚を焼いている情景である。これは後々まで語り草になった。

料理を運ぶのは女中の役目で、これも後で紅包がもらえるとわかっているから、お客さんにからかわれながらも、愛想よく走りまわる。

私たちは中楼の二階に割り当てられた家族席で、母親たちのそばの子供専用のテーブルにつく。平野水《ペンアツイ》（サイダー）をガブガブ飲み、しゃにむに食べるので、すぐにお腹が一杯になり、眠くなって部屋へ連れて行かれる。

子供たちはそれで万事円満完結だが、大人たちはそれからの後片付けがさぞかし大変だったろう。ことに一切の計画を立てて実行に移す父の気苦労と出費たるや、同情と敬服に堪えないものがある。父は終始嬉しそうに、また満足そうにしていたが、気苦労の方は、まあ、報いられるものがあったとして、いったい、どのくらい使ったのであろうか。

「収入があれば使っても痛くない」とは父の口癖であったが、学校の家庭調べに資産欄というのがあって、「お父さん、うちはどれぐらい金持ちなの」と聞くと、ハハハと笑って、こう言った。

「そうだね、まあ〔一年間で〕十万円と書いておいたらいいよ。税金、怖い怖いよ」

当時は一甲《カア》（町歩＝三千坪）の田が千円から二千円という相場であったから、うちはかなりの資産家だったことになる。しかし、父は正確な収入を私たちには教えなかった。贅沢するのを恐れたのであろう。

昭和十一、二年（一九三六、三七）ごろと憶えているが、大晦日に家長《ケエテイウ》（番頭）の郭燦杯《かくさんぱい》が、

「今年は賞金《シウキム》（ボーナス）が楽しみだ」

と言っているのを聞いて、

「どれぐらい儲かったの、ね、教えて」

と頼み込むと、

「言ったのがわかったら大目玉を食うからね。黙っといてよ。私が預かっている帳簿の上では、三十万はあるね」

と、こっそり教えてくれた。

現在（一九六五年）の物価指数にあわせると、約一億円の巨額にのぼり、私などが、何生涯かかっても儲けられない金額を一年間で稼いでいたとは驚きである。

祖母は昭和六年（一九三一）一月、私が公学校一年生の三学期に亡くなった。父は台南市でかつて見たことがないほど盛大なお葬式をあげて、祖母に最後の孝養を尽く

した。

　祖母が体調を崩して亡くなるまでに一ヶ月ほどあった。もう助からないとわかって、家ではひそかにお葬式の準備にとりかかった。

　遺族が着る各種の喪服が夜を日に継いで作られた。茶色の粗い麻地や白や青の木綿が何反と運び込まれ、ミシンが忙しげに踏まれた。死者があの世で着るという、着せ替え人形が着るような可愛らしい着物を阿江たちが器用に縫った。私たちはそれをいじくって人形芝居の真似をしては叱られた。

　祖母が亡くなると、わが家は文字どおり悲しみの灰色一色に覆われ、一日中慟哭の声がやまなかった。

　正庁は模様替えが行なわれ、二つの神龕は後壁楼の二階に疎開し、かわりに祖母の位牌が祀られた。赤や緑色のものは、ひっこめられるか覆われるかして、白と青と黄色が一切の基調となった。

　私がやりきれないと思ったのは、喧騒を極めた女たちの慟哭の声である。初めは遺体の枕元で、遺体が収容された後は棺桶の近くに小さい腰掛をもってきて、ハンカチで顔を覆ってから泣き出すのである。

「朝が来ましたよ、起きてください」の「叫起《キヨキイ》」、「ご飯の準備ができましたよ、召し上がってください」の「叫食《キヨチヤ》」、「もう遅くなりました、お休みください」の「叫睏《キヨクヌ》」

と、一日最低五回は泣く。このほかに親戚のおばさんがお悔やみにやって来て泣くと、またともに泣くといった調子で、バカバカしい限りであった。

阿江は祖母にとくに目をかけられた恩情を偲《しの》んでか、心から悲しんで泣く様子で、「叫起」「叫食」「叫睏」の泣き役を進んで引き受けた。みんなと一緒に泣くときでも、たいていの人が型どおりに泣いて、ヤレヤレといった表情で立ち上がった後、一人でいつまでも泣いて人々を困らせた。

「もういいよ、新春官《シヌツヌクワ》」

と肩をゆすっても、ますます大きい声を張りあげる。一回、私が止めに行ったら、キュッと腿をつねられて、あまりの痛さに私まで泣き出してしまった。

阿江は祖母が亡くなってから間もなく体調を悪くしたが、私たち兄弟はこのときの悲嘆があまりにも大きかったせいもあると考えている。

祖母が亡くなって二日後、棺桶が楽隊の伴奏もにぎやかに担ぎ込まれた。私は生まれてからこちら、こんな大きい棺桶を見たことがない。普通、町で見かける棺桶は、たいてい四人、多くて八人で担いでいるが、祖母の棺桶は何と三十二人の大人がウンウンいって担いだのである。

その中へ祖母は十三枚の新品の美しい衣装を着せられて納められた。子供心にももったいないことをするものだと思った。しかも、それだけではない。冠や耳輪や指輪やら、金やヒスイのたいへん高価な装身具までつけていた。

その棺桶の蓋をかぶせたところを念入りに目張りし、何日おきかに漆を塗り重ねる。これは土葬の慣習で、できるだけ長く遺体を完全に保存しようとする配慮からである。棺桶は二ヶ月近く正庁に安置され、その間に「做旬《ツヲスヌ》」といって、一週間ごとに供養が行なわれた。「做旬」は日本の初七日、ふた七日……に相当するものであるが、そのしきたりの面倒で仰々しいこと、日本人には想像もつかないほどである。「旬《スヌ》」ごとに、父や私たちが主祭者になったり、礼を受ける側に立ったりするが、麻の喪服を着て、長時間窮屈な格好でかしこまっているのに変わりはない。

和尚《ホエショー》の口からわけのわからぬ号令がかけられると、大人の真似をして、叩頭したり、泣き声をあげたりする。そして和尚の唱えるお経の長さ。わずかに救われたのは、道士の奏でる音楽が、ちょっと楽しく面白いことであった。私たちはいつのまにかそのメロディを憶えてしまって、後で兄弟で合唱したりした。

お供物は、正庁から中庭を通って店舗まで並べられた机の上一面に広がり、私たちはその机の両脇にうずくまるのである。

あるとき、向こう側にうずくまっている育霖兄が、こちらに向かって盛んに目で合図を送っているのに気がついた。よく見ると、二人の真ん中あたりに、鹿の形のお菓子が落ちている。これはいいものを見つけたと喜んで、這っていって拾い、半分に割って育霖兄に投げてやったところが、運悪く後ろを振り向いた阿江に見つかって、ゴツンと拳骨を食らわされ、育霖兄と二人で肩をすくめて笑い出してしまった。

「尾日《プエリツ》」という、行事の最終日には「焼紙厝《ショーツオアツウ》」といって、紙で作った家を焼く。これは死者があの世に行って住むための家を準備する意味である。普通、焼く前に家の前に陳列して人々に見せるのであるが、祖母の紙厝はとても大きかったので、特別に上帝廟の庭を借りて陳列された。紙の家は三階建ての孔子廟風の広壮な造りで、自家用自動車までついていた。

それをバラして墓地の近くの空き地に運んでいって焼くのに、父はかなりの金をかけたにちがいない。

いよいよお葬式になって、きれいに飾られた棺桶が道路の真ん中に担ぎ出された。楽隊を先頭にし、祖母の遺影と緑綬褒章の賞状を飾った二人担ぎの山車《だし》がすぐその後に続いた。警察が二人、警護兼交通整理役でつきそった。花輪や「軸《テク》」という一種の弔旗を担ぐ人夫が長い長い列をつくった。

「軸」について少し説明を加えると、これは毛布や洋服の生地を買ってきて、その中央に「弔霊」と書いた大きい紙を縫いつけて、供物の一種として亡くなった人の家に持っていくものである。これを貰った方では、竹棹につるして壁ぎわに掛けておき、その数の多いことをもって故人の遺徳の盛大さを誇る。いつごろから始まった慣例か知らないけれども、葬式がすんだあと、父からそれぞれに分配があって、たいへん喜んだことを記憶している。

先頭が出発してかなりたつのに棺桶はまだ動き出す気配がなく、女子供はどの人力車に乗るか、順番はどうするかで、ワアワアガヤガヤ言い合い、家の付近はまるで駅前のような雑踏であった。

父は旧慣に従って、ずっと髪も刈らず髭も剃らず、それこそ乞食の大将のような姿で、「幡仔《ホアナー》」(弔いの幟《のぼり》)を持って、棺桶の後について歩く。歩く父も人力車上の私たちも、みな大きい声を放って泣きながら街中を一巡した。

ようやく墓所に着くと、すでに人夫によって墓穴が掘られているのがわかり、私はその大きく深いのに驚かされた。

ところが、わが家はこのあと二、三年のうちに大きな不幸が次々と起こったので、祖母の墓の「風水」が悪かったらしいことになって、一時はどこかへ改葬しようかという話も起こった。そんなバカげた話があるものかと思ったが、父や阿母は沈痛な面もちであった。

第2章　子供時代

母の悲しい折檻

母の阿江《アエ》は心根《こころね》が優しく、大家族制の微妙な立場の中でも、子供たちに深い愛情を注いでくれた。とくに習わなくても、だいたい何でも器用にこなせたのは、頭も悪くなかったにちがいない。一度、錦碧《きんへき》姉さんが学校の裁縫の宿題を持ち帰り、仕上がらないまま寝てしまったことがあった。朝、起きると、夜中に阿江が縫っておいてくれた浴衣《ゆかた》がちゃんと仕上がって置いてあったそうだ。家に何か行事があると、町から一流のコックが呼ばれて料理をするのだが、阿江はそれを見て料理を覚えた。錦香《きんこう》姉さんが留学しているときには、台湾の味を食べさせてやりたいと、自分で料理して日本まで送っていた。豚肉や卵を醬油で甘辛く煮たものを大きな缶に詰め、ハンダで密封して送るのである。

その阿江にとって、私は四人の子供の中で一番、扱いにくい子であったようだ。私は幼いときから随分と利かん坊であった。食べる物でも着る物でも好き嫌いが多く、癇が強くて、気に入らないことがあるとすぐに怒り、怒るといつまでも大声を立てて泣いた。

「愛哭胚《アイカウプエ》」（泣き虫）というのが、私のもう一つのあだ名で、この方が「尖頭《チャムタウ》」より通用していた。どうしてこんな〝悪い子〟になったのか、自分でもよくわからないが、阿江がそういう性格を直そうとして、よく折檻《せっかん》し、その折檻は効き目がなかったばかりか、私をますます依怙地《いこじ》にさせたことは確かである。

阿江の折檻は、どう考えてもひどすぎるものだった。拳骨を食らったり、つねられたりするのはまだいい方で、毛バタキでピシッピシッと打たれ、簪《かんざし》でチクッチクッと刺されたりした。

子供を罵ったり折檻したりすることは、この時代の台湾の母親には日常茶飯事で、日本人の軽蔑を買う欠点の一つでもあったが、これは子供の人格を認めず、躾《しつけ》は厳しいほどよいという伝統的な観念に基づくものである。

阿江の場合は、このほかに大家族制度に対する鬱憤があって、それが程度を超えた折檻の形をかりて発散されたのではないかと考えられる。

阿江の四人の子供のうち、錦碧姉さんが一番従順で、あまり叱られることがなかった。育霖《いくりん》兄は私に劣らず利かん気で癇が強かったが、病弱で折檻に堪えられない。錦香姉さんは体が大きくて、わがままなところがあったから、よく叱られ、大きいしゃもじで叩かれる場面も見た。しかし、折檻を受けることの最もひどかったのは、何といっても私であった。

毛バタキで打たれると、見る見るうちにミミズ腫れが浮きあがり、そのまま四、五日は消えない。なぜ〝凶器〟に毛バタキが使われるかといえば、毛バタキは部屋の扉の内側に吊るされていて、すぐに手が届くし、長さといい、太さといい、丈夫さといい、実に格好の鞭であるからだ。

阿江は初めは優しくしゃべっていたが、私が不満な顔をしていると怒り出す。錦碧姉さんは大声で、女中の治仔《ティア》を呼んで私を連れ出させるか、いち早く毛バタキを取って、どこかに隠してしまう。

タイミング悪く一対一になったときは、観念しなければいけない。阿江は部屋を閉めきって邪魔が入らないようにしてから、私を叩く。私は大声をあげて泣き叫び、逃げまわる。すると、毛バタキは阿江に握られたところから、つけ糸が切れ、羽毛が少しずつ取れて、ヒラヒラと舞い落ちる。毛バタキは各部屋の備品の一つとして阿母《アブウ》が配給したものと知っているから、「これでまた阿江は父に叱られる」と阿江のために心配した。

ときに阿母が私の泣き声を聞いて、部屋の外から、

「これ、新春《しんしゅん》。徳は私の子だよ、おまえの子じゃないんだ。さ、早く扉を開けておくれ」

と叫ぶこともあった。私が戸籍上は阿母の子供になっていたからである。阿江は大きな目玉をむいて私を睨みつけ、「は、はい、ただいま」と扉を開けて阿母を迎え入れた。

阿母は私を外に連れ出し、これで何か買って食べなさいと銅貨を握らせてくれた。このときは本当にありがたいという気持ちになった。

あるとき、私は折檻している阿江の頬にとめどなく涙が流れているのを、ふと見つけてハッとして泣きやんだことがあったのを憶えている。このときばかりは、ああ、自分は何と悪い子だ、どんなに阿江を困らせていることだろうと反省心が起こったが、素直に謝る気にはなれなかった。しかし、それからはしばらく従順になった。

最初の子守り、治仔《テイア》

治仔は私がその後多く接した女中の最初の一人であった。私は四、五歳くらいだったかと思う。家には飯炊きや洗濯係の女中がいるほかに、三人の母にそれぞれ専属の女中がいた。専属の女中は受け持ちの部屋の掃除をし、床《とこ》を敷き、便器の始末をやり、湯茶の準備をするほかに、お使いに行ったりする。

治仔にとって最大の仕事は私のお守りをすることで、とにかくこの泣き虫を何とかして泣かさないようにできれば、それで殊勲功とされたのである。どういうわけか知らないが、私は治仔によくなつき、治仔におんぶされて外に出ていれば、それで上機嫌であった。治仔は、生まれはよく知らないが、上帝廟《ションテエビヲ》から少し行ったところの桶屋が彼女の身元引受人となっていた。私をおんぶして行く先はきまっている。その桶屋か上帝廟の中であった。

私は桶屋の家の人からチヤホヤされた。家族の一人に、歌仔《コアア》戯《ヒイ》の俳優をやっている人がいて、この人がよく胡弓を弾いて歌を歌って聞かせてくれた。そのあいだに治仔は家の中を手伝ったり、おしゃべりしたりしている。この兄さんは後に俳優をやめて、街角で夏は仙草氷《セヌツアウピン》（黒い寒天のようなものを氷で冷やしたもの）、冬は米糕《ビイコヲ》（蒸したもち米の上に豚ひき肉を甘辛く味付けしたそぼろをかけ、魚のでんぶと酢の物を添えたもの）を売っていたが、私が買いに行くと、おまけをしてくれた。

治仔はバクチが好きで、上帝廟に行くのはバクチをやるためであった。いつの間にかバクチの仲間ができていて、かれらと表だ、裏だと銅貨を張った。バクチをやっているあいだは私を放っぽり出して、私はしかたなく廟の庭で一人で遊んでいた。

ある日のこと、「大人《タイリヌ》（警察）が来たよ」という見張りの者の声に、みながワーッと言って蜘蛛の子を散らすように逃げ出した。素早い人はもう後殿《アウテヌ》（奥殿）の方へ走り去り、治仔はまごまごしたあげく、仏壇の下の暗がりにもぐりこんだ。

そこは虎爺公《ホオヤコン》（虎の神様）を祀った小さな祠《ほこら》やらお祭りの道具やらがゴチャゴチャ置かれている汚らしいところである。私は治仔からそんなところへ行ったら駄目よ、着物を汚すからねと言われていた。そういう治仔が自分でもぐりこむのだから、これはよほどの重大事態だと子供心にも察しがついた。それで泣き声も立てず、ただペタンと庭先に座っていた。

そこへサーベルの音をガチャつかせて、二人の警察官がやってきた。かれらはシーンと静まり返った広い廟内を見まわし、私を発見して屈みこんで聞いた。

「坊や、ここで何している」

「遊《あちょ》んでるの」

「一人で」

「ウン」

「偉いね。ところでバクチをやっていたのを知らないかい。どこへ逃げたか見なかった?」

私はここで本当のことを言うと治仔が捕まると知っていたから、「知《ち》らない」と嘘をついた。すると警察官は、探しもせずに帰ってしまった。

しばらくたって、治仔が這い出してきた。服を汚し、頭髪に真っ白に蜘蛛の巣を引

っかけている。私をだっこして頰ずりしながら、

「ああ、よかった。ほんとにいい子。賢い子だわ。ついでにもう一つお願いがあるの。阿江に言いつけないでね」

「ウン」

このことがあってから、治仔がいっそう私を可愛がったことは言うまでもない。

少し大きくなって三輪車を買ってもらったが、そうすると、治仔の役目は私が漕いで行く後から、ついて来ることであった。

竹仔巷の別荘

そのころ父は、私たちが竹仔《テクア》巷《ハン》と呼ぶところに別荘を持っていた。竹仔巷は清《しん》朝時代の台南市の地図に見える古い町名の一つで、おそらく建築や細工に使われる竹材の問屋街のあったところであろう。その名残か、別荘の北側にあたる台町には竹材店が固まっていて、阿江の唯一人の親友の様姨《ヨンイ》（様おばさん）の家もその一軒であった。

別荘のあったところは、台南駅から州庁に通ずる大正橋の真下で、南側に高い崖があり、崖をよじ登ると橋の上に出た。大正橋はそのころは粗末な木造の橋で、橋の下にはかなり大きな、汚い川が東の方から流れていた。

別荘の門はこの川に面し、川の向こう岸は林投《ナアタウ》と呼ばれる原っぱになっていた。何

でもここは昔「林投姐《ナアタウツェ》」という女のお化けが出没した舞台だそうで、そういえば、お化けが出そうな荒涼たる雰囲気を留めていた。そこは、家から歩いて大人の足で十分ほど、私が三輪車を漕いで行っても十五、六分で着く近さであった。

治仔がよく私を連れて行った桶屋のある角を左に折れて、花園町の梅檀《せんだん》の並木のある坂をスーッとくだり、図書館を右に曲がると、川端の小道に出る。その小道は砂地で、いくらペダルを踏んでも進まないから、ここからは治仔に押してもらう。そうして川を東にさかのぼるようにして行くと、間もなく別荘に着くのである。

父はここにしゃれた純日本式の屋敷と庭園をつくって、ノッポの林金火《りんきんか》おじさんや医者の許水木《きよすいぼく》おじさんや李老龍《りろうりゆう》おじさんらの遊び友だちを招待して、四色牌《スウセクパイ》のバクチに興じたり、芸者を呼んで宴会を開いたりして、商売の息抜きの場に使っていたようである。厳格そのものに見えた父であったが、この後でも触れるが、なかなか風流な一面もあったのである。

私たち家族もよくここへ料理を持って遊びに出かけた。私は純日本式の屋敷と庭園の何から何までが珍しくて、たいへん気に入っていた。すべてが本町の家にはないものであった。

庭には築山が築かれ、池が掘られ、花壇がつくられていた。池には金魚や亀が泳いでおり、石橋を渡って築山に行けるようになっていた。花壇にはいろいろな草花が植えられていたが、私を一番喜ばせたのは、土いじりができたことである。本町の家では盆栽の土以外に土を見ることができなかった。前庭と裏庭の二つがありながら、二つとも花崗岩と赤い煉瓦が敷きつめられていたからである。

この別荘の畳の部屋は、全体が広い寝台のようで、歩いても寝転んでも弾力があって心地よかった。縁側や離れの構造も、本町の家のように、何から何まで四角四面、左右均整でないところが面白かった。便所が二ヶ所、台所と応接間のすぐ脇についていたが、明るくて清潔で少しも臭くなく、これまで私が持っていた便所の観念とは、まったく違うものであった。

本町の家の便所は敷地の一番端っこにあった。これは、便所はご不浄という考えによるもので、不潔で臭く、夜は電気もつかなかった。だから、私たちはみな部屋の中に、尿斗《リヲタウ》という桶を常備していて、それで用を足し、便所というのは、尿斗を持つ資格のない女中が用を足す場所、彼女たちが尿斗の中身を捨てる場所ぐらいに思われていた。

少し大きくなって、尿斗で大便するのがさすがに体裁悪く感じられ、便所を利用するようになったが、それでもまず女中に綺麗に水を流させてから、戸を半開きにして、女中に庭先で待つように言いつけたものである。それほど便所は気持ちの悪いところで、行くのが怖かった。

話が尾籠《びろう》なことになったが、私は便所の観念、便所の構造の変遷を通じて、台湾の社会が一歩一歩近代化していく様を言いたいのだ。

この別荘は間もなく市区改正にひっかかって、取り壊される運命となったが、建物は解体されて、明治町の鴨母寮《アブリアウ》というところに再建された。

竹仔巷の別荘の跡地は埋め立てられて、広い道路の一部となり、崖の上には瀟洒な耳鼻咽喉科、鹿沼医院の建物が建った。大正橋は巨大なコンクリート橋となり、川は清潔な下水溝と生まれかわって、この界隈はまったく面目を一新した。

私はこの付近を通るたびに昔をなつかしむ気持ちが油然《ゆうぜん》とわき起こるのをおぼえたが、このような市区改正があってはじめて、街は封建的な汚らしさから近代的な明るさへと脱皮するのであろうと自分に言い聞かせたのである。

姉婿、杜新春の〝武勇伝〟

鴨母寮の別荘は、一番目の姉婿、杜新春《としんしゅん》が台南地方法院判官（裁判官）になったときに、その住まいにされた。彼は一時期、地方に転任した後、病気で休職して、ここで療養生活を送り、亡くなった。

ここで杜新春のことに少しふれよう。

彼は台湾中部の町、集集《チプチプ》の出身で、原住民の血を引いているらしく、ちょっとエキゾチックな顔をしていた。

台中一中を出て、名古屋の旧制八高から京都帝国大学法学部に進んだ。入学後しばらくは苦労したらしいが、錦珪姉《きんけい》さんとの縁談がまとまってからは父が未来の婿さんに学資を送った。

若いカップルは熱烈な恋文のやりとりをした。錦珪姉さんの漢詩の素晴らしさは杜新春を驚嘆させた。かれは高等文官試験に合格し、台湾人初の判官となって故郷に錦を飾った。

父はかれが台南地方法院に来られるよう運動し、目的を達成した。

新婚家庭には移転改築したばかりの鴨母寮の別荘があてられた。私はよく遊びに行き、可愛がってもらった。かれは麻雀と酒が好きで、いつも日本人の同僚を招待して徹夜麻雀をやり、酒を飲んだ。

杜新春を通じて、私は新しい内地の世界を垣間見ることができた。たとえば、かれがラジオで六大学野球を聞いているところに行き合わせたことがあった。「ピッチャー投げました。打ちました。センター前ヒット」とかなんとか。私が初めて野球を知ったときだ。

また、かれは『世界大思想全集』『世界美術全集』『夏目漱石全集』『菊池寛全集』『大審院判例』などを持っていた。かれの死後、これらの本はわが家にひきとられ、私に文化の香りを教えてくれた。

一番印象的な出来事は、あるとき家中で宮古座へ壮士劇を見に行ったときのことである。家の者はこのときの話を声色を交えて何回も話したので、その日のやりとりは今も記憶に残っている。

その日、私たちは二階正面の特等席の桟敷を四つほど占領していた。座布団屋が座布団を一枡に四つずつ、十六枚置いていき、私たちは持ってきた茶菓を置いて、階下のロビーにおりた。戻ってきてみると、人が座っているではないか。

「もしもし、ここは私たちのとった席ですが」

「何だと。おれたちが先に来たのだ」

日本人の二人づれで、酒臭い息を吐いていた。文化協会の壮士劇は台湾人を対象としたものだが、日本人もよく見に来る。

さあ、満員の館内はこの押し問答に驚いて、一斉にこちらの方を見た。二階にいた人たちは周りに人垣をつくったし、階下の人は立ち上がって、こちらを見上げた。

日本人は威丈高《いたけだか》になった。

「おれたちを何と思っとるんだ。州庁の役人だぞ」

もう一人の男が言った。

「だいたい本島人が特等席に座るなんて身分不相応だ。譲るのが当然だろう」

　私は内心これは相手が悪いと思った。家族の者はびくついた。すると、杜新春が静かに言った。

「州庁の役人でも礼儀を守るものです。私たちは特等席の金を出して、特等席に座ったのです。どこが悪いのですか」

「何を、無礼なことを言うな」

「無礼はあなたがたでしょう」

「いったい、きさまは誰だ。名前を言え」

　杜新春はちょっと笑った。

「私の名前を知りたいんですか。私はこういうものですが」

　内ポケットから名刺入れを出して、名刺を一枚取り出して渡した。二人の日本人はのぞいてびっくり仰天した。

「あ、これはこれは。どうも失礼しました」

「失礼の段は重々お詫びしますから、どうか穏便に」

　二人は、こそこそとどこかへ姿を隠してしまった。周りの人はホーッとため息をついた。続いて階下でワーッという雄叫びに似た声が起こった。

　このことがたちまち全市に伝わった。噂は噂を呼んで、台南市ではしばらくこの話でもちきりであった。ずっと後になって、ある人は私が杜新春の義弟と知って、こんなことを聞いた。

「杜新春が宮古座で日本人に平手打ちを食わせたんですってね。日本人はペコペコ謝るだけだったとか。愉快じゃないですか。杜新春は台湾人の誇りだ」

私は噂とはどんなものかを知って、苦笑を禁じえなかった。

杜新春は麻雀と深酒で体をこわし、四十四歳で肺結核で亡くなった。休職してから亡くなるまでの三年間は、ありとあらゆる薬を飲み、療法を続けた。莫大な金が父から届けられた。

かれが亡くなって、父はがっくりきた。かれがいたころは日本の官庁はじめ、市の人々に法律的なことで睨みをきかすことができた。わずらわしい警察は家に寄りつかなかった。

杜に最も勇気づけられたのは、育霖兄ではなかったかと思う。かれは杜新春のような司法官、それも判官でなくて検察官になろうと若い心を燃やした。父は、今度は兄に期待をかけるようになった。

父のアヘン友だち

私の初恋もだいたいこのころであった。相手の名は許淑貞《きよしゆくてい》という。

淑貞の父は許水木といって、腕の立つ外科医として街で評判が高かったばかりでなく、文化協会華やかなりしころ、台南市にその人ありと知られた政治運動家でもあった。台湾文化協会というのは、一九二一年（大正十）に創立された、台湾知識人の大連合で、演劇・ローマ字普及運動などを通して大衆の啓蒙を行なった。

許先生は父とはかなり年がひらいていたが、私たちがそばで見て羨ましくなるほどの親交関係を結んでいた。

父が盲腸炎を患って台南病院に入院したときに、外科医であった許先生の手術を受け、その手際のよさと看護の周到さに、すっかり感激したのが機縁となったらしい。本町四丁目に許先生が三階建ての洋館の「許医院」を建てた敷地も、父が世話したということだ。

そんな事情で許先生はかかりつけの医者となった。愉快なのは許先生が父のバクチ友だち、アヘン飲み友だちとなったことである。

バクチのことは竹仔巷の別荘の項でふれておいたから、ここではアヘンのことについて少し説明することにしよう。

今の日本人には想像もつかないことだろうが、当時、台湾ではアヘン吸飲が公然と認められていて、父のように経済力があり、社会的地位の高い者は、申請しさえすれば簡単に鑑札をとることができた。「人道上の理由」でアヘン吸引は認められ、アヘン専売は、総督府のドル箱の一つとされていた。

父がアヘンを飲んだのは、それこそ遊び半分、趣味からで、別に飲まなければ死ぬというほどの飲者ではなかった。酒は血圧が高いからあまり飲まなかったが、タバコは水キセルや両切りを吸い、女遊びは竹仔巷の別荘や出張先の台北で適当にやり、手すさびには四色牌やマージャンをいじり、音楽は南管《ラムクワヌ》（悠長な旋律の華南系音楽）を聴くという風流人の一面を持つ父にとって、アヘンは最後の風流であったのであろう。あるいは清朝時代の少年期から、ひそかに夢見ていた「いい身分」の象徴の具現化という意味も含まれていたのかもしれない。

アヘンは小さな錫《すず》のチューブに入っていて、家の向かいの「永順隆」という漢方医が、この区域の指定小売人であった。帳面と代金を持って買いに行くのに、私なんかがよく使いに出された。帳面にポンと判を押せばいいという簡単な手続きである。

このチューブから黒い光沢のクリームを押し出して、鼈甲の小筒に入れかえ、それをレース編みのカギ棒のような細い二本の針ですくいあげて、カンテラの火であぶりながら指先で固めていく。豆粒ぐらいの大きさになったところで、それをキセルの先に植えつけ、これで用意ができあがる。あとは豆粒を火であぶりながら吸うだけだが、家では阿母《アブウ》が一切の用意をし、父はただ寝そべって、キセルをくわえていればよかった。阿江や阿揚《アヤン》は、終わった後で熱いタオルを差し出し、濃いお茶をいれるのが役目であった。

私はときどき阿母の座っている後ろの方で、父と向かい合うようにして寝ころび、阿母の器用な指さばきに見とれ、ついでに立ちのぼる芳香に鼻をクンクンと鳴らした。実際、アヘンの匂いは形容しがたい、いいものがあった。あるとき、父が飲み終わって出ていった後で、阿母にねだって一口吸わせてもらった。吸うのは嗅ぐのと違って、刺激が強烈で頭がくらくらしたが、やはりおいしいものだなと思った。

アヘンは高価で、それも金さえ出せば手に入るというものではなかったので、阿母はチューブの底の留め金をはずし、二つに切り裂いて、小刀で丹念に軟膏を削りとるようにしただけでなく、カンテラのまわりに散らかった燃えかすまで、ていねいに掃き集めていた。

かすでも、丸めて口の中に放りこめば、結構アヘンを飲んだ気持ちになるらしい。腸詰や干肉を売る馬仔材《ベェアツァイ》という男がいて、よく家の中にズカズカと入ってきては、阿母を探して、アヘンかすを分けてくれとしつこく頼んだ。

馬仔材はそれこそアヘン飲者の典型的なタイプで、痩せこけてひょろ長く、歩く姿もよたよたしていた。何回も更生院に入れられたそうだが、どうしても矯正できず、といって配給では足りなかったので、方々からアヘンかすを買って、補っていたらしい。面白いことに、かれが作った腸詰や干肉は、おいしさにかけては台南一の評判で、私たちもよく褒めていたが、かれはそれを誇りにして、普通より高い値段をつけ、アヘンかすも勝手に相場をこしらえて、ずる賢く物々交換をやった。

阿母はきまって彼に注意した。

「警察に見つかっても、うちから分けてもらったと言うんじゃないよ」

「へい、それは百も承知でさあ。叩かれて死んでも、金義興《きんぎこう》の名は口にしません。ご安心ください。頭家娘《タウケエニョウ》〔奥さま〕」

さて、新しいタイプのインテリの許先生がアヘンも飲んだとは、よほどの物好きと言わなければならないが、これはきっと父が、どうじゃ、一服やってみないか、と勧めたからにちがいない。

許先生が来ると、父は一日の定量をすませたあとでも、おつきあいに向かいあって寝そべり、阿母の役を許先生がつとめた。一回、その場に行きあわせたが、男同士の世間話に興じながら、許先生の手先がなかなか器用に動いているのを見て感心した。なるほど、これはメスを持ち慣れた外科のお医者さんであるほかに、名士劇で女形をやる人だけのことはあると思った。

初恋の人、許淑貞

許先生と父がこんな間柄であったから、私たちが家塾をひらいて漢文の勉強をやるときに、それならうちの娘も入れてくれと淑貞《しゅくてい》がよこされたのにちがいない。

利発で、目がくりくりして可愛い淑貞は、みなから歓迎され、キューピーとあだ名をつけられてチヤホヤされた。

あるとき、塾長格の錦珪姉さんと、やんちゃな錦香姉さんが、からかって聞いた。

「キューピー、おまえは大きくなったら、この家の兄弟の誰のところにお嫁に来たいの」

いっしょに勉強していた男兄弟は、育森兄と育霖兄と私の三人である。みな顔を赤くして淑貞の答えを待った。

と、彼女はシャキシャキとして、言った。

「阿森《アシム》は太っていて、乱暴だから嫌い」

「阿霖《アリム》は痩せていて、気むずかしいから、これも嫌い」

「おやおや」

「まあまあ」

「阿徳《アテク》は同じ年だし、やさしくしてくれるから好き」

姉たちは抱腹絶倒し、育森兄と育霖兄はプリプリ怒り、私は恥ずかしくなって逃げ出した。

同じ年だから、漢文のテキストの選び方も同じで、進み方まで同じであったから、彼女が私に親密感を覚えたのは当然とも言える。

しかし、同じ年だというのは、旧暦で数える習慣のためであって、本当は彼女の方が私より数ヶ月姉さんなのである。子供のころはそんなことを知らず、どちらも「相猪《シウティ》」（亥年生まれ）だと言って（私は旧暦でいうと、大正癸亥十二月二十五日生まれになる）、喜んでいた。

昭和四年（一九二九）の四月、満五歳で末廣《すえひろ》公学校付属幼稚園にあがった私は、淑貞が来ているのを見つけて嬉しくてたまらなかった。当時、幼稚園は台南市に二つ、三つしかなく、幼稚園に子供をやる家庭は珍しかった。末廣公学校付属幼稚園は白金町の、廟のような建物の中に設けられていて、私の家から歩いて五、六分、彼女の家からは少し遠くて、十分ほどの距離のところにあった。

幼稚園は私たちにとって、姉や兄たちの目の届かない楽しいデートの場所であった。私たちはさっさと同じ机に座ったし、いっしょに遊び、便所に行くのにも手をつないで行った。彼女は便所に入るとき、そばに私がいるのに安心してか、戸も閉めない。先にすませて待っている私は、彼女の白い可愛らしいお尻を盗み見ることができた。あるとき彼女に見つかって、そのトレードマークの大きな目でニッと睨まれた。そのかわり、彼女が先にすませたときは、私も横向きになって、彼女とおしゃべりしながらやっていたのだから、その点はあいこであろう。

淑貞との〝蜜月時代〟は幼稚園までであった。一年後、二人でいっしょに南門《なんもん》小学校を受験して、彼女が合格できたのに、私は落第した。小学校に落第した私は、やむをえず末廣公学校に入ったが、後で説明するように、小学校は公学校より、社会的に上に見られていたので、私は彼女に対して一種のコンプレックスを持つようになり、彼女に会うのも恥ずかしく、わざと避けるようにした。しかし、避けようとすればするほど彼女がなつかしくてたまらず、自分でも自分の気持ちがわからなくなって、泣き出したいくらいであった。

だから、祖母の「做旬《ツヲスヌ》」が行なわれたときも、大人の悲しみやお祭り騒ぎより、彼女がお母さんといっしょに来るかどうかが気がかりで、来なかったときには、ほんとうにがっかりしたが、来たときは、たえず彼女の存在を意識して、居ても立ってもいられない気持ちであった。

彼女に対する心の余裕を幾分でも取り戻すことができたのは、彼女が台南二高女に入り、私が台南一中に入ってからのことである。一中と二高女の関係は、小学校と公学校の関係ほどではないが、多少似たところがある。大いにコンプレックスを解消した私は、ちょくちょく彼女の家を訪ねる勇気を持ったが、今度は彼女の方があまり私に会いたがらなかった。

彼女の母親は心から私を歓待し、おやつを作って食べさせてくれたし、許先生もひまを見つけては、政治運動の話や警察に捕まって拷問された話や演劇活動の話を聞かせてくれて、私に感銘をあたえた。

早世した淵源兄

若くして亡くなった淵源兄に、私は深い愛着を持っている。

淵源兄の死は、祖母の場合と違って、直接にわが家の運命を左右した不幸な事件であった。祖母はすでにわが家にとって飾り物的な存在にすぎず、亡くなったからといって、どうということはなかった。しかし、十七歳の淵源兄の死は、かけがえのない総領息子を失ったことを意味した。後を継いだのが阿揚の生んだ育森兄であったことから、三人の母の勢力均衡が崩れたばかりでなく、当の育森兄は商売があまり好きではなかったため、わが家は父一代で衰微することとなった。

わが家の運命を決した、この悲劇は、ある日突然ふりかかった。

公学校四年生の二学期のある日、昼休みで校庭に出て遊んでいた私を小使いが呼びに来た。変だなと思って教室にもどると、担任の安田実先生が、

「きみの家に何か不幸が起こったようだ。さっき電話があった。すぐ帰れ」

「不幸って?」

「うむ……。どの兄さんか、重い病気でもしていたのか」

「あ!」と叫んで、私はガタガタと震えだした。病気をしている兄さんだったら、育

霖兄にきまっている。かれは当時、肋膜炎で高等学校尋常科を休学し、転地療養などしていた。私はカバンをひっつかむと学校を駆け出した。道すがら、阿江の悲嘆のさまを想像して、涙のふき出るのを抑えることができなかった。

店の戸は真っ昼間から下ろされ、歳末の街の賑やかさに一人とり残されて、何か無気味に見えた。端の扉の一枚を開けて、こわごわ足を踏み入れると、騒々しい泣き声が耳を衝《つ》いた。父と阿母の泣き声が一段と大きい。

変だな、育霖兄にしては、父や阿母の悲しみ方がひどすぎる。

正庁の横に臨時に仕立てられた床の上に、遺体が横たえられていた。二年前の祖母のときもそうであった。頭から毛布が被せられ、わずかに二つの白蠟色に変じた大きな足の裏が見えた。足がこんなに大きいのでは育霖兄ではないなと直感した。

すぐに淵源兄だとわかったが、それにしても信じられないことであった。かれは商業専修学校の運動選手で、十七歳にしてすでに立派な大人の体格を持ち、筋骨隆々として、元気旺盛であった。市の運動会の台南―安平往復一万メートルマラソンに出場して、四着をとったことがある。マラソンに出る一ヶ月ほど前から、スネに鉛の板を何枚もつけたまま寝起きして鍛錬するしいう調子であった。

訃報を聞いて駆けつけてきた親戚の人たちに、阿母が涙ながらに訴えるのを聞いて、ようやく様子が呑みこめた。私は朝早く登校して、夕方遅く下校する日課だったので、昼間の家の出来事はよく知らなかったのだ。

淵源兄は昨日の昼すぎに、急にお腹が痛いと言い出し、新厝楼《シンツウラウ》の二階の自分の部屋に下がって休んだ。ずっと我慢していたが、痛みはひどくなる一方で、夜になって許先生が呼ばれた。そういえば、許先生が九時ごろ往診に来たことは私も知っていた。家の誰かが風邪をひいたとか、腹をこわしたとかは、しょっちゅうのことで、別に気にしなかった。

許先生は原因がよくわからないから、とりあえずモルヒネで痛みを抑えて、明日またよく診《み》ようといって帰った。昨夜はそれで淵源兄もよく休み、みなも安心したが、今朝になると、昨日以上の痛み方で、目を白黒させ、お腹を押さえて、寝台の上をのたうちまわる。父や阿母が驚いて許先生を呼んだが、間に合わなかった。

淵源兄の死因は急性盲腸炎であった。盲腸炎は父も患った経験があり、急性と慢性の違いはあったにしろ、盲腸炎のような単純な病気で死ぬとは、あきらめ切れぬものがある。モルヒネなんか打たずに、痛むのに任せておけば、父も様子が変だとわかって、ほかの医者に見せるとか、台南病院に担ぎこむとか、応急処置を講ずることができたはずだ。このときばかりは父も阿母も許先生を恨んだものである。

私は淵源兄が好きだった。かれは養子で、頭がいい方ではなかった。台南二中も長老教中学にも入れず、やっと商業専修学校にもぐり込んだほどであった。が、そんなことはたいした問題ではない。淵源兄は、自分は長男で、どうせ父の跡を継いで商売をするんだ、学問は弟たちにやってもらうと割り切っていた。

かれに惹かれたのは、スポーツマンらしく明るい性格の持ち主で、気がやさしくて、しかも、どことなく長男としての風格を持っていたからである。

十六、七歳で風格があったというのもおかしく聞こえるが、とにかくかれはアイディアを生み出すのが上手で、それを実行するのに、育森兄も私も育彬弟も喜んで従った。

かれは中楼の二階のベランダの一隅に鳩小屋をつくって鳩を飼ったが、私たちは彼の言いつけで、よく鳩小屋を掃除したり、鳩を遠方に持っていって放ったりした。

一番目の養子、以成《イシン》が台北の芸者、巧仔《カア》に生ませた子で、満童《ブアヌトン》というのがいた。阿母が可哀想に思って、引きとって育てていたが、私たちはよくかれをからかった。鳩や金魚が死ぬと、淵源兄は満童を孝男《ハウラム》（喪主）に仕立て、棺桶代わりのボール箱と幡仔（弔いの幟）を持たせて葬式を出し、私たちは坊さん役で、お経を唱える真似をして家中を練り歩く、といういたずらもした。祖母の葬式の影響がこんなところに残ったのだが、阿母に見つかると、「僥倖《ヒーウヘン》（何て罪なことをする）」と叱られて逃げ出したものである。

満童が寝小便をすると、「よし、ひとつ懲らしめてやろう」と淵源兄は私たちを誘い、満童を頭前楼の二階に連れて行った。ここは倉庫になっていて、両側に缶詰の箱やスルメや春雨などの大きい包みが山と積み重ねられている。そのあいだに藁縄の大きい球を持ってきて、その上に満童を立たせて、みんなで周りを取り巻く。

「おまえはよく寝小便するね。いったい、いくつになったんだ」

淵源兄によって尋問が開始される。満童は舌がよく回らず、六歳《ラクフエ》のことを、「ラウフェ（lâu-hoeh）」という。

「ラウフェは流血のことだ。ラクフエ（la̍k-hòe）というんだ」

ゴツンと拳骨。

「じゃ、ラクフエの次はいくつだ」

今度は育森兄がやる。

「チッ、チッフェ（chhit-hoeh）」

「チッフェは拭血〔血を拭き取ること〕のことだ。チッフエ（chhit-hòe）（七歳）といえないか」

またゴツン。私が足で球をちょっと揺さぶる。

「怖いよ、怖いよ」

とうとう泣き出す。泣き声を立てられると困るから、

「よし、これでかんべんしてやる。阿母に言いつけると承知しないぞ」

といって釈放してやる。

今、考えると、可哀想なことをしたものである。

こんなひどいいたずらを発明するのだから、淵源兄の性格には、不良の一面もあったのであろう。一時、悪友と交わってグレそうになった。父はたいへん怒って、中楼の二階のベランダの柱に縛りつけて太い棍棒で殴ったことがある。私たちは父から殴られたおぼえはないが、淵源兄に対する折檻は、遠くから見ていて怖くてたまらなかった。

折檻に効果があったのか、それから淵源兄はまるで人が変わったように、順良になり、父の仕事もよく手伝った。父が一番喜んだのは、淵源兄が家賃の取り立てを受けもって好成績をあげたことである。

父は不動産投資について独自の考えを持っていた。田舎に田地を買うのは、遠くに離れていて管理がしにくいので、それよりは市内に貸家を持った方が、管理も楽だし、家賃も取り立てやすいということであった。この家屋偏重の方針は、戦争になってみると誤っていたことがわかった。田舎に土地を持っていた人は、食糧に困らなかった上に、いざ疎開となったときに、小作人を頼って疎開することができた。わが家はずっと食糧難に苦しみ、疎開するにも適当なところがなかった。おまけに空襲で多くの持ち家をこわされた。

さて、家賃は取り立てやすいといっても、結構ずるい店子がいて、何やかやと口実を設けては、減額しようとしたり、踏み倒そうとしたりする。わざわざ専従の店員を置いて店子の相手をさせていたが、どうせ給料とは関係ないことだし、恨みを買って闇討ちにされるのは損だという打算から、店子の言いなりになりやすい。そこを淵源兄は父のこと、家のことを思って、よく頑張ったので、好成績をあげることができた。店子たちは、さすがは金義興の「大頭家子《トアタウケエキア》」(大若旦那)と言って、褒めたそうである。

淵源兄は社交性に富み、ユーモアがあった。その人柄が店子たちにも受けたのであろう。家人のあいだで、最も人気を博したのは、父の誕生日の余興の「宝さがし」であった。

「宝さがし」というのは、いかにも淵源兄らしいアイディアだった。範囲を前庭と中楼の一階のベランダ、高さは子供の手の届くところと限り、時間も午前九時から午後三時というふうに区切って、四センチほどの長さに切ったストローに、一等、二等……と書いた紙片を入れたのを、糊でいろいろなところに隠して貼って、それをさがさせ、後で賞品と引き換えるのである。

隠したところが、盆栽の葉っぱの裏であったり、柱のちょっとした裂け目であったり、石段の石の陰であったり、じつに巧妙だった。

ある年のこと、まだほの暗い時分から起きだしてお化粧を始めた阿江が、もう庭に出てきて例の宝を隠している淵源兄の姿を見つけた。

ちょうど目をさました私に、阿江が、「徳、いいこと教えてあげる」と言った。

それと気づいた淵源兄は、窓辺によってきて、

「おはよう。阿江も人が悪いね。人が隠しているところを見るなんて」

「別に見る気はなかったのよ。ごめんなさい」

「何ヶ所見たの」

「ウフフ……。二ヶ所ぐらい」

「二ヶ所ぐらいなら、いいや」

「また変えたら駄目よ」

阿江がちょっぴり威厳をつくって言った。

「まあ、阿徳だから負けといてあげるよ。そのかわり人に言ってはいけないよ」

淵源兄は真っ白い歯を見せて、ニヤッと笑った。

母の死

淵源兄の死からちょうど一年後、阿江が亡くなった。死因は肺ジストマ〔肺に吸虫類が寄生する病気〕であるが、私たち兄弟は、阿江はむしろ「気死《キイシイ》」（憤死）したのだ

と思っている。

いずれにしても、わが家はこれで四年間に三つのお葬式を出したわけで、何か怨霊に祟《たた》られているのではないかと、みな生色がなかった。淵源兄の死も阿江の死も、同じく年末にあたり、しばらくは正月を祝うこともできなかった。

阿江が亡くなった年は昭和九年（一九三四）、私が公学校の五年生、十歳のときであった。二学期の終業式に開かれる学芸会の劇で、私は小隊長の役に抜擢され、毎日遅くまで残って楽しく稽古していた。そんなある日の夕方、家から電話があって、呼び帰された。

阿江の病気が重いことは知っていたので、今度はそれほど驚かなかった。家人は、阿江が「冬節《タンチェ》」（冬至）を越せるかどうか、ひそひそ言いあっていた。それを聞いて辛かったが、心の中では覚悟はできていた。

ジストマが頭にあがってきた末期的症状の苦痛は、可哀想で見ていられなかった。寝ているそばの畳の上をそっと歩いても、「あ、あ、あ」とうなり声をあげる。喀血がひどくなり、体が日増しに衰弱していくのがわかる。用便も食事も一人ではできず、女学校四年生になった錦碧姉さんが、学校を休んだり早引きしたりして、面倒をみるのであった。錦香姉さんは結婚して東京に住んでいたし、育霖兄は家にいたが、まだ病気が治っていなかった。

頼りの錦碧姉さんも見る見るうちにやつれていき、私は落ち着いて勉強することも、寝ることもできなかった。もし駄目なら……今で言う安楽死のようなことをふと思ったりした。しかし、実際に阿江が死んでしまうと、その悲しさ、寂しさは言うに言えないほど大きなものであった。阿江の遺体が棺桶に入れられ、厚くて重たい蓋がかぶされようとしたとき、思わず、

「かぶせちゃ、いやだ」

と叫んで、そばにかけより、大人たちを蹴とばそうとした。父がハッとして私を抱き寄せ、

「お、お、悲しいか。悲しいだろうよ。けど、無茶を言うんじゃない。お父さんがこれから可愛がってあげる」

その言葉を聞いて気が静まるのをおぼえたが、あのとき私は何かに抗議したかったのだ。辛い思いをして死んでいった阿江に代わって、何かを訴えずにはいられなかったのである。それほど阿江の最期は陰惨なもので、大家族制度の中に生まれた不幸を痛切に感じさせ、それからの私の人生観に影響をあたえた。

阿江の不幸の始まりは、育霖兄が台北高等学校尋常科の学寮で肋膜炎にかかったことにある。たしか私が公学校三年生のときであった。学校からの通知を受けて、阿江

は心配で夜も眠れず、意を決して台北に出かけて様子を見ることにした。

このとき私は阿江にねだって、いっしょに連れて行ってもらった。生まれて初めての旅行で、私はたいへん興奮した。その気持ちを「待ち遠しい土曜日」という題で綴り方に書いた。これが台南市小・公学校生優良綴り方に入賞して、ガリ版刷りにされて、図書館などに保存された。私が公表した最初の文章ということになる。

旅行そのものは、土曜日の夜行で発って月曜日の夜行で帰るというあわただしさであった。学校を休んだらいけないという阿江の考えによるものであった。

日曜日の夜、私たち三人は圓《まる》公園のそばの高義閣というホテルに泊まって、母子水入らずの楽しい一夜をすごした。翌朝、バスで学寮の近くまで行き、そこで育霖兄と別れた。別れるときは三人とも泣いて、いつまでも手を振り続けた。

それから私は阿江をせっついて市内見物をし、少しばかり買い物をした。台北市の街の美しさと大きさは私の心を魅了し、深い印象をあたえた。

帰宅した後、阿江は早速父と相談をした。学寮生活は安上がりだけれども、騒々しくて栄養も十分にとれない。どうしても一軒の家を借りて、自分が行っていっしょに住んで面倒を見る必要がある。父は気が進まなかったが、阿江が珍しく強硬に主張して譲らないので、しぶしぶ承知した。

阿江が借りた家は、圓公園からちょっと離れた下奎府町《しもけいふちょう》の、長屋の二階で、階下は店舗になっていた。古亭町《こていちょう》にある高等学校までは相当遠かったが、予算の都合があったのだろう。

私は休みに錦碧姉さんに連れられて、十日ほど泊まったことがある。大家族制度から解放されて、独立した小家庭のような生活は、夢のように楽しく、何もかも新鮮で、心からのびのびとできた。

家では、料理は専門の女中の仕事なので、阿江の手料理に舌鼓を打って食べたのは、後にも先にもこの一時期だけだった。早い夕食の後、みんなで散歩に出ると、目の前に田んぼがひろがり、淡水線のおもちゃのような汽車が夕日をいっぱいに受けて、のろのろ走っていくのが見られた。

後に台北高等学校時代、私はよくここらあたりを徘徊して昔をしのんだ。田んぼは半分ほどなくなって家が建っていた。汽車がのろのろ走っていたのは、双蓮《そうれん》の駅が近かったためだとわかった。

しかし、折角の阿江の苦労の甲斐もなく、育霖兄の病気はよくならなかった。半年後、父の命令で学校は休学することにし、台南に戻ってきた。

留守にしていた半年のあいだに、わが家における阿江の地位は低下していた。錦碧姉さんと私はそれを知って気をもんだが、どうしようもなかった。父とのあいだには、厚い壁ができたようだった。阿母と阿揚は結束を固め、阿江が台北生活で金を浪費したことに不平を鳴らした。

阿江もそんな不平が出ることは予想していたから、ふだんの生活は切り詰めていたのである。ただ、育霖兄の医療費で金がかかるのは、やむをえないことで、そんなことで文句を言われては立つ瀬がないという憤懣があった。

憤懣は腹の中にしまい、阿江は家の者に対して、たいへん気を遣った。こんな場合に効果があるのは、どっさりお土産を持って帰ることであるが、阿江の懐《ふところ》にはそんな余裕がない。もっとも、そんなことをしたら、「お土産でもこれぐらいだから、生活はきっと……」とまた因縁をつけられたかもしれないのである。

阿江がどんなお土産を準備したかというと、女たちには新竹《しんちく》名物の白粉、家中には北部名物の毛蟹《モオヘエ》という淡水蟹の塩漬けであった。毛蟹の塩漬けは塩辛の一種で、安くてうまく、阿江は下奎府町の家の隣のおばさんに教えられてその味を知ったのである。自分で食べておいしいと思ったから、頼んでたくさん買ってもらい、一斗缶に詰めて、重たいのを辛抱して持って帰った。

早速、家の者に食べるようにすすめ、隣近所にもおすそわけした。これが大変なことになった。持って帰った分に運悪く、肺ジストマの寄生虫がいたのである。そのため、食べた人はほとんどが肺ジストマにかかった。

私の場合、偏食の悪い癖が幸いした。あんなヌルヌルした気色の悪いものは嫌いだったので、どうしても食べる気がしなかった。ほかにも何か都合があって食べなかった人が何人かいた。初めは食べ損なったと残念がっていたが、食べた人がみんなやられたと知って胸をなでおろした。

血痰を吐いた、という人が現れ、そういえば私もという人がゾロゾロと出てきて騒ぎが始まった。そのうち明らかに寄生虫の仕業とわかるグリグリが腕や太股にできて、あちこち移動し、騒ぎはますますひどくなった。

当然、阿江が恨まれた。しかし、みんなから恨まれるまでもなく、阿江自身が自分を恨んだ。阿江は一番重症で、喀血もひどかった。その胸を握り拳で激しく打って悔やみ、「ああ、私は死んでもお詫びしきれない」と、泣き叫んだ。

それでも阿母や阿揚は阿江を容赦せず、聞こえよがしに、「これは新春が恨みを持っている人を殺そうとしたのにちがいない」などと、言いふらしてまわった。

あるとき、阿江はたまりかねて部屋を飛び出し、

「それはあんまりだ。できたら私の心を取り出してお見せしたいものだ」

と抗議した。

父は幸運組の一人であったが、怒るに怒れず、ただ苦りきった顔をしていた。医者を呼んで、「こうなったら、金のことは言っておれない。日本にもっといい薬はないか。隣近所でかかった人も治療してやってくれ」と言った。

隣近所の人は家の者に比べて、ずっと阿江に同情してくれた。かれらは平素から阿江の人となりを知っていたから、これは運が悪かったのだと諦め、逆に阿江にあまり嘆き悲しんで体をこわさないようにと慰めてくれたという。

ジストマは体の抵抗力がつけば、自然に消滅してしまうものらしかった。何年かたって、みんな忘れたように治ってしまった。

しかし阿江だけはひどくなる一方で、一年以上も苦しんだ後に、とうとうそのために死んだ。これは阿江が精神的に打ちのめされて、病気に打ち勝つ気力を失ったからであろう。

阿江が精神的に打ちのめされた原因のもう一つは、淵源兄の死にまつわるひどい中傷であった。

淵源兄は死ぬ二、三日前の晩に、白い帆かけ舟が走っている夢を見た、と阿母に言った。偶然、その数日前に阿江が、白い着物を着た人のことを夢に見たとか何とか、茶飲み話で人に言っていたらしい。

淵源兄が死んで、悲嘆にくれていた阿母は二つの夢を結びつけて、これはきっと阿江が「倣徹《ツヲキヲ》」（呪詛をかける）したのにちがいないと言いだした。阿江が自分を恨んでいるので、自分の大事にしている淵源兄を殺して恨みを晴らそうとしたのだ、というのである。

そんなバカなことがあってたまるか、と私は憤慨した。阿江は淵源兄を長男として大事にしていたし、淵源兄が兄弟のうちで一番私を可愛がっていると知って好意をよせていたのだ。第一、阿江には「倣徹」する金と時間などなかった。

「倣徹」するには、呪術を知っている唐山人《トンスアラン》（大陸から渡ってくる中国人）を探し出して、これに頼むのだと聞いている。頼むには多くの金がいる。人一人を呪い殺すのだから、少しばかりの金では引き受けてくれない。引き受けると言われたらば、呪い殺す相手の着物とか日用品とか、言われたものをこっそり持ち出して渡す必要がある。場合によっては、真夜中などに、どこそこに来てくれと言われ、そのとおりにしなければいけない。

こんな恐ろしい、面倒なことを病気の阿江がやれるはずがない。しかし、阿母は何回も「問仏《ムンプッ》」した結果、淵源兄が間違いなくそう言っていると言い張るのである。「問仏」は一種のクチヨセである。そんなことを専門に商売とする人があって、たいていどこかの廟を本拠としている。普通は、そこの廟に出かけていって、やってもらうのであるが、阿母はそれを家に呼んできてやらせた。

かれらの商売道具は小さな御神輿《おみこし》一丁で、それを担いだ数人の、人相のあまりよくない男が夜遅く乗り込んできた。真夜中になって、正庁の仏壇にあかあかと蠟燭をともし、線香をあげ、香爐を焚き、次から次へと金紙・銀紙を焼いた。巫師《みこ》になる男が進み出て、神輿を両手でかかえて、盛んに祝詞のような呪文をとなえるうちに、体がぶるぶる震え出した。これは神霊が神輿に乗り移ったしるしである。

私は怖くてだいぶ離れたところから様子を見ていたが、巫師の体の震えはますますひどくなって、「アッ」「オッ」の声とともに、仏壇の前をさっと後ずさりしたかと思うと、勢いよく突進して、神輿の前脚で激しく机を叩いた。また後ずさりし、脚を、右、左にもつれさせたかと思うと、ドーッと机に殺到して、今度は勢いよく何やら曲線を描いた。神輿の前の脚は、いつもそんなふうにして激しくぶつけるから、ひどくビッコになっていた。

これが神様の言葉のようである。机の脇に仲間の一人が立っていて、それを読み取って紙に書き記す。このような動作を繰り返すことおよそ一時間、香爐の煙も薄らぎ、金紙・銀紙もほとんど焼き尽くしたころに、巫師の動きもようやく鎮まった。立っていられないぐらいに、ぐったりとなった巫師を仲間が両側から支えて、椅子に座らせ、手ぬぐいで汗を拭き取ってやったり、団扇であおいだり、お茶を飲ませたりした。

紙切れを持った人が阿母を招き寄せて、何やら囁いた。淵源兄のあの世からのことづけと称するものが何であったか、私たちのところには聞こえなかったが、私たちの運命を左右する重大な意義を持っていることはたしかである。バカバカしい限りであるが、それが封建的大家族制度の一つの真実の姿であった。

阿江は正庁の隣りの部屋で、どんな思いでそれを聞いていたであろうか。

病気の阿江を見舞って元気づけてくれるのは、様《よう》おばさんだけだった。それも父や阿母の目を忍ばなければならなかった。

様おばさんは、阿母が「問仏」して、その結果で阿江を中傷していると知り、「それなら、こっちだって」と憤慨して、私たちの知らないうちに、「問仏」してくれた。その結果によると、阿江の病気はなかなか治らない。「倣徼」されているからだ、という。驚くべきことである。私は「畜生ッ」と唇を噛んだ。こっちでしていないのに、向こうでするとは何ごとか。

様おばさんは、しかし、「解《カイ》」してみる、と慰めてくれた。「解」とは呪詛を解くことである。解くのはかけるよりもむずかしい。ワラにも縋りたい気持ちで、様おばさんに、よろしく頼んだ。

育霖兄と私は、天公廟《ティコンビヲ》という市内で最も霊験あらたかと評判されている廟に行って、ヒゲの生えた道士にお祓《はら》いをしてもらった。所定の時刻に、ある方角に向かって跪《ひざまず》き、用意した雄鶏を殺して、その血を飲んだか、地面に注いだか、もうよく憶えていないが、とにかく大変ややこしい儀式だった。

また、兄弟で手分けして市内の主な寺廟を願掛けしてまわった。ある漢方医が小粒の真珠を砕いて、何とかをまぜて飲むといいと教えてくれたので、そのとおりにやってみたこともある。

しかし、それこそ「薬石効なく」阿江は弱っていき、だんだん物が食べられなくなっていった。亡くなる日は錦碧姉さんが学校を休んでつきそっていた。朝は姉が牛乳を飲ませ、昼に、父が食べていた素麺を姉が少しもらってきて食べさせたところ、食べているうちに亡くなったのだそうだ。

阿江の遺体には、誰も怖がって、そばによりつかなかった。錦碧姉さんが一人で、阿江の体をふき、死装束を着せ、死化粧をほどこした。でないと、「土公《トオコン》」という葬儀屋の手で荒々しく取り扱われることになるからだ。

父は阿江が死ぬと、早速私たちに命じて部屋を片付けさせ、硫黄でムンムンと蒸した。バイキンがうようよして、衛生上よろしくないというのである。私たちはこの薄情な仕打ちを憎んだ。

葬式は育霖兄が孝男《ハウラム》となって幟を持った。孝男は原則として棺桶の後ろについて、泣きながら歩かなければいけない。しかし、育霖兄は病気のため、人力車に乗ることが許された。私はその人力車の後ろになり、横になりして歩いた。今となっては、この病気の兄が唯一の頼りであった。

錦香姉さんは電報を受け取ってから、すぐに東京をたったが、葬式に間に合わなかった。悲しみと妊娠中の体の調子が悪かったのとで、一週間の急ぎの旅行には死ぬか

と思うような辛さを味わったという。家に着くと、転ぶようにして正庁に祀られた母の位牌の前に行き、

「ああ、私のお母さんよ」

と大声を張りあげて、泣き伏した。父がそれを聞いて、

「お母さんはおまえたちの阿江一人だけではない。まだ阿母も阿揚もいる」

と叱った。

「私のお母さんは、死んだ阿江だけです！」

錦香姉さんは昔ながらの気性で、泣き喚いた。

「不孝者めが」

父は怒って体をぶるぶる震わせた。

久しぶりにそろった四人の兄弟は、これから力を合わせて助け合っていこうと誓いあった。育霖兄は私に言った。

「お母さんの仇《かたき》をとるのだ。それには偉くならなければいけない。偉くなって、みんなを見返してやるのだ」

「うん、わかったよ」

母のためにも立派に生きようと、このときから、私のこの世の中に生きる意義が定まった。

第3章　末廣公学校

公学校と小学校

私が学校にあがった当時、昭和五年（一九三〇）の台南市は人口約十万、うち内地人（日本人）が約一万五〇〇〇で、二つの小学校と五つの公学校があった。

小学校と公学校の区別は、前者が主として内地人子弟を収容するのに対し、後者は本島人（台湾人）子弟を収容する点にある。

内地人・台湾人を通じて台湾に義務教育制度が施行されたのは、昭和十八年（一九四三）になってからであるが、内地人は治安が確立された明治末年ごろから就学率がすでに九〇％以上に達しており、義務教育制度が実施されたのと異なるところがなかった。台湾人の方は、昭和四年（一九一九）の統計で、男、四五・六三％、女、一四・六六％、平均三〇・六八％で、相当の差があった。

ちなみに、昭和十八年（一九四三）には、台湾人児童の就学率は七〇％を超えている。日本が台湾の統治をはじめたときに、男子の九〇％が無学文盲であったことを振り返れば、日本がいかに台湾人の教育に情熱を注いだかがわかる。

昭和四年（一九二九）の統計は全島の平均の数字で、都市部の本島人はより教育熱心であったから、警察や保正《ポヲチン》の勧誘を待つまでもなく、競って子弟を公学校に入れた。上流階級の本島人は、その公学校を忌避して、できれば小学校に入れようと、盛んに運動した。小学校の方が教育内容や学校設備が断然よかったし、ついでに官界に顔のきくこと、家柄のいいことの公認証書代わりとすることができたからである。

昭和十年（一九三五）四月末の統計で、全島の小学校（尋常科）児童三万七三〇七人のうち、本島人は二六二〇人にすぎない（公学校児童は三七万三八九二人）という事実からもわかるように、これはたいへん名誉なことであった。

台南の小学校は一つを南門《なんもん》といい、一つを花園《はなぞの》といった。南門小学校はその名のように、昔の台南城の大南門の位置にあり、近くに台南神社と孔子廟の二大名蹟があった。

孔子廟の前を通り、駅に向かって北に行けば、警察署、台南州庁、市参議会堂、消防署の行政センターに出るし、大南門をすぎて南に行けば、桶盤桟《たんばんせん》の高級官舎街があった。

花園小学校は、市の北端の公園の入口の手前にあった。駅から公園にかけての一帯は、同じく内地人の住宅街になっていたが、台湾歩兵第二連隊の将校官舎の一角を除いては、ごみごみとしていた。その中にある花園は、敷地も狭く、周りに樹木が繁茂しているせいか、何となく陰気臭く感じられた。

そんなこともあって、本島人の目には、南門の方が花園より格が上だと映っていた。公学校は、市の東南角にある「台南師範付属」、北西角にある「宝《たから》」、中心部にある「末廣《すえひろ》」、西隅にある「港《みなと》」の四つのほかに、女子だけの「明治《めいじ》」があった。

うちの兄弟姉妹の進学状況は複雑であった。齢のかけ離れている錦珪《きんけい》姉さんと錦香《きんこう》姉さんは明治公学校、錦瑞《きんずい》姉さんと錦碧《きんへき》姉さんは南門小学校、育森《いくしん》兄は南門小学校で、育霖《いくりん》兄は末廣公学校、私も末廣公学校だが、育彬《いくひん》弟は南門小学校、育哲《いくてつ》弟は後に新設された汐見《しおみ》国民学校というふうである。

阿揚《アヤン》の生んだ子が、末っ子の育哲弟を除いて、三人とも南門小学校に入っていることは、私たちにはコンプレックスの種で、何だか父が阿揚の子を自慢にして、よけいに可愛がっているように思えた。

腹違いの兄弟のあいだで一番仲がよかったのは、錦瑞姉さんと錦碧姉さんのコンビである。二人とも心のやさしい、気立てのいい人だったせいもある。が、何より、二人とも南門から台南第一高等女学校（一高女）に、仲よく順調に進んだことがよかったのだ。

これとまったく逆な立場は、育森兄と育霖兄のコンビで、いっしょに南門を受けながら、育森兄は合格して、育霖兄は不合格だった。頭は問題なく育霖兄がいいと思うのだが、それが合格できなかったのは、錦碧姉さんの話によると、内気な性格が禍《わざわい》して、先生の質問によく答えることができなかったためらしい。その点、育森兄は腕白小僧だから、知っていても知らなくても大きな声で返事ができたにちがいない。

育霖兄は泣く泣く末廣に行ったが、これがかれにとって幸運だった。そのとき下門《しもかど》先生という新進気鋭の先生を迎えて、末廣の黄金時代が創られようとしていた。

下門辰美先生と相撲

下門先生は戦後、専売公社の労務担当の重役をして名声をあげた下門辰美氏その人である。公学校の先生だった人が、なぜ専売公社の重役に出世できたか、と疑問に思う人が多いにちがいない。これには「人間万事塞翁が馬」のことわざがあてはまる。

育霖兄のクラスを送り出したあと、先生は結核にかかり、恨みをのんで郷里の鹿児島に帰られた。苦しい闘病生活のあと、上京して法政大学に入学し、苦労して高文に合格した。そこから先生の新しい人生が始まったのである。

先生は一年生から六年生まで、ずっと育霖兄のクラスを担任して、徹底したスパルタ教育で鍛えあげた。目標は「打倒南門」。本島人の先生や児童が、初めからコンプレックスにとらわれていたのに、内地人の先生が何くそとファイトを燃やしたのである。

先生はなにごとにも全力で立ち向かうという人だったのであろう。下門先生は正課のほかに、受験組には参考書を買って与え、びっしり教えこんだ。

下門先生の一番の懐かしい思い出といえば、恐らく台南市の小・公学校で初めて相撲の土俵をつくった一事であろう。先生ご自身が「大親玉」と名乗り、一人一人に「新高山《にいたかやま》」とか「濁水渓《だくすいけい》」とかシコ名をつけて、ハッケヨイ、ノコッタのかけ声も勇ましく、相撲をとらせた。ひっくり返ってベソをかくようなやつは、何回も何回も投げとばされた。フンドシ姿を恥ずかしがる本島人の旧観念も粉砕された。

育霖兄はその下門先生の下で、一年牛から六年生までずっと級長をつとめた。一方、育森兄は南門で成績がよくなかった。私たちは通信簿を必ず父に見せなければならなかった。こちらは全甲なのに、向こうは甲がちらほら。父は感に堪えないように、しきりにうなずいた。阿揚は負け惜しみを言った。

「公学校の級長だって、小学校のビリにかなわないさ」

ところが勝負は簡単についた。中学受験の折、育霖兄は台北高等学校尋常科をねらって見事にパスした。育森兄は台南一中を受験して、これも合格したが、育霖兄の栄光の前に影が薄かった。

台北高等学校尋常科は定員四十人、本島人はそのうち一割という枠がある。内地人も本島人も全島からよりすぐった秀才が集まってくる。この年は下門先生の学級から、育霖兄のほかに二人が受験して、三人とも合格した。台南市の新聞は三人の写真をデカデカと載せて報道し、末廣公学校はその名をうたわれた。

私が南門小学校に挑戦する年、末廣で五年生にあがる育霖兄は、是非とも仇《かたき》をとってくれと盛んに励ました。しかし、どうしたことか、私もまた南門小学校に合格できなかった。

兄弟の中で競争相手がなかったので比較的気が軽かったが、いっしょに受けた淑貞《しゆくてい》嬢が合格したのには人知れず屈辱感をいだいた。しかたなく末廣に行ったが、育霖兄と同じ学校で勉強できるという嬉しさで、いくぶん救われた。

当時の末廣は、孔子廟と台南神社の中間の、人家の建て込んだ一角にあった。廟のような古い建物が校舎になっていて、校庭は猫の額のように狭かった。二本の巨大なガジュマルの木が向かいあってそびえ立ち、ゴイサギの群れが巣をつくって、校庭にひしめく私たちの頭上に遠慮会釈なく白い糞をたらした。

教室は昼なお暗く、雨が降るとポタポタ水滴を落とした。それでカバンをかかえて、孔子廟へ行って勉強をする。勉強といっても、地べたに座って先生の話を聞くだけで、「柱鬼《はしらおに》」などをして遊ぶ時間の方が多かった。

「柱鬼」というのは、「站水鬼《チャムツィクィ》」と呼ばれる台湾の子供の遊びを、日本式にアレンジしたものである。どんな遊びかというと、二本の線を引いて両岸と見立て、こっちへ渡りあっちへ渡りするのを、川の中にいるオニがつかまえる。つかまえられたらオニとなる、といったものである。オニをからかう言葉がおもしろい。

「水鬼伯仔《ツィクィペア》、乒乓洗脚帛《ピンポンセエカアペエ》（オニさん、ジャブジャブ脚絆のお洗濯）」

恐らく台湾海峡を小船で渡る命を懸けた冒険を遊戯化したのであろう。それを正方形に位置している四本の柱を利用して多角的にやってみたところが、私たちの創意工夫である。名づけて「柱鬼」。台湾式日本語の一つにちがいない。

「柱鬼」の絶好の舞台となった孔子廟の建物の一つ、「明倫堂」には、中央正面に板壁があって、そこに大きな字で『大学』〔儒教の経典である四書の一つ〕の最初の一段が書かれてあった。漢文を習っていた私は、それが楽に読めた。

「大学之道、在明明徳、在親民、在止於至善。知止而後能定、定而後能静、静而後能安、安而後能慮、慮而後能得。物有本末、事有終始、知所先後則近道矣。古之欲明明徳於天下者、先治其国……」

と大きな声で呼んで聞かせると、級友たちは目を丸くして驚いた。

恐ろしい「雷公二世」

一年生のときの担任は、鶴《つる》先生という女性で、二学期からは私が級長に選ばれた。兄弟そろって級長になれたことが、私たちの秘かな自慢であった。鶴先生は小柄な色の白い先生で、運動会で「浦島太郎」の遊戯を親切に教えてくれたのが印象に残っている。

二年生にあがったときに、育霖兄たち高学年は遠い新校舎に移ったので、私は寂しくなった。しかも担任が趙《ちよう》先生に替わった。

趙先生はそれこそ痩身鶴のごとく、頬骨が鋭く突き出している。癇癪持ちで、よく怒り、怒るとかん高い声を出して怒鳴った。それでみんなで「雷公《ルイコン》」というあだ名をつけて恐れた。

私はひとりで、先生は「雷公二世」だと思った。趙先生のお父さん、趙雲石《ちようううんせき》氏は、わが家に来て漢文を教えていたのである。お父さんの方はもっと痩せこけていて、目つきが鋭く、これもできないと大きな声で叱り、指を曲げて関節のところで頭をカツンと殴った。家でのあだ名も「雷公」であるから、私としては、一世と二世の区別をつける必要があったわけだ。

一世の方は清末の、科挙に合格した「秀才」という話であった。台湾でも有名な詩の結社の一つ「南社《ラムシャ》」の総帥として著名で、父はこのような大先生が教えてくださるのだから、よく勉強しないと罰があたるぞ、と私たちに諭した。

それにしても、わずか八歳の子供に対して、一世は中国教育を、二世は日本教育を施そうとするのだから、アタマが変にならなかったのが不思議である。

実際、このころ私は両面抵抗を試みた。遊びたい盛りの子供が、学校から帰ったあとも漢文の勉強に縛られるとは辛い話だ。いまどき、こんなむずかしいことを勉強して何の役に立つのかとの疑問も強かった。父が怖いばかりに、やめるわけにもいかなかったが、自然身が入らなかった。

「雷公二世」に対しては、これ以上担任されてはかなわぬと、転校を考えるようになった。彼は拳骨や鞭でよく私たちを殴った。誰か一人がいたずらをすると、組中のものが真っ暗になるまで教室に残された。家の人たちが心配して迎えに来るようになって、やっと帰してくれるのであった。

小学校編入試験に失敗

二年生から三年生にあがる際に、思い切って南門小学校の三年生編入試験を受けた。育霖兄の卒業したあとの末廣には、もう私をひきつけるものがないように思われた。

これでまた趙先生のもちあがりとなったら、それこそ目もあてられない。父に相談すると、喜んで承知してくれて、二度と失敗するな、と激励された。もちろん「会稽《かいけい》の恥を雪《すす》ぐ」決心であった。

すでに台北高等学校尋常科合格の通知を受けていた育霖兄も、公学校で苦労するより、小学校に入って楽をした方がいいにきまっている、と言い聞かせてくれた。ドロ縄式ではあるが、少しでも準備しておこうと思い、父にねだって趙先生に頼んでもらった。使いに行った店員の帰ってきて言うには、趙先生は、そんなに小学校がいいのかと言って、癇癪玉を破裂させたそうである。とうとう私はたいした準備もなしに、試験に臨むという結果になった。

試験の当日、父といっしょに南門小学校に行った。ついてきて欲しくなかったが、父親も面接を受けなければいけなかったのである。

堂々とした小学校の赤煉瓦の二階建ての建物を見ただけで、その日は特別の威圧感を感じた。ひっそりとした広い廊下でしばらく待っていると、校長室から校長先生が顔を出して私を呼び入れた。父がそっと頭をなでてくれた。

校長先生と大きな机を隔てて対座するあいだにも、両足がガタガタ震えた。校長先生はやさしく家の事情をあれこれ聞いたあとで、やおら立ち上がって、後ろの書棚を開け、本を一冊とり出した。ちらっと表紙を見ると、「尋常小学校用国語読本（巻二）文部省」とあるではないか。

「あ、これは駄目だ」

と観念した。それは三年生にならないと教わらないものである。公学校で使っていた教科書は、台湾総督府で編纂されたものだ。内地から国定教科書をとりよせて勉強している小学校とは違う。

たとえば、同じ一年生の国語読本でも、公学校の方は「ハナ　ハタ　タコ　イト」で始まるのに、小学校の方は「サイタ　サイタ　サクラガ　サイタ」で始まる。

校長先生はそんな私の気持ちを知るはずもなく、真ん中辺を開いて、両手でヨイショと力を入れて本をひろげ、私の方にまわして、

「初めから読んでごらん」

と、言われた。見ると、「まち」という一課である。読むだけなら何とかできると度胸をきめて読み出した。

「まちには時計屋があります。本屋があります。呉服屋があります。小間物屋がありま す……」

「よくできましたね」

私はホッとした。

「では、意味を聞きます」

いよいよ来たなと思った。

「時計屋は何を売る店ですか」

何だ、やさしいではないか。

「はい、時計を売る店です」

「では、本屋は何を売る店ですか」

「はい、本を売る店です」

「では、呉服屋は何を売る店ですか」

これはわからなかった。呉服というもの自体、台湾人社会にはない。

「はい、あの、呉服を売る店だと思います」

「そうね」

どうやらあたらずとも遠からずのところらしい。校長先生が眼鏡越しに上目使いで、私の顔をじっと見たのが気味悪かった。

「では、小間物屋は何を売る店ですか」

私は必死になって考えた。コマモノ、コマモノ、いったい何だろう。窮余の一策に、

「は、はい。コマを売る店です」

「ほう、コマをね。なるほど……これぐらいでいいでしょう。ご苦労さん」

私は最敬礼して廊下に出た。体中びっしょり汗をかいていた。これで合格できるだろうか。合格できそうな気もした。

父が応接間から呼ばれて、いそいそと入っていった。間もなく出てきたその顔を見て、私は「あ、駄目だ」と直感した。こわごわそばに走りよって、

「阿爹《アテイエ》（お父さん）、どうでしたか」

「落屎馬《ラウサイベエ》（へたくそめ）」

父はひと言吐き棄てるようにいった。理由を聞こうと追いすがる私をふり向きもせず、玄関脇に待たせてあった人力車に乗って、さっさと行ってしまった。一人でしょんぼり家に帰った私は、それからしばらくのあいだは父の顔を見るのが怖かった。

育霖兄が希望に胸をふくらませて「卜北」していく一方で、育森兄も台南一中にパスし、二つ下の育彬弟までが、信じられないぐらい簡単に南門の入学試験に合格した。栄光に輝く三人の陰で、末廣にかよい続けなければならない私の心は重かった。

皮肉なことに、この年から末廣は全校をあげて、市の西南端に完成した新校舎に移転した。新校舎はこれまでの三倍も遠かった上に、道順としてどうしても南門の脇を通らなければならないのが、私には堪えがたい苦痛であった。折角の新校舎の広い運動場も立派な教室も、さっぱり嬉しくなかった。旧校舎の方がまだしもと思った。旧校舎は家から十分もかからぬ近さで、行き帰り南門と無交渉でありえた。内地人で街中に住む人は少なく、したがって南門の生徒とすれ違う機会もあまりなかった。

南門の生徒は、アカぬけた制服制帽に、お揃いの編上靴と黒いランドセルといった服装をし、見るからに利発そうで、スマートであった。

末廣の生徒も制服制帽はあるが、どことなく野暮ったい。靴は運動靴ときめられているが、買う金がないのか、シュロの鼻緒のサンダルを履く者がいた。カバンは肩からかける布製の無細工なもので、かわりにフロシキ包みをくくりつける子もいる。

そんな私たちが南門の脇を通ると、きまって塀の上から小学生が首を出して、

「こら、リーヤ（内地人が本島人を呼ぶ蔑称の一つ）、臭いぞ」

とからかうのであった。くやしくてたまらないが、言い返す言葉も勇気もない。ただ反対側を向き、カバンを押さえて駆け足で通りすぎた。

恩師、安田実先生

安田実先生が私の前に出現したのは、このような環境においてであった。安田先生のおかげで、私は末廣で勉強を続ける勇気と楽しみを持つことができたばかりでなく、その後の人生をどうにか生き抜いていく根性を身につけることができたのである。

安田先生は三年生から卒業するまで、ずっと私たちのクラスを担任してくださった。

末廣は一学年が六学級（五、六組は女子）の編制で、「卒業記念写真帖　昭和十一年（一九三六）三月」をもとにして数えると、先生方は米田亀太郎校長を除いて三十

六人であった。このうち内地人の先生は十九人であるが、私の中学年から高学年にかけての担任が、本島人でもなく、他の内地人でもなく、選りに選んで安田先生一人であったことは、私の場合、文字どおり大いに運命的であったと思うのだ。

ひき続き級長を命じられて、掃除当番の監督をやったり、答案の採点などで先生を手伝ったりして居残ることが多かったある日、先生は、

「育徳、いっしょに帰ろうか」

とやさしく言われて、私をびっくりさせた。

私は先生が自転車で通学されていることを知っていた。それは先生が花園小学校の裏側の北門町に住んでおられて、学校からたいへん遠いためである。北門町に住んでおられるのは、花園で教えている奥さんの便利のためである。

先生が自転車で末廣まで来られるには、まず駅前に出て、鳳凰木《ほうおうぼく》の並木が続いている大正町を大正公園まで下り、ロータリーを回って幸町の通りを孔子廟の前から放送局まで南下する。台南二高女の角で西に折れた方が、一本道でわかりいいし、舗装もよい。

「おまえはいつもどの道を通るんだ」

「はい、南門の西側から台南神社の前を通って白金町に……」

「よし、そっちを行こう」

先生は右手で自転車のハンドルを押さえながら、左手を私の肩にかけて歩き出した。先生が私のために回り道し、時間を費やしていると思っただけで、私の小さい体は、先生の大きな手のひらの下で、こわばった。

「なあ、育徳。末廣だっていい学校だぞ。そう思わんか」

私はぎくっとし、どう返事していいかわからなかった。

「何も南門だけが学校じゃないんだ。南門だって末廣だって同じだ」

ああ、先生も私が南門の編入試験を受けたことを知っておられたのだな、と私は改めて恥ずかしさで体中がほてった。

南門の塀が見えてきて、中の運動場から歯切れのいい日本語の喚声が湧き起こってくるのが聞こえた。先生といっしょでなかったら、駆け出す準備をしている間合いである。

「なあに、あいつらに負けるものか、負けやしないさ」

先生は南門の校舎の方に向って、顎をしゃくった。つられて私も久しぶりに南門の校舎をまともに見つめた。内地人の先生が内地人の小学校に反発していることが、私には大発見であった。私は先生の横顔をしげしげと見あげた。いったい先生は本島人のことをどう思っていられるのだろう。小学生を「あいつら」と呼んでいる先生だって内地人ではないのか。

「何もくよくよすることはないさ。男じゃないか」

先生はポンと私の肩を叩いた。

「は、はい」

「先生といっしょに勉強しよう。先生が誰にも負けないように仕込んでやる」

「はい」

私は生まれてから、こんなに感激したことはなかった。体に新しい血液が湧き出て、それが体中を駆けめぐるように感じた。

いま、そのときの感激の内容を分析してみると、このとき私は真の師の存在と意義について初めての認識を持ったのかもしれない。内地人と本島人は対立するほかに、結びつきあう関係だってありうること、男に生まれたからには男としての何かがあるということを知らされたのかもしれない。

これらのことは、これまで誰も教えてくれなかった。安田先生が、意識的に教えてくれようとしたかどうかはわからないが、先生の短い言葉の中から、私がそのようなことを会得したのは事実だった。

その後、先生とどんな会話をかわし、先生とどこで別れたか、まったく記憶にない。恐らくこの日からである。私は喜んで学校にかよい、楽しく勉強するようになった。

安田先生はがっしりした体軀の持ち主で、ひげが濃くて、胸毛までモジャモジャと生えていた。郷里は鹿児島で、みずからクマソの子孫と称した。クマソはヤマトタケルノミコトに亡ぼされた賊将なのに、それをむしろ誇りにしているところが、私たちにはオドロキであった。「髫的《ホオエ》（ひげモジャ）」とあだ名をつけた。

安田先生の厳しさは趙先生の比ではなかった。勉強ができない、宿題を忘れた、自習時間に騒いだ、掃除が汚いなどと言っては、ピシャピシャ、ビンタを張った。ビンタや拳骨は楽な方である。一番たまらないのは、固い革靴の先で脛《すね》をグワンと蹴とばされることである。蹴られると、たいていの生徒は、思わず、

「阿母《アブウ》アー（お母さーん）」

と叫んで、泣き声を立ててしゃがみ込んでしまう。

台湾語は御法度である。一句使ったら一銭罰金をとるぞ、と米田校長が宣告したことがある。

「おい、今何と言った。弱虫め。立て、もう一発やってやる」

安田先生は一銭罰金をとらないかわりに、引き立ててもう一発食らわす。痛さのあまり、しばらくは起き上がれない。それで、体操の時間があって、先生が運動靴をはいて学校に来る日は、今日は蹴られても痛くないぞとみなで手をとりあって喜んだ。

体罰のひどさは安田先生や趙先生に限ったことではなく、公学校教育の一般的現象

であったようだ。炎天下のテニスコートに児童を一時間も二時間も跪《ひざまず》かせて日射病患者を出すぐらいのことは、珍しくも何ともない。父兄はただ泣き寝入りである。学校に抗議に行こうものなら、「日本精神」が足りないとどやされて、ほうほうの体で逃げ帰るのが落ちであった。子弟を小学校に入れたいという上流家庭のねらいの一つは、こんなひどい体罰を避けることにあったとも言える。

安田先生のビンタや足蹴りは、私も何回となく受けた。受けたが、不思議に悪印象は残っていない。からっとしていたところがよかったのであろう。それと、安田先生の体罰には、苦痛や怨恨を中和するユーモアがあった。

ユーモアの傑作な例がノーパンの体罰であろう。五年生のときだったとおぼえているが、廊下を女子がガヤガヤいって通りすぎたときに、みなが脇見をして、先生の話をうわの空で聞いた。

「こら、何を見とる。よぉし、校庭に出ろ」

みな青くなったが、あとの祭りである。先生は水飲み場の脇に私たちを並ばせた。

「おまえたちは、そんなに女の子のことが気になるか。キンタマのせいだな。いっそのこと、そのキンタマを女の子に見せてやれ」

みな、くすくすと笑った。

「さあ、ズボンとパンツを脱げ」

　冗談かと思った。

「脱げといったら脱ぐんだ。脱いで四つんばいになって、校庭を一周するんだ」

　ためらっていると、端から例の足蹴りを始めた。あわててズボンとパンツを脱ぎ、われ先にと這い出した。運動場は広い。いくら急いでも四つんばいでは限度がある。校庭に面した第一棟の教室からは丸見えである。ここは低学年であるのが、せめてもの慰めであった。

　半分ベソをかきながらも、半分面白がってやっていたが、そのうち手足は疲れてくるし、休み時間は切迫してくるしで、気が気でなくなった。とうとうみんなで泣き出した。もし教室を回っている米田校長が、この珍光景を見つけて安田先生をたしなめなかったら、どんな事態が現出したかわからない。

　体罰のほかに印象深かったのは、先生のお国自慢であった。

　台南市は熱帯に位置するといっても、冬はやはり寒い。教室はストーブこそ焚かないが、児童たちは毛糸のセーターや綿入れを着、黒の長靴下をはいて、ぶるぶる震える。

「今日みたいな寒い日は、内地なら雪が降るんだがなぁ。雪の日はいいぞ。野原も山も街も真っ白、一面の銀世界だ。子供は雪ダルマをつくったり、雪合戦をしたり……」

時間割と何の関係もないことを、突然先生は言い出す。

ユキと聞いて、みんなハッと目を輝かす。

「先生、ユキって、どんなものですか」

誰かが質問する。

「雪はね、見たこともないやつらにいくら説明してもわからないな。要するに、おまえたちが夏に食べるぶっかき氷と同じようなものと思えばよい」

「では、食べられるんですか」

「食いしん坊はすぐそんな質問をする」

ワーッと、みんなが歓声をあげた。

「そうさ。食べられるんだ。喉がかわいたときに、そのまま口に入れてもよし、やかんに入れて、沸かしてお湯にすることもできる」

「いいな。ただでいくらでも食べられるなんて」

ホーっと、みんなため息をついた。

私が日本に住みついてからわかったことだが、鹿児島は日本では最も温かい地方で、雪が降るのはむしろ珍しいくらいである。それを先生が得々として雪の自慢話をしたのは、遠い日本を思ってのノスタルジーであったにちがいない。

「それでな。雪の日で思い出すのは、アコウギシのことだ」

「……」

「ときはゲンロク十五年十二月十四日の夜、オオイシヨシオ以下四十七ギシは、折からの雪を衝いて、江戸ホンジョマツサカ町のキラコウズケノスケの屋敷を……」

むずかしい固有名詞が次々に出てきて、一時におぼえきれない。それでも仇討ちの話だから、みんな面白がって、耳をそば立てて聞く。

ところが、そのアコウギシよりもっと偉い、キソ川のテイボウをつくったサツマギシがあるという。これも日本に住むようになって知ったことだが、サツマギシのことを知らない日本人のほうが多い。日本人の多くが知らないことを、台湾人の児童に長々としゃべって聞かせるのは、もう完全なお国自慢であった。

台湾に来ている内地人は九州の人が断然多い。地理的に近いためであろう。なかでも鹿児島県人が多いが、私の知る限りの鹿児島県人は、下門先生といい安田先生といい、往時の薩摩隼人のおもかげを濃厚に留めているように思われた。それが根性を重視するスパルタ教育となり、安田先生のように硬派のお国自慢となったのであろう。

サツマギシの次は、セイナンノエキと来る。総大将の西郷隆盛のあとに続くはキリノトシアキ、シノハラコクカン、ムラタシンパチの錚々たる面々。壮烈なクマモト城包囲戦から、越すに越されぬタバル坂の激戦と話は進んで、ついには残念無念、シロヤマで西郷隆盛が切腹するところで、先生はしばし目をつぶって首を振る。

あるときは輿に乗って、「花はキリシマ、タバコはコクブ、燃えてあがるは、オハラハー、サクラジマ」とオハラ節を歌いだし、みなの拍手喝采をあびた。

芝居が好きだった私は、家の中でも錦珪姉さんが阿江《アエ》や阿揚はじめ女中たちを集めて、『三国志』や『荒江女俠』〔強い女性が悪に立ち向かう民話〕の講談をやっているのを、なかなか寝に行かないで熱心に聞いたものである。安田先生のお国自慢は、私にとっては初めて聞く日本の講談という楽しさがあった。

しかし、同じ講談にしても、安田先生のそれには熱がこもっていた。そのような情熱は錦珪姉さんの『三国志』や『荒江女俠』にはなかった。先生のお国自慢を聞いていると、私は自然と台湾に対する愛情といったものをかき立てられた。

さらに先生のお国自慢には現実性があった。高学年に進むにつれて、聞いた地名や人名が教科書に続々として登場してくるとき、一種の感動をおぼえた。私の地理と歴史に対する関心は、このようなことからひらかれたと言える。

私は三年生から六年生まで、毎学期、級長か副級長をつとめた。級長、副級長は、今の日本の小学校の学級委員のように選挙によるのでなく、担任の先生の一存できまった。

毎学期の始業式の日に、全校生の前で、六年生から一年生の順に、「〇年〇組、級長誰それ、副級長誰それ」と呼び出されて最前列に並び、米田校長から一人ずつ辞令とメダルを授与される。たいへん晴れがましい場面で、名前を呼ばれるたびに拍手が湧き起こる。

メダルは、紺地に三枚の鳳凰木の葉っぱをデザインした校章が浮き出たものの上に、級長は白字、副級長は赤字で、それと書いてある。それを登校時はもちろん下校時も胸につけて、一目でわかるようにしてある。

一度、級長に予定されていたのを、私がすねて絶対にやらないと言った。先生は困って、それならせめて副級長になってくれないか、でないと学級がまとまらないと言われた。

このとき私がすねたのは、前の学期の終わりころに何か事件があり、級長の責任だといって私が代表で殴られたのを不満に思ったためである。

私一人を教室に残して、先生が私を説得された言葉の内容を、いまでもおぼえている。

「おまえは自分が何も悪いことをしなかったのに、先生に殴られたのを恨んでいるのだろう」

知っているくせに、なぜ殴るんだ、と私は悔しさがこみあげてきた。

「ではね、なぜ一国の総理大臣が人からつけねらわれて、そのあげくに殺されるんだ。そのわけを知っているかね」

「知りません」

　私は答えた。

「総理大臣自身が何か悪いことをしたと思うか」

「思いません」

「そうとも。総理大臣になるほどの人が、悪いことをするはずがない。にもかかわらず、ねらわれて殺される。なぜか。つまり責任を問われるのだ」

「責任？」

　初めて先生の顔を見あげた。

「上に立つ人は辛いものだ。位が高ければ高いほど責任は重くなる。名誉も大きいが責任も大きい。ね、わかるだろう」

　私はうなずいた。

「それでな、育徳。級長はいわば学級の総理大臣だ。先生がおまえを殴ったのは、何もおまえが憎いわけではない。憎いはずがないじゃないか。しかし、学級の者で悪いことをしたやつが出れば、責任は級長のところに来るのだ」

　級長を総理大臣と比べられて、私は悪い気持ちがしなかった。なごんだ気持ちのところへ、先生の言う責任論はよく理解ができた。このとき理解した責任論は、その後の私の人生観にしっかと定着した。

級長の仕事は、「起立」「礼」の号令をかけることから、自習時間の監督、掃除の点検、答案の採点のお手伝いまで、たくさんあった。そのためには人より早く来て遅く帰らなければならなかった。六年生の級長は、学級のほかに全校の週番の元締めをやる重い責任があった。

たとえば、自習時間はみんなすぐに退屈して騒々しくなるものである。私は教壇にあがって、私の得意な学科の復習のようなことをやらせる。一人一人指していろいろなことを聞くと、結構みんな面白がってついてくる。

掃除では、私は当番を何班かにわけて、競争でやらせる方法をとった。競争だというと、みんな張り切って、テキパキと仕上げてしまう。

そのころ、私には十人くらいの仲のいい友だちがあって、学校の帰りによく台南神社の境内でテニスボールを使って野球をやった。私は一方のチームのピッチャーであると同時に、全体の審判でもあった。セーフだアウトだと口論しているとき、私が判定を下すと、それでみんなが納得した。だから、私たちの遊びでは、よくあるような途中でケンカ別れしてしまうことは一度もなかった。

米田校長の「日本精神」

末廣公学校で忘れることのできないのは、米田亀太郎という名物校長の存在であろ

阿江（生母）と四人の子供。
前列左から育徳、阿江、育霖。
後列左から錦碧、錦香。

育徳の祖母（纏足をしている）。

父 王汝禎。紀元二千六百年の記念式典に招かれ、皇居に参内したときの写真。

女学校時代の錦碧と錦瑞(右)。俳優の“追っかけ”をしていたころ。1935年ごろ。

王汝禎の第三夫人、阿揚。

王汝禎の第一夫人、阿母。

王汝禎一家。前列左から育徳、阿揚と育哲、王汝禎と孫娘、阿母、育彬、錦桂の長男。後列左から育森、錦碧、杜新春、錦瑞、錦珪と次女、育霖。錦香は不在。1935年1月。

父の店「金義興商行」の前で。「蜻蛉燐寸(とんぼマッチ)」の店頭宣伝の様子。旗を持つ王汝禎。生きたとんぼを竿に吊るした少女が神輿の上に乗っている。

ハッピを着た王汝禎（中央）と店員たち。店の前で。

台南の竹仔港にあった王汝禎の別荘で。左端が王汝禎。その右側は神戸の貿易商「怡利公司」のオーナ蔡炳煌。

祖母の葬儀は台南市でも前代未聞の盛大さだった。亡くなって六週目の做旬（供養の行事）。王家の正庁で。1931 年。

1934 年に亡くなった阿江の墓前で。左から、著者と錦香の長女、育霖、錦香、錦碧。

祖母の葬儀の最終日に行われた「焼紙厝」（紙の家を焼く）様子。

恩師、安田実先生。

末廣公学校のクラス写真。それぞれ進学先の中学の制服を着ている。前列左から三人目が著者。後列中央は担任の安田実先生。孔子廟の前にて。

日本旅行中の育徳（中央）と育霖（左から二人目）。鎌倉・鶴岡八幡宮にて。1937年。

台南第一中学生の育徳と台北高等学校生の育霖。

旧制台北高等学校・文科甲類クラス。前列中央が著者。二列目左端が邱永漢。
後列左から六人目が吉江清景。

台北高校入学時の
記念写真。

台北高校時代の弁論部の遠征。後列左端が著者。前列の
黒い学生服は帰省中の育霖。

左：台湾省立台南第一中学の教師時代，1945～1949年。右：嘉義市役所時代。1944年。

脚本・演出を手がけた演劇『新生之朝』の役者たち。前列左から四人目が老人に扮した著者。1945年10月。

著者と林雪梅の挙式後、王家家族と。1947年1月5日。

1947年に起きた「二二八事件」の際、育霖ら政治犯が収容された西本願寺跡（現・台北市西門町・萬華広場）。2010年、近藤明理撮影。

検事の法服を着た兄の育霖。京都地検時代。

う。

米田校長はそれこそ芝山巌《しざんがん》精神の権化のような人であった。

芝山巌精神とは、明治二十九年（一八九六）の元旦、台湾における日本教育の発祥の地、台北近郊の芝山巌で、六氏先生（六人の内地人先生）が〝土匪《どひ》〟の襲撃を受けて殉職した、その人柱《ひとばしら》的精神をいうのである。

米田校長は、「末廣に入ってきたが百年目、是が非でも一人前の日本男児に鍛えあげてやらなくちゃ気がすまん」という執念に燃えているように思われた。

先生がたを監督してスパルタ教育をやるほかに、日本精神練成の手段がとられた。毎朝、国旗掲揚、君が代斉唱、皇居遥拝が行なわれた。これはどこの公学校でもやった儀式にちがいないが、とにかく精神がこもっていた。

服装、態度のこまかいことまで、いちいちうるさく注意した。校内であろうと校外であろうと、だらしのない生徒は見つけ次第説教を食らわし、さらに翌日の朝会で公表した。

私も病気が治ったばかりのとき、家の人力車に乗って登校したのを途中で見つけられて、「日本精神が足らんぞ」と怒鳴られたことがあった。

祝祭日や何かの記念日は米田校長にとって、日本精神灌注の場であった。

台湾には文部省できめられた祝祭日のほかに、特別の記念日がいくつかあった。六月十七日の始政記念日、十月二十八日の台湾神社祭、十月二十九日の招魂祭や四大節〔一月一日の四方拝、二月十一日の紀元節、四月二十九日の天長節、十一月三日の明治節〕には、末廣には拝むべき御真影〔天皇陛下の写真〕がないので、学校で式をすませてから、高学年だけ列を組んで州庁まで行って、礼拝するのである。こんな仰々しいことをするのは末廣だけのようで、行き帰りにほかの公学校の児童に出会うことはなかった。

末廣の東隣にある台南二高女は、本島人の子女を主として教育する学校ながら、御真影があり、校門を入ったすぐ横に、小さなお宮の形をした奉安所〔御真影・教育勅語謄本などを奉安するところ〕が建てられてあった。よその学校の御真影奉安所でも、前まで来たら必ず立ち止まって最敬礼するのだと厳しく命じられた。米田校長の宿舎は二高女の東側にあって、先生ご自身、登下校で一日少なくとも二回は実行されていたので、この命令は千鈞《せんきん》の重みがあった。

十月二十八日の台湾神社祭はいうまでもなく、毎月の二十八日の月祭にも、私たちは台南神社に参拝した。ラッパをタカタカ吹き鳴らし、歩調を揃えて歩く私たちを、南門の小学生は例によって塀の上から、バカバカしいといったような顔つきをして眺めるのであった。

市尹《しいん》（市長）を感謝させ、家の者に不平を言わせたものに、毎日曜日早朝の課外作業があった。これは台南神社、開山《かいざん》神社、孔子廟、五妃廟《ゴオフイビヲ》の市内の四つの代表的な名勝を、四年生以上の児童が四班に分かれて順ぐりに清掃するもので、竹ボウキやクマデは家から持参するのである。

台南神社はそのころはまだ外苑ができていなかった。それでも境内が広くて、なかなか掃きでがあった。

次に広いのが開山神社であった。開山神社の祭神はいうまでもなく鄭成功《ていせいこう》である。一番楽なのは五妃廟で、狭い前庭があるだけであった。しかし、桶盤桟の一角にあって、家から最も遠かった。五妃廟は鄭氏が清朝に亡ぼされたとき（一六八三年）、節をまっとうして自殺した寧靖王朱術桂《ねいせいおうしゅじゅつけい》とその五人の妃を祀った祠である。

台南神社を除いて開山神社も孔子廟も五妃廟も、祭神が日本人でないところが、私の抵抗感を少なくさせた。

台湾関係の同窓会ブームの影響を受けてか、一九六五年（昭和四十）の六月、東京で初めての末廣の同窓会が開かれた。

大阪に住んでおられる米田校長が所用で上京されたのを機会に、東京在住の下門先生や安藤先生ほか二、三の先生を招待して、末廣の卒業生である在日台湾人が一席設けた。集まったのは七、八人でちょっと寂しかった。

私には危うく声がかからないところだった。同窓生たちは私が台湾独立運動（「おわりに」を参照）をやっていることを知っており、私が同席するのをかれらは迷惑がった。

しかし、幹事が、ただでさえ少ない人数がますます少なくなっては、招待した先生がたに悪いだろうとか、米田校長が王さんに会いたがっていられるようだからとか言って説得したのだそうである。そのかわり私は、政治の話は一切しないと約束させられた。普通なら、つむじを曲げかねないところだが、米田校長に会いたい一心で素直に承知した。

米田先生については、終戦直後の一時期に、台南で不吉な噂を聞いたことがあった。先生が日本に引き揚げられる船の中で、中国人の護送官の不正をとがめて、殺されたというのである。そのときは、あの先生のことなら大いにありうることだと思ったのだった。

先生との再会は、数えてみれば三十年ぶりであった。公学校を卒業したきり、私は先生にお目にかかることがなかった。島内にいるあいだは、会いたいと思えばいつでも会えるという安心感と、やはり厳しく徹底的に鍛えられたことに対する反発があって、積極的に会いたいという気持ちを起こさせなかった。

しかし、戦後二十年の有為転変が私の意識に大きな変化を起こさせていた。今にして思えば、私という人間の粗型は、よかれあしかれ、疑いもなく末廣時代に鋳《い》あげられたものなのである。

スパルタ教育も役に立ったにちがいないし、精神鍛錬もよかったと思うのである。早い話が、蔣介石の凶暴な独裁政権に楯ついて、独立運動に命をかける私のファイトと根性は、末廣時代に培われたものといっても、大げさではない。

「先生、安心してください。私は末廣で学んだことをずっと活かしております」

私はそう米田校長に申し上げる機会を心待ちにしていた。

同窓会でお会いした米田校長は、真っ黒に日に焼けた顔も今では白くなり、シワこそ深いが、体はまだまだカクシャクたるもので、この分なら独立運動の成功の日を見てもらえるにちがいないと安心した。

ところが先生は私に、昔の日本精神教育は間違っていたと詫びられたのである。

「いいえ、そんなことはありません」

と私は慰めたが、これは実に複雑にして微妙な心理状態である。

「どうだ、いい教育をしてやっただろう」と威張られては、もちろんいい気持ちがしない。といって、頭から「悪かった」と謝られても当惑する。それではこちらは間違ったことばかり教え込まれたということになりかねない。

台湾で米田校長はじめ下門先生、安田先生が行なった教育は、すべてが時代に迎合したものではなかったはずである。これは先生がたにとっては崇高な精神と生涯の情熱を傾けた神聖な事業であったにちがいない。しかるべき誇りと満足感を持たれていいのではなかろうか。持たれてはじめて、私たち――日本的近代化を経た台湾人――は浮かぶ瀬があるのである。でないと、私たちは日本時代に身につけた学問知識に積極的な意義を見つけることができなくなる。

こういう私は日本人に甘すぎるのだろうか。いや、私は責められるべきは植民地体制そのものだと考えている。個々の人間にはあまり罪がない。いったん植民地体制がしかれた以上、初等教育の第一線に立たれた先生がたに、何の自由がきくというのであろう。上部の意向に従うよりほかなかったにちがいない。

「恨みは深し、七里ガ浜」

私の受験する昭和十一年（一九三六）ころの台南には、六校の男子中学校と五つの女子中学校があった。日本人子弟向けが台南州立台南第一中学校（台南一中）、本島人向けは台南州立台南第二中学校（台南二中）、長老教中学などであった。

しかし、私の進学目標は初めから台北高等学校尋常科と決まっていた。台北高等学校は日本の旧制高校の一つで、大正十一年（一九二二）に創立された。七年制（尋常科四年、高等科三年）で、尋常科は小・公学校卒業時に、高等科は中学四年生修了時、または五年生卒業時に受験する。

台北高校は育霖兄を慕う一方で負けまいとする私にとって、当然の目標であった。安田先生もそのつもりで、とくに私に目をかけてくれた。

私たちは六年生になると、進学グループとそうでないグループに分けられた。六十人のクラスメイトのうち進学グループは二十七、八人であった。そして、二十三人の合格者を出した。アルバムに貼ってある記念写真を見れば、孔子廟の大成殿《だいせいでん》の東側にある細長い建物、東廂を背景にして、ちょっと笑ったポーズの安田先生を中心に、ダブダブの新しい制服を着た私たちが三列に並んで、ちんまり立っている。

安田先生が会心の笑みをもらすのも道理で、八二％強という合格率は、市内の公学校でもほかに例がなかった。かぶっている帽子を頼りに進学先を見てみると、台南師範＝一人、台南一中＝二人、台南二中＝十五人、長老教中学＝二人、台南商業＝二人、他＝一人である。

栄光の陰に涙ありで、一日六時間の正課が終わって、進学しないグループが帰ったあと、進学グループは夕方暗くなるまで残されて重要科目の補習を行なった。

スパルタ教育はここにも延長された。算術を例にあげると、ツルカメ算やトケイ算などのむずかしい問題を次から次へと教え込まれ、テストはその場で採点して、一問でも間違っていると突き返されて、正解が出るまで残された。私たちは金を出しあって蠟燭を買い、弱い灯りを頼りに勉強を続けた。私が目を悪くしたのは、このときからである。卒業と同時に、度の強い眼鏡をかけなければならなかった。

補習は学校だけではすまなかった。先生は希望者を自分の家に集めて、夜間補習を行なった。臭い足を投げ出し、鼻水をすすりながら勉強する私たちを、奥さんはいやな顔一つせず、夜食などを準備して、いたわり励ましてくれた。それでいて、先生は父兄から謝礼はいっさい取ってはいなかったのである。

育霖兄はわざわざ台北から帰南して、私を台北受験に連れて行ってくれた。育霖兄は不思議なことに、阿江が亡くなったあと、まるで別人のように丈夫な体になっていた。兄は阿江が自分の寿命を分けてくれたのだと信じていた。私も加護を信じた。

兄はすでに復学していて、学校の前の広い田んぼを隔てた昭和町に下宿していた。私が落ち着いた先はもちろん、かれの下宿である。試験の前の日だったか、私は兄に連れられて、台北市内を少しだけ散歩した。本格的な見物は終わってからやる予定であった。このとき新高堂書店の前で、私は邱永漢《きゆうえいかん》（炳南《へいなん》）と初めて出会ったのである。

南門小学校に邱という優秀な子がいて、それも今年尋常科を受けるはずだと私は兄から聞かされていた。

兄に紹介されて、かれをよく観察すれば、頭はでっかすぎて不細工な感じはするが、目は大きく輝き、鼻筋は通って高く、なるほど見るからに聡明そうである。

われわれはお互いに礼儀正しくおじぎをしたが、かれの方がどうも余裕ありげに見えた。

「先日はいろいろとありがとうございました」

かれは兄に挨拶したが、その日本語は流暢で、訛り一つなかった。邱君はすでに兄を訪ねて、試験問題の出題の傾向などを聞いて参考としたらしい。

「それから、こちらは受け持ちの蔵本先生です」

邱君はいっしょにいる男の人を紹介した。その先生は色が黒くて背が高く、むっつりしていた。南門から受験するのは邱君だけだという話である。一人だけの邱君のために、先生がついてきたとは、意気込みからして違うなと思った。

果たして私は不合格、邱君は合格した。それでも私は安田先生を恨む気持ちはまったくなく、むしろ一番すまなく思った。先生ご自身、どうであったか知らないが、私は勝手に先生を、育霖兄を教えた下門先生とライバル関係にあると見立てて、先生に負けさせてはいけないとひそかに意気込んでいた。

実際には、私の頭は育霖兄ほど優秀でなかったし、私の性格も育霖兄に比べて弱いところがあった。育霖兄は意思が強固で、努力家であった。私は意志が薄弱で、むら気がある。

試験に失敗した直接の原因を言うなら、それは国語であった。今でもはっきりおぼえている。

試験問題の一つに、

七里ガ浜の磯伝い
稲村ガ崎、名将の
剣投ぜし古戦場

という文部省唱歌『鎌倉』の前半部分が出た。設問は、この大意を記せというのと、傍線を引いた単語の意味を書けというのと二通りあった。

むずかしい地名がやたらと多く、苦手の古文調が使われ、「階《きざはし》」といったヤマトコトバが出てくるのに、私はただただ面食らい、切羽詰まって悔し涙を答案の上にたらした。

情けないなどと笑ってはいけない。『鎌倉』は「尋常小学校読本（巻十二）」、つまり小学校六年生の後期の教科書に出てくるのである。末廣では副読本として買わされても、そこまで手が回らなかった。これではできないのが当然である。

鎌倉はその後、海水浴や学会のバス旅行やらで何十回となく訪れた。「階」も二、三度は踏みしめた。しかし、いつまでも「恨みは深し、七里ガ浜」にはちがいない。

第4章　台南一中

南部一の名門中学

昭和十一年（一九三六）、私は第二志望の台南一中を受けて、これには難なく合格した。各科目とも満点に近い出来で、試験場から出てくるたびに、「鶏ヲ割クニ焉ンゾ牛刀ヲ用インヤ」と心の中でつぶやいた。

一中を選んだのには、三つの理由があった。

一つには台北高校本科の合格率は、台湾南部で探すならば台南一中が最も高い。尋常科に落ちたといっても、台北高校への道は閉ざされたわけではない。四年生修了で入ることができれば、尋常科からあがってきたのと同じになる。

二つには南門《なんもん》と花園《はなぞの》の卒業生は多く台南一中に進む。南門に二度挑戦して敗北した私も、台南一中に入ることができたら、積怨を一挙に晴らすことができたわけである。

三つには国語の力をつけるには、何といっても内地人のあいだに入っていくことが一番の早道である。本島人の多い台南二中に行っては、国語の力はいつまでたっても身につかない。

台南一中は私にとっては次善の道にすぎなかったが、一般的に見れば、ここに合格したのは、やはり名誉に思っていいことであった。

台南一中の合格率は、内地人の場合は一・五倍から二倍であるが、本島人の場合は六、七倍であった。それは尋常科同様、ここも本島人の枠がだいたい一割と抑えられていたからである。

一方の台南二中の合格率は、内地人はほとんど無条件合格に近く、本島人は五、六倍であった。

台南一中は台北一中とともに、大正三年（一九一四）に創立された台湾最初の中学校で、創立当時はそれぞれ台南中学校、台北中学校と呼ばれ、総督府立であった。目的は内地人官吏、会社員の二世を収容するためで、その設備たるや実に立派なものであった。

台南一中は市の北端、台南公園と練兵場の中間にあり、赤煉瓦二階建ての校舎二棟を擁し、運動場は三百メートルのトラックのほかに野球場と六面のテニスコートを持っていた。付属施設として講堂、音楽教室、雨天体操場、柔道場、プール、農園、さらに学寮までがついていた。

これを一学年三クラス、一クラス五十人、五学年で七百五十人の生徒が利用するのだから、申し分ないというより、贅沢なくらいであった。

台南二中の方は、戦後、私が接収の手伝いに行ったときに、初めて内容を知って、その貧弱さに驚いた。

校舎は同じく二棟あるが、ずっと安普請である。雨天体操場が講堂を兼ねていて、さらに音楽教室にも代用される。運動場も比較にならぬほど狭く、学寮らしいものもあるにはあるが、そこらあたりの安アパートで、しかもひどく遠いところにあった。

私が台南一中に入ったとき、育森《いくしん》兄は五年生に在学中であった。内地人の多い中で勉強するのに、腹違いではあっても、兄が一人最高学年にいることは、何といっても心強い気がした。

育森兄の同期には、陳郁文《ちんいくぶん》とか林甲寅《りんこういん》とか、校外まで名を轟かせた本島人の花形運動選手がいて、全校生に睨みをきかせていた。かれらは私が育森兄の弟だというので、複雑な家庭の内情も知らずに私を可愛がってくれた。

一中生活はまず好調のスタートを切ったかに見えた。しかし、幻滅は早かった。それも育森兄が原因だから情けない。

もともと育森兄と私は、対抗関係にあった阿江《アエ》と阿揚《アヤン》の子供の中でも、最も尖鋭化した一組といえた。齢からいえば、かれと張り合うべき立場にあるのは育霖《いくりん》兄であるが、かれは小さいときは体が弱くてケンカ相手にもならなかったし、大きくなると台北に行ってしまった。

性格からいうと、私の方ががむしゃらなところがあって、育森兄の乱暴な性格といい勝負になった。かれには阿揚の三人兄弟の頭という意識があったにちがいないし、私には阿江が頼りとする息子という自覚があった。

こんなことがあった。阿江の病気が重くて、畳の脇を歩いても「痛い」と悲鳴をあげるほどであったころ、育森兄は中楼の階段を上るのに、わざと下駄を踏み鳴らし、さらに私たちの真上にあたるかれの部屋で、ことさらにドスンドスンと地響きを立てて、嫌がらせをやった。たいていは阿江の容態を気遣って隠忍自重したのであるが、あるとき、たまりかねて部屋を飛び出し、二階にあがって、「もう少し静かにしたらどうだ」と怒鳴った。それは効果がないどころか、逆にいっそう激しくドスンドスンとやられて、ただ悔し涙にくれるだけであった。

阿江が死んだ後は、かれらも憎しみの対象がなくなったので、しばらくはお互いに無事平穏であった。

一中に合格した祝いに、父が育森兄と揃いの勉強机を買ってくれた。私たちの部屋は昼間でも暗いので、父が昼間は中楼の正庁の東側の阿母《アブウ》の部屋で、育森と机を並べていっしょに勉強するよう命じた。私たちは机をどう並べるとかいったようなつまらないことから口喧嘩をし、ついに取っ組み合いに発展した。

腕力では初めから勝目がないとわかっていた。わかっていたからこそ、これまで隠忍自重してきたのである。しかし、このときは鬱憤が一気に爆発して、私は敢然として向かった。離れて殴り合っていては、体が一回りも小さい私に勝目はないので、思い切って頭からぶつかっていったら、育森兄は尻餅をついた。組み合ったまま、上になり下になりして、ベランダまで転がり出た。

罵声に怒号に、器物の壊れる音が入り混じって、ときならぬ修羅場を現出し、家の者を驚倒させた。父が駆けつけて、ようやく二人を引き離すことができた。育森兄は太鼓腹を押さえながら、捨て台詞を吐いた。

「おぼえとれよ。家では兄弟か何か知らんが、学校では上級生と下級生だ。学校でいじめてやるぞ」

「何を、卑怯者」

怒鳴り返してやったものの、内心ギクッとした。育森兄は結局、それほど卑怯ではなかったが、一中生活にケチがついたように思ったのは確かである。

皇民化の波

台南一中は、南部一の名門を誇るだけあって、粒よりの先生が揃っていた。とくに印象深いのは歴史の前嶋先生と地理の内田先生である。

前嶋先生は、後の慶應義塾大学教授、アラビア史の泰斗《たいと》である前嶋信次先生その人で、気むずかしいところがあって怖かったが、授業がたいへん面白かった。

地理の内田先生は、あだ名を「蠟燭」といった。色白のほっそりした体型から来たのであるが、実際にはどうしてどうして健康・健脚そのもので、内地をほとんど歩きつくしたから台湾に来たんだ、と自慢されるだけのことはあると思った。授業はきわめて実証的で、百葉箱を設置しての気象観測の訓練までやらされた。

何の授業だったか忘れたが、時事問題のテストが行なわれた。「次の人物について知っていることを述べよ」という問題の中に「毛沢東」が入っていた。毛沢東の三字にお目にかかったのは、このときが最初である。私はそれを「ケザワ　アズマ」と読み、何かの重大犯人とふんだが、よくわからないからブランクにしておいた。とんだお笑いぐさである。

中学生活のケチのつきはじめはまたしても国語の問題であった。

東《あずま》少尉の教練は、試験に「各個教練」をやらせた。そのときは出席簿のアイウエ

オ順に、

「アマノ　シンイチ」

「イシガキ　ヒデオ」

と、自分の名前を大声で唱えてから始める。

内地人はたいてい苗字が二字で、大音声を張り上げるのに語呂がよい。本島人は苗字が一字、名前が二字で、個々の字の発音も妙であれば、上下のバランスもうまくない。

「オウ　イクトク」

と声を張り上げたら、ドーっと哄笑が起こった。

「何だ、オウ　ピクトクか」

とまぜっ返すやつもいた。試験の前からケチをつけられたのでは、うまくやれない。親父がつけた姓名に何の責任があるか、と反発しながらも、本島人に生まれたことを恨みたくなった。

親戚の子で、蔡東華《さいとうか》というのがいた。現在〔一九六六年当時〕東京に住んでいて、「蔡事務所」を構え、台湾では東宝の総代理店をやって、芸能業界では広く名を知られている。山口高校から京大工学部を出て、この道に進んだ変わり種であるが、南門では邱永漢《きゅうえいかん》と同期で、台南一中では一年間、私といっしょに勉強した。

南門出身だけあって国語はうまく、内地人に友だちが多かった。かれは、

「サイ　トウカ」

とバカに語呂がいい。一つも笑い声が起こらない。畜生め、うまい名前をつけやがったと、こちらは妬ましい。

だんだんと進んで、今度は新営《しんえい》公学校から来た張崇智君の番。はらはらしていると、

「チョウ　スウチ」

案の定、私のとき以上の哄笑である。

「よう、チョウ　チュウチか」

と冷やかされて顔を真っ赤にし、同じ側の手と足を同時に出す変な早足行進になってしまった。それを見て、みんな抱腹絶倒する。

終わり近くなって、葉盛吉の番になる。どうなることかと見ていると、

「ヨウ　モリキチ」

というではないか。何ということだ。彼は本当はヨウセイキチなのに、語呂が悪いから、サル知恵を働かして、「ヨウ　モリキチ」とやった。自分で改姓名をしたのでは世話がない。ところが、

「ついでに、葉っぱと言ったらどうだ」

と悪童どもは容赦しない。

先輩たちの誰に聞いても、長い台南一中の歴史で日本人と台湾人の対立はほとんどなかったそうである。してみると、私たちの時代になって急に対立があらわれたのは、多分に時局のせいであったかもしれない。

一中に入る年（昭和十一、一九三六）の二月に、二・二六事件が起きている。この事件が内地人に与えたショックは大きいものがあった。店の両隣で、株屋と更科ソバ屋を開業している二人の内地人の店子が、うちにしゃべりにきて、「日本はいったい、どうなるのでしょうね」と心配そうに言っているのを聞いた。

一方、中国大陸の排日・抗日運動はますます激しくなり、このままでは両国の関係はただではおさまらない、という不安と緊張が重苦しく台湾を覆っていた。

昭和六年（一九三一）の九月に満州事変が、続いて上海事変が起き、このころから日本は正義の国、シナは不義の国、日本軍は強い、シナ兵は弱い、と盛んに教え込まれるようになった。

その影響がたしかにあったのであろう、私たちは友だち同士で罵りあうときに、

「ショウカイセキ、ソウビレイ〔蔣介石の妻、宋美齢〕、伝染病、チフス、コレラ、死んでもよい」

と言ったものである。家に帰っても、一人でそんなことを唱えていると、人をから

からクセのある番頭の郭《かく》が聞きつけて、

「ショウカイセキ偉いよ。死んだらいけないよ」

とまぜっかえした。郭の言ったことは、中学校の二年生になってシナ事変が起こり、上海攻防戦で中国軍が頑強に戦うのを知ったときに、なるほどと思いあたった。

このとき、中国人に対する認識を少々改めたのであるが、戦後、中国人に直《じか》に接したあとは、

「ショウカイセキ、ソウビレイ、伝染病、チフス、コレラ、死んでもよい」

に逆戻りした。この認識は変わることはないであろう。

時局の緊迫という理由で、このころから皇民化《こうみんか》運動が大車輪で推進されるようになった。「迎媽祖《ギヤマアツオ》」（媽祖《まそ》行列）が禁止されたのをはじめ、多くの寺廟が整理され、大麻《たいま》（神社のお札）の奉祀が奨励されるようになった。一方で「日本精神」の高揚、国語の普及、台湾人の姓名を日本名に改姓名することが推奨された。

「迎媽祖」は有名な台南市の最大の行事の一つで、日本人の市長も行列の先頭に立って街中を練り歩いたものである。「迎媽祖」のときの掛け声や衣装や飾りは完全な台湾調だったが、内地人もそれを容認し、いっしょになって楽しんだ。これが双方の融和にどれほど役立ったかわからない。

日本は昭和十一年（一九三六）までの四十年間は、台湾人の言葉も風俗も宗教も容

認していたのである。それは、児玉源太郎総督時代の民生長官、後藤新平〔任期一八九八―一九〇六年〕のとった方針でもあった。台湾人は自分たちの慣れ親しんだ習慣を捨てることなく、日本によってもたらされる近代文明をごく自然に取り入れていくことができた。産業、行政、交通、衛生、教育など、ありとあらゆる分野における進歩を、短期間に本島人は日本から与えられたのである。

皮肉なことに皇民化政策が推進されたことで、逆に台湾人意識が芽生えたとも言える。このころまでには、日本により高等教育を受けた台湾人は、封建社会と近代社会の相違や、義務と権利の表裏一体性などについても自ら考え判断することができるようになっていた。

こうなると、時局の緊張のせいで、内地人と本島人の関係がギクシャクとしてくる。それは内地人にとっても本島人にとっても不幸なことなのだが、もう後にはもどれない。

大人はそれでも感情を隠すことができるが、子供にはそれができない。一中に来ている内地人は、ほとんどが州庁、市役所、庄役場の役人や国策会社の社員の二世である。かれらは甘やかされて育っている。官舎の中で言っていいことと、外で言ってはいけないこととの分別がつかない。

で、育森兄と同学年の本島人の大ボスたちが卒業した年、昭和十二年（一九三七）

から、本島人生徒に対する内地人生徒の態度に、明らかな変化があらわれた。この年はまたシナ事変が起こった年で、連戦連勝を続ける皇軍の意気が自然にかれらに伝染したのかもしれない。

日本人生徒との全面衝突

三年生の夏休みのある日、私は親友の楊坤霖《ようこんりん》と喜樹《きじゅ》に海水浴に行った。喜樹は安平《アンピン》とともに台南地方の有名な海水浴場である。

西海岸の海水浴場はどこも同じように遠浅であるが、直接台湾海峡に面しているので波が荒い。「海の子」をもって任ずる日本人が海水浴場を経営し、日本人が海水浴に行くのである。台湾人はといえば、極端に水を恐れた。海はもちろん運河で泳ぐことさえ忌み嫌う。一つしかない市営プールも、台湾人はあまり行かない。水の中には「水鬼《ツイクイ》」がいて、道づれを探しているという。台湾海峡を押し渡ってきた先祖のたくましいパイオニア精神が、いつのまにかスポイルされてしまったのだ。私たちの海水浴も、もちろん家の者には無断であった。

楊と二人で楽しく遊んでいると、あとから来た海水浴客の中に、下級生らしき二人の台南一中の生徒がまじっているのを見つけた。そのうち私たちを見て敬礼するかと待っていたが、かれらはわざと視線をそらすのである。

下級生の上級生に対する敬礼は、たいへんやかましく言われている。敬礼をしなかったために、説教されたり制裁されたりするのは、しょっちゅうのことであった。

そういう目にあわないために、小心翼々として一年生、二年生とつとめあげてきた。それというのも、上級生になったときに敬礼してもらえる楽しみがあればこそであった。それを公然と無視されたのでは黙っていられない。

それでも私たちがハダカであったから、上級生とわからないのかもしれんと好意的に解釈してみた。しかし、目の前の籠の中には上級生の貫禄を示す色あせた制服制帽が、ちゃんと置いてあるのである。しかも泳ぎ終わって帰り仕度をしたときは、きちんと制服制帽をつけていたのである。なのに、そのときになっても、まだ知らぬ顔をしている。

「あいつら、おれたちを本島人だと知って、バカにしているのかな」

当然このような解釈となる。

「下級生にまで舐められてたまるものか」

「本島人の面目にかけても、説教してやらなくちゃ」

「そうだ」

どちらから言い出すともなく、二人の意見が一致した。そこへあの二人も帰り仕度をして出てきたのは、お互いに運が悪かったと言える。

「おい、きみたち、ちょっと来い」

と楊が声をかけた。すると、さっと顔色を変えたが、おとなしくついてくるではないか。もしいやだと断られたら、あの場は見逃すよりしかたがなかった。帰りのバスを待つ海水浴客は、ほとんどが内地人で、まさかかれらの前で腕力を使って引きずって行くわけにもいかなかったのである。

気兼ねしいしい便所の脇の人目のつかないところに連れて行った。

「台南一中だろ」

「……」

「何年だ」

「二年生です」

「上級生に対して、なぜ敬礼せんのか」

「は、あの、つい……」

「ついどうしたというんだ。本島人だからか」

「いいえ、そうじゃないんです。そういう気持ちは少しもありません」

ウソつけと思った。しかし、ウソでもいい。そう言ってもらえれば助かる。

「本当だな。本島人でも上級生は上級生だぞ。以後気をつけろ。よし、今日はこれで許してやる」

二人は帽子をとって最敬礼したので、あっさり釈放してやった。私たちは本島人全体のために、いいことをしたと大いに愉快であった。ところが、である。後が悪かった。かれらは私たちが三年生だと知って、四年生の内地人に訴えたのである。

九月の新学期が始まってまもなく、楊と私は四年生の一団から「放課後、講堂の裏に来い」と呼び出しを受けた。講堂の裏は生徒のあまり通らない寂しいところで、制裁の場所として知られている。これは「凶」だと観念した。こうなれば見苦しく逃げ回るより、堂々と対決しようと覚悟をきめた。

こわごわ行ってみると、体の大きくて腕っ節の強そうなのが十人くらい集まっている。すぐに取り囲まれた。見回すと、同級生もまじっているではないか。

「おい、王に楊。おまえたちは夏休みに海水浴場で、下級生を殴ったそうだな」

「殴ったなんてウソです」

私は弁解した。こうとわかったら、本当に殴ってやるんだったと残念に思った。

「うるさい」

いきなり後ろからパーンと腰を蹴られて、つんのめった。

「だいたい本島人が内地人に対して偉そうな口をきくとは生意気だ」

前からピシッと頬っぺたに一発食らわされた。

「下級生が上級生に敬礼しないから説教したんです。どこが悪い」

私は憤然と抗弁した。心の中では、何とつまらんことをやったものだと後悔でいっぱいだった。私がやられているのを見かねて、楊が言った。

「本島人と内地人の区別はないはずだ。われわれは学校の規律のことを思って、やってやったんだ」

「何を。きさまも生意気ぬかすか」

もはや問答無用であった。殴る、突く、蹴る、かれらのなすがままにされた。私はいち早く両手で頭を抱え込んでうずくまった。頭を傷つけてはたいへんだと思った。

どれくらいたっただろうか。静かになったので、こわごわ頭をあげて、あたりを見回した。と、三メートルほど離れた道の上に楊が仰向けに倒れて、うんうん唸っている。かれの顔を見て二度びっくりした。顔が二倍にも膨れあがって、腫れた鼻や裂けた唇から血が流れていた。

「おい、大丈夫か」

揺すぶると、かれは半目をひらいて私を見上げた。

「ひどい目にあったな」

「なになに。これくらいのことで、ああ、いかにも残念だ。畜生っ、おぼえとれ。仇《かたき》をとってやるぞ」

案外元気そうなので安心した。しかし、唇が動かないので、発音が不明瞭である。

手拭いを濡らして、血をふいてやった。

私はかれの性格を知っている。向こうっ気の強い男だから、倒れてもまた起き上がって、そのために徹底的に打ちのめされたのである。幸い内傷はなかったからいいもののの、こんなことで片輪にでもなったら引きあわない。

楊が考えた仇討ちとは、五年生の本島人に言いつけて、四年生の内地人に制裁を加えることであった。二、三日後、私たちを制裁した四年生が、五年生の本島人に呼ばれて説教されたということを聞いた。説教だけで殴らなかったそうだから、いささかがっかりした。

ところが、そのあとがやっぱりいけなかった。五年生の本島人は同じ五年生の内地人から仕返しを受けたのである。これは説教ではすまなくて、さんざん殴られたのだそうである。

こうなっては処置なしだ。全校の本島人を渦中に巻き込む結果となったのである。本島人の上級生は内地人の下級生の前に、完全に威厳がなくなった。自然、私たち二人は全校の本島人からも恨まれる羽目に陥った。かれらは白い目で私たちを見た。

そんな環境で私は一種の責任感とあきらめの気持ちから、その後も「制裁」を甘受した。かれらは思いついたように、ときどき私を講堂の裏などに呼び出しては殴ったり、金品をせびった。

こんな目にあって、なぜ先生に訴えなかったのか、と疑問に思う人もあるだろう。それは訴えたとわかったときの、さらなる仕返しが怖かったからである。それに先生は同じ内地人で、どうせ親身になってかばってくれやしないと思っていた。

シナ事変が始まると、私たちは「シナ事変日誌」というのを書かされた。一週間ごとに提出して、学級主任の検閲を受けるのである。これはたいへんな精神的負担で、南京が陥落したといっては皇軍の勇猛を讃え、蔣介石が重慶に逃げたといっては、シナ兵の弱いことを嘲笑った。台湾人の軍夫〔軍の雑役を担う軍属のこと〕の徴用が始まったとわかれば、これこそ台湾人の神聖な義務だ、と書かざるをえない。

ときには本当の気持ちを書いてみたり、ときにはウソの気持ちを書いてみたり、一生懸命努力したが、それでもときどき「同じことを何回も繰り返している」とか「突っ込みが足りない」とか赤インクで批評が書かれて、いい加減うんざりした。

先生も好きこのんでやっていたとは思えないが、とにかく社会全体が熱病に浮かされているみたいであった。これではうかつに内台人対立の問題を言い出せない。

校内で私たちが制裁を受けていたころ、校外では一中と二中の生徒の対立が激しくなっていた。

初めは汽車通学をしている生徒同士のつまらないケンカだったのが、だんだんと人数を増して、不意打ちをやったり、果し状を突きつけての集団決闘にまで発展した。

武器は竹刀のツバや自転車のチューブが主で、さすがにナイフを使うほどではなかった。警察の姿を見つけると四散してしまうのも愛嬌だった。

学校対抗のケンカは、もっぱら体の大きいボスたちが引き受けてやり、かれらの自慢話をそれとなく聞いていると、旗色は一中の方がよさそうである。二中は劣勢を挽回するために長老教中学に加勢を頼んでいるとのことであった。

不思議に、一中が勝ったと聞くと私は嬉しかった。楊坤霖は私とは逆で、ひそかに二中と長中の連合戦線に声援を送っていた。声援を送るだけでなく、実際に連合戦線の応援を得て校内での仇を校外で討った者もあったらしい。

親友、楊坤霖《ようこんりん》のこと

ここで一中時代のただ一人の親友であった楊坤霖について、もっと詳しく書いてみたい。かれについての思い出は一段と愛《いと》しいものがある。

かれは宝《たから》公学校からのたった一人の一中合格者であった。家業は建築請負業だといったが、生活はあまり豊かではなかった。早くに父親に死に別れ、お母さんと兄さん夫婦と暮らしていた。家があまり面白くないらしく、そんなところから、私たちは惹き合うものを感じた。

かれの性格は私にはない野生的なところがあり、行動面では、かれが主導権を握った。運河に泳ぎに行くことなどは、私一人なら死んでもやらない冒険であるが、かれが強引に誘い、私は臆病者と笑われたくないばかりに、しぶしぶ応じたのである。勉強の面では私の方がリードした。かれは参考書もあまり買わず、落ち着いて勉強する部屋もないので、試験勉強をするためによく私の家に泊まりがけで来た。かれとの共同勉強は楽しかったが、能率はあがらなかった。

かれと共犯でやった失敗譚の傑作に、例の下級生に対する説教のほかに、映画を見て先生に見つかったことと、自転車の相乗りをして警察に見つかったことがある。

当時の台南には、「宮古座」「世界館」「戎館《えびす》」という三つの映画館があった。「世界館」は運河に行く途中にある、小さな活動写真小屋で、主に日本映画、それも時代劇を上映した。

一番小さいのは「戎館」で、「世界館」の向かいの角にあり、よく中国映画を上演した。台湾映画の『雨夜花』なども上映された。

「宮古座」はその名称からして、沖縄・宮古島の人の経営らしい。上品で格式が高く、建物は随分変わったつくりだなと思っていたが、後でそれが東京の歌舞伎座を真似たものだと知った。中は一階、二階とも桟敷席で、一マスに四人が座れるようになっていた。

本島人は日本式の座り方が苦手で、「宮古座《キヨンコオツオ》」をもじって「艱苦坐《カヌコオツエ》」といった。

私たちは見つかりにくいという判断を主に、広い「宮古座」を贔屓《ひいき》にした。私たちはやはりチャンバラが好きであった。このときも『水戸黄門漫遊記』が見たくて、ちょうど中間試験で学校から昼前に帰れるのを幸いと、昼の部を見に行った。昼間なら先生も来ているまいし、第一、試験の採点で忙しいはずだとふんでいた。

それでも私たちは万一に備えて、逃げ出しやすい二階の袖の席に座るという注意を払った。

今しもスクリーンでは、白いヒゲの水戸黄門を左右から守って、スケさんカクさんが悪代官の手下どもを手玉にとって胸のすくような大活劇を演じている最中、ペラペラと音がしてフイルムが切れてしまった。

早速、暗闇の中からヤジが起こった。

「おーい、どうした」

「早く続けろ」

と、まず内地人の声。続いて本島人の、

「消毒《シャウトク》、消毒《シャウトク》」

これは「顔を洗って出直せ」とか「失礼千万な」とかの意味を併せて表現した愉快なヤジの常用語である。

楊はアンちゃん流に、指を口に当てて盛んに指笛を吹いた。こんなところがいかにも楊らしいところで、とても私には真似できない。

激しいヤジがかえって映写技師をトチらせたのか、なかなか映らず、灯りがついた。チェッと思いながらも、この機会に一つ背伸びを、と思って手をあげたら、後ろの人にぶつかった。映画に夢中になって、私たちのマスに人が入ってきたのに気がつかないでいたのである。

びっくりして振り向いたら、なんと図画の先生の「カッパ」その人ではないか。あわてて楊の横腹を突っついた。楊は振り向きざま、「あっ」と声を立てた。

カッパはそのあだ名のとおり、厳しい中に茶目っ気のある先生である。チョビ髭をはやしていて、授業中、いつも長い鎖のついた鍵束をぐるぐる振り回しながら、生徒のあいだを歩き、悪い奴の頭を打つ。

先生の方は早くから私たちに気がついていたようである。ニヤニヤ笑っていたような気がした。

私たちは制服制帽で来ていた。外出のときは制服制帽ときめられていたからである。映画を見たことで校則には違反していても、服装の点では違反しまいというチグハグな考え方であった。

一中の制服はカーキ色の服地に、上衣は開襟で、腰に太い革ベルトと特色がある。しかも足元には黒に白線三条の制帽が転がっている。これは絶対に助からんと観念した。

楊はしきりに私の手を引っ張った。しかし、今さら逃げてもしょうがない。途中まで見ようと、最後まで見ようと、罪は同じだ。それなら見なかった分だけ損ではないか、とクソ度胸をきめた。

映画の続きが始まった。いよいよ水戸黄門が湊川《みなとがわ》まで来て、「嗚呼《ああ》忠臣楠氏之墓」を建てるクライマックスの場面である。「青葉茂れる桜井の……」の音楽が入った、悲愴感が人の胸を打つ。

私は後ろのカッパに聞こえるように、大げさに鼻水をすする音を立て、楊にもそうしろと合図した。狙いはカッパに、この二人の本島人生徒は日本精神の精髄に触れて感泣しているようだから、その心がけに免じて許してやろうという同情心を起こさせることにあった。

結局、サル知恵はサル知恵に終わった。試験がすんで、授業が始まったその日、私は受け持ちの落合先生に呼ばれて、さんざん油をしぼられた。私の後で楊も呼ばれたが、楊の方は早く釈放されて、しぼられ方が少ないようであった。

私の方がひどかったのは、先生に与えたショックが大きく、それだけ教員会議で問題になったためらしい。というのは、それまで一年間、私の操行〔素行、行儀〕は「乙上」であったからである。操行「甲」というのはまず無くて、慣例として「乙上」

が最高であった。たいていは「乙」で、少し悪くて「乙下」、「丙《へい》」になるともう退学候補である。

その「乙上」の私が校則違反をやったのだから、落合先生が怒ったのも無理はない。先生が長々と私を叱った言葉の中で、

「きみは二重人格者だ」

という言葉が一番印象に残った。私はこのとき初めて二重人格という言葉を知った。つまり裏表のある人間という意味らしい。そう理解したとき私は憤然として抗弁した。

「先生、私は別に学校では猫をかぶって、下校してから本性をあらわすというようなことをした憶えはありません。先生のほうで勝手に操行点に乙上を付けてくださったのであって、私の方から頼んだのではありません。私は裏も表もない人間のつもりです。強いてどちらかに合わせる必要がありますならば、表の方を裏に合わせたいと思います」

落合先生はじーっと私を睨んだ。最後に、とにかく始末書を書かなければいけないと言われた。始末書は保護者の判が必要で、父に判を押してもらうときに事件が知れて、ここでまた、さんざん叱られたのは辛かった。学期末、通知簿を見たら、覚悟していたとおり、操行は「乙上」から下がっていたが、それでも「乙」であった。楊に聞くと、かれは「乙」から「乙下」に下がったとのことであった。

楊は自転車通学をしていた。自転車通学は家が一定距離以上に遠い人でないと許可されなかった。許可された者は鑑札の交付を受け、番号に応じて自転車置き場での位置が指定された。

私はよく校門でかれを待ち受け、それから相乗りして公園の中を横切り、花園町の梅檀《せんだん》の並木の坂をスーッと下ってきて、駅前から真西にのびた明治町との交差点でおりて、かれと別れた。かれはそれから明治町をさらに下った入舟町の家に帰っていくのである。

途中、反対方向から帰ってくる一女〔台南第一高女〕の生徒と出会っては冷やかしたりした。

一中の生徒の追求の対象は一女の生徒で、同様に二中の生徒の相手は二女の生徒ときまっている。しかし、一中の本島人の生徒が一女の生徒を追っかけてもしようがないので、私たちはただこわごわ冷やかしてみるだけであった。学校でいじめられているることが、自然に私たちに一女の生徒に対するコンプレックスを抱かせた。

そんなある日、冷やかしに夢中になって、前から警察官が来るのに気がつかなかった。自転車の相乗りは違反である。見つかると罰金を取られる。私が一瞬早く見つけて、楊の腕からすり抜けたが、間に合わなかった。

「おい、こらっ。二人乗りしていたな」

内地人の警察官であった。

「は、はい。いいえ」

私はどぎまぎしてしまった。次の瞬間、何かピンチを切り抜けられる手はないかと考えた。警察官はニヤニヤしながら言った。

「一中の生徒だな」

「はい、そうです」

二人で声をあわせて返事した。

「一中の生徒でも違反は違反だ」

「でも……」

「でも、なんだ。名前を言え、学校に報告してやる」

ポケットから黒い手帳を出しかけた。語気は鋭いが、ゼスチャーだけのような気がした。ここは平謝りに謝れば、許してもらえそうな気がした。

「すみません。悪うございました。どうか許してください」

私は帽子をとって頭を下げた。と、楊がとんでもないことを言い出した。

「いえ、私たちは二人乗りをしませんでした。それはあなたの見間違いです」

これには私の方であきれ返った。警察官の怒るまいことか。

「何だとぉ。ウソをつくのか。おまえの友だちは今謝ったばかりじゃないのか」

「いや、この人は」

私は慌ててとりなそうとした。

「おまえは黙っとれ。おいっ、きさまは太い野郎だ。場合によっては許してやろうと思ったが、これでは勘弁ならん。来い、派出所へ来るんだ。とっちめてやる。おまえの方は帰ってよい」

とうとう最悪の事態になってしまった。楊の顔を盗み見ると、真っ青で、脂汗をたらたら流している。警察官はハンドルを握っている楊の手首を押さえて、引き立てようとする。

「それなら私もいっしょに行きます」

今さら楊を見棄てるわけにもいかない。

「おう、そうか。来たけりゃ、来るがいい」

「いいよ、王君、きみは帰れよ」

楊は口では言ったが、その目つきは明らかに心細そうであった。

われわれが連れて行かれたところは、明治町派出所であった。ここは私の買い食いの場所の一つ、明治町市場の真向かいにあった。鴨母寮《アブリヤウ》の別荘まで五分とかからない。

警察官は派出所に戻って、一段と威勢がよくなった。引き出しの中から分厚い帳面を出すと、まず楊の名前と住所と家族を聞いて記録した。フンフンと鼻を鳴らしてバカにし切っている様子である。腰から捕縄を出して、いじくってみせる。脅しにちがいないと思っても気味が悪かった。次に私の調書を取り出した。家の屋号を言うと、警察官はびっくりして万年筆を置いた。

「きみは金義興《きんぎこう》さんの息子だと？　本当だろうな。ウソをついても電話一本かければわかるんだぞ」

「どうぞ」

「すると、王汝禎《おうじょてい》はきみの親父だな。このあいだ鴨母寮で亡くなった裁判官の杜新春《としんしゅん》はきみの義兄にあたるわけか」

「そうです」

同僚が寄ってきた。かれは私の頭のてっぺんから足の先までじろじろ見つめた。

「いいよ、きみは帰っていいよ。きみはさっきも謝ったからな。こいつが問題なんだ」

「そうはいきません。もともと私が乗せてくれと頼んだのです。留置するなら私もいっしょに留置してください」

警察官は黙っている。楊と私の顔を交互に見てから、

「よし、わかった。今回は許してやろう、きみの友情に免じてだ。おい。楊坤霖とや

ら、いい友だちを持ってしあわせだな。感謝しろよ」

楊はポロポロ涙を流して言った。

「王君、すまん」

と警察官の前で私に頭を下げた。

「いいんだよ。当然のことじゃないか」

私たちはよろよろと派出所から出て、しばらく無言のままで、あてもなく歩き続けた。

このような親友関係も、たった一つの言葉で、一時は絶交状態に陥った。何かのきっかけで楊が、「きみなんか、湾高《わんこう》〔台北高等学校〕に入れるものか」と毒づいたのに対して、私が、「よくも言ったな。よし、死んでも入ってみせるぞ。そのときはどうする」と答えて、その後かれと口をきかなかったためである。

今から考えてみると、かれは私が四年生修了で台北高校に受かって別れ別れになってしまうのを恐れたばかりに私の受験に反対だったのを、正面切って反対だとも言えなかったから、そんな表現をとったのかもしれないのである。

しかし、その言葉はいたく私の自尊心を傷つけ、ともに語るに足らずと反発させたのである。

その後、私がかれの希望的観測を裏切って台北高校に合格し、最初に帰省した夏休みのある日、家の前を自転車で行ったり来たりするかれの姿を見つけて、家に呼び入れたことから、二人の関係が復活した。

かれは先日の失言を率直に詫び、私の将来に大きな期待をかけていると言い、自分は家庭の事情で上級学校には進めないかもしれないが、二人の友情はいつまでも持ち続けようと熱っぽい調子で話した。

かれとの最後のつきあいは、一九四六年（昭和二十一）の末、私が結婚する一週間ほど前のことであった。

かれは、「これから日本に砂糖を密輸するんだが、資金が足りないので、出資の形でもいいし、金を貸してくれる形でもいいから、とにかくあるだけ頼む」と言ってきたのだ。

このとき私は、どうせ失敗するものと思い、一ヶ月分の月給を餞別の形でやった。長く消息がなかったが、ある日、明治町市場でかれのお母さんに出会って聞いたところでは、仕事は成功したらしいが、日本に住み着いて帰ってこないとの話であった。

一九四九年（昭和二十四）の夏に、私は台湾を脱出して日本に亡命したが、日本に亡命する楽しみの一つは、楊に会って、かれがどれほど成功しているか、それを確かめられるということであった。

ところが日本に来てみると、さっぱり楊の消息がつかめなかった。そのうち、台南から来た人が、楊は先日、台湾で病気で死んだはずだと知らせてくれた。このときの失望落胆は大きかった。

錦碧姉さんの結婚

中学一年生の秋に、錦碧《きんへき》姉さんが二十歳で結婚して、遠い海の向こうの神戸に渡ってしまった。これで最後までいっしょにいた姉とも別れて、私一人だけが広い家に取り残されることになった。

私にとって、錦碧姉さんの結婚は、実質面では母の死より打撃が大きかった。母の死の前後数年間は、錦碧姉さんがもっぱら私の身辺の世話をしてくれたのである。弁当も作ってくれたし、保護者会にも出てくれた。

悲しく寂しかったが、我慢しなければならなかった。錦碧姉さんとしても、家が面白いはずがなく、ことに女の身であってみれば、いい縁談があるときにそれに応ずるのが、解脱の最善の、そして手っ取り早い方法であることは言うまでもない。

相手が、ほかならぬ炎《えん》おじさんの三男の東興《とうこう》さんであったことが私には、せめてもの慰めであった。炎おじさんは本名を蔡炳煌《さいへいこう》といい、父とは少年時代からの親友で、両家は親戚以上の親しいつきあいをしていた。炎おじさんは店を神戸に構えていて、大勢の家族が神戸と台南の本家に分かれて生活していた。かれ自身はだいたい一年おきに帰省した。立派なカイゼル髭をはやしていて、真新しい背広に身を包み、ステッキをついていた。さすがは内地仕込みの老紳士だと感嘆した。

父のかれに対する歓迎ぶりがまた凄かった。いっしょにアヘンを吸ったりするほかに、測候所の裏の「鶯」という日本料亭や「招仙閣」「宝美楼」といった高級料理屋に、毎日のようにご馳走を食べに行った。父がそんなに歓迎するのには、それだけの理由があった。

炎おじさんの神戸の店の屋号は「怡利《いり》公司」といい、わが家と同じような海陸物産を扱っているのだが、わが家より規模の大きい輸・移出入業者で、わが家はそのおかげで多くの便宜を得ていたのである。

話によると、炎おじさんが青雲の志を抱いて神戸に渡ったのは、古く大正初期のことで、神戸に居住する台湾人の草分け的存在だという。

蔡、王両家は多くの面で、いい対照をなしていた。当主同士はいうまでもなく、主婦の炎おばさんと阿母《アブウ》がいずれ劣らぬ賢夫人タイプときている。子供もお互い十人近くいる。ただ蔡家の兄弟は一つ腹から出ている（炎おじさんは当時の人にしては珍しく妾を持たなかった）のに対し、わが家はご覧のように複雑である。もう一つの違いは、蔡家は上の方に男子が続いているのに対し、うちは上の方に女子が固まっていることである。

それで早くから二人の封建的家長のあいだで、

「きみのところの娘を一人嫁にくれないか」

「よしきた。好きなのを選んでくれ」

と本気とも冗談ともつかぬ約束がとりかわされていたという。

何でも初めは蔡家の次男と錦香《きんこう》姉さんの一組が想定されていたそうである。ところが、錦香姉さんが例のヤンチャぶりを発揮して、お流れになった。今度は蔡家の三男、東興と錦瑞《きんずい》姉さんか錦碧姉さんのどちらかという話になった。

花婿は齢が二十三歳、神戸一中から神戸高商を出て、現在家業を手伝っている。写真で見ると鼻筋の通った美男子である。実物は一回も見たことがないが、見たことがあってもなくても問題ではない。この場合は縁談のために、わざわざ台南に戻ってきている炎おばさんが誰を選ぶかで話がきまることになっていた。

錦碧姉さんは不利な立場にあった。阿江は死んでいるし、誰も応援してくれる人がいなかった。それに阿揚《アヤン》の子は幼いときから、蔡家の「契子《ケエキア》」になっていて、ずっと親しい関係にあった。

「契子」とは、神様の前で養子になると約束することによって、厄除けに役立つという慣習である。私たちもある家に「契子」にやらされていたが、この方はあまり財産家でもなく、阿揚の子供たちが炎おばさんを「契母《ケエボヲ》」「鶏母《ケエボヲ》」とふざけて呼んだり、遊びに行ってはご馳走になるのを、羨ましく見ていた。

ところが、炎おばさんは錦碧姉さんに白羽の矢を立てた。これには阿揚がとびあがって怒った。父がその理由をたずねると、炎おばさんは、娘さんはどちらも甲乙つけがたいが、母親を比べると、阿江の方が断然まさっている。婦徳のいい阿江の子なら間違いはなかろう、と言ったという。それを聞いて、私たち兄弟は今さらのように阿江の偉大さを偲《しの》んだ。

気の毒だったのは錦瑞姉さんである。錦瑞姉さんは阿揚の子の中では一番気立てがよくて、それに美人であったから、私は錦瑞姉さんが好きだった。

錦瑞姉さんは錦碧姉さんと同学年だが、少しだけ年長である。錦碧姉さんに先を越されて、本人よりも父や阿揚や阿母があわてた。結婚にも長幼の序というものがある。婚約は遅れても、結婚は遅れてはいけないといって、錦珪《きんけい》姉さんがどこからか持って来た話にいきなりとびついた。

相手は南部の東港《タンカン》の石《せき》という大地主の次男坊であった。日本大学を卒業した、おとなしそうな人柄であった。戦後、国民党政府の手で土地改革が行なわれるとたちまち没落してしまい、錦瑞姉さんはずっと苦労した。

錦瑞姉さんが片づくのを待ちかねるようにして、錦碧姉さんも神戸から花婿を迎えて型どおりに訂盟《ティンビン》〔婚約のこと〕、結納の手続きを踏んで、スーッと結婚にゴールインしてしまった。

「無敵海軍万歳」

中学一年生当時の家の様子は、このようにして賑やかなうちにも慌しくすぎ、翌年の夏休みには、「舅仔探《クウアタム》」をかねて、育霖兄と二人での内地旅行となるのである。「舅仔探」は結婚後、花嫁の弟が訪ねていって、様子を見る儀式のことである。

このときの内地旅行は、私の一回目の日本渡航で、わずか一ヶ月の短期間にすぎなかったが、見るもの聞くものすべて珍しく、感銘深かった。

私たちは旅費として父から三十円ずつもらった。阿揚はまたしても不平を鳴らした。しかし、実の弟が実の姉に会いに行くというのを止めるわけにはいかないじゃないか、と父にたしなめられて黙ってしまった。

育霖兄の立てた計画に従い、台南の銀座のハヤシ百貨店にあるツーリスト・ビューローに行って、台南―神戸間の往復切符を買った。汽車は三割、船は四割の学割がきいて、一人十九円であった。予算の三分の二が早々にふっとんだが、ともかくこれで安全に家まで戻ってこられる保証を手に入れた。

準備の最中にシナ事変が起こった。たいしたことにもなるまいと思って、予定どおり出発した。

基隆《キイルン》から乗った船は「朝日丸」で、二晩三日の航海の後に門司に入港した。三等船客の待遇はお世辞にもいいとは言えない。しかし、私たちは携帯将棋盤で将棋を指したり、遊歩甲板に出て、散歩したり歌をうたったりして楽しく過ごした。途中、一日に時計の針を二十分ずつ進めるのも、公学校の国語読本に書いてあったとおりで面白かった。

船が門司に入港すると、荷役人夫がドヤドヤと乗り込んできて作業を始めた。手拭いを姐さんかぶりにして、つぎあてだらけのモンペを穿いたおばさんもたくさん混じっていた。いきなり男便所に入ってきて、パッパッとモンペを下ろしたかと思うと、前を向いてシャーッとやる人もいた。これには面食らった。それまで知っていた内地人は、誰もかれも立派な服装をし、ことに奥さんたちは上品そのものであったからだ。

門司での碇泊時間は半日ほどであった。その間、上陸したい乗客には下関行き、門司行きと大型ランチが迎えに来てくれる。下関の方が遠そうだったから、門司に上がることにした。帰船に遅れて置いてきぼりにされないための配慮である。

波止場付近はくすんだ建物ばかりで、これなら基隆や高雄《たかお》とそう違わない。駅の近くまで行くと、市内電車が走っているのが見えた。市電は台湾にはない。珍しいから乗ってみようよ、と育霖兄を誘った。車掌が切符を切りに来て、「どこまで」と聞いた。さあ、どこといって停留所の名は知らない。おのぼりさんと見られたくないばかりに、「終点です」と言った。

「え、終点？　終点というと、折尾だよ」

「ええ、そのオリオです」

車掌は変な顔をして私たちを見た。オリオだろうがどこだろうが、こんなちっぽけな市電の終点、すぐに着いちゃう、と一人でたかをくくっていた。

ゆっくりと外の景色を鑑賞するに、市街地が過ぎて田舎の風景がひらけたかと思うと、また市街地に入って、また田舎が出てくるといった調子で、一向に終点に近づく様子がない。お客は降りたり乗ったりして目まぐるしい。何だか心細くなって、車掌に、

「あの、終点はまだでしょうか」

「ああ、まだ一時間はかかるよ」

あわてて飛び降りた。すぐに来た道を引き返し、波止場まで駆け足でもどって、港の中に朝日丸の姿を確認したときは、思わずへなへなと座り込んでしまった。

夕方に門司を出港した。左手の下関のはずれに「春帆楼」があるという。下関は、日清戦争の結果、伊藤博文と李鴻章《りこうしょう》がここで台湾割譲をとりきめた、台湾人にとっては忘れることのできぬ、ゆかりの地である。

夕食を知らせるチャイムの音に、われに返って船室に下りていった。乗客は三分の

一に減ってガランとしている。今夜はゆっくり休めるぞと喜んでいるところへ、甲板で俄かに喚声があがった。何事ならんと駆け上がって見ると、すぐ近くを軍艦が何隻も何隻も通っていくではないか。こんなに多くの軍艦をいっぺんに見たのは初めてである。

すぐに大陸方面に出動していく艦隊だとわかった。

「頑張ってこいよ」

「頼んだぞ」

「あとは心配するな」

「無敵海軍万歳」

人々は声をからして叫んでいる。

軍艦からも水兵が重なるようにして、こちらを向いて盛んに帽子や手を振っている。この光景に私も思わずつり込まれ、いっしょになって、

「万歳、万歳」

と叫び、涙があふれ出るのを抑えることができなかった。

私たちは瀬戸内海が暮れつくすまで、ずっと甲板に立ちつくしていた。珍しく二人とも黙りこくっていた。

おそらく育霖兄も同じような感慨にふけっていたにちがいない。内地についた第一

日の今日からして、私たちの新しい体験はこんなにも多く、受ける刺激は強烈で複雑である。これこそ私たちが予期した豊かな収穫の走りであろう。これから先、またどんな新しい体験と刺激が待っているこしか。今度の内地旅行が二人の人間形成に、どんな影響をおよぼすか、想像しただけで胸がつまってきた。

活気に満ちた神戸

その晩は興奮してよく眠れず、翌朝は早くから起きて甲板に出た。

船は朝日にきらめく鏡のような水面を割って滑るようにして進む。大小のそれぞれ美しい形をした島が、右に左に、遠く近くに見えては過ぎ去っていく。そのあいだで、多くの商船や漁船が私たちの船とすれ違ったり、前を横切ったりする。それは華麗とも優美とも形容のつけがたい眺望であった。

このあいだにも、刻一刻と錦碧姉さんの待つ神戸に近づきつつあるのだと思うと、居ても立ってもいられない気持ちである。

朝日丸は昼ごろ神戸港の中突堤に横づけになった。出迎えの人が突堤の二階のテラスに鈴なりになっている。その中から錦碧姉さんを探し出すのはむずかしくない。ノッポの義兄を目印にすればよかった。それより早く向こうから、

「阿霖《アリム》、阿徳《アテク》、よく来たわね」

「いらっしゃい、待ってたよ」

タラップを渡る足ももどかしく、そばに駆け寄って感激の対面をした。錦碧姉さんは涙をぽろぽろ流して声も出ない。義兄は私たちのために、いろいろな計画を立てたという。

タクシーで北長狭通《きたながさどおり》にある邸に落ち着いた。途中見た巨大なビルディングや多くの市民の活気に満ちた軽やかな足どりに、なるほど台湾とは違うのだな、と私の心は弾んで弾んでしようがなかった。

私たちは一週間ほど神戸とその周辺で遊んだ。宝塚はいうまでもなく、六甲、摩耶、須磨、舞子と足をのばした。単線区間の多い台湾縦貫鉄道に比べて、複々線の上に、阪急、阪神といった私鉄まである大阪―神戸間の交通網には、ただ目を見張るばかりであった。白砂青松の須磨、舞子の海岸は、台湾にはない風雅な趣きがあった。

日本国内旅行

いよいよ私たちはかねてから立てていた計画に従って、周遊旅行にのぼった。京都、奈良、法隆寺、吉野、伊勢、江の島、鎌倉、東京、そして大阪の順に回った。

残りの十一円でこんなに遊べたといえばウソで、神戸、大阪と東京は、二人の姉の丸抱えになったことは言うまでもない。それでも私たちはできるだけ旅費を切りつめる努力をした。

一例として――。第一日目、私たちは京都を観光バスで見物した後、夕方に奈良に入った。駅前に旅館の客引きがたむろしていて、私たちを見るとサーッとたかってきた。しかし、「一泊二食で一円」という私たちの条件を聞いて四散してしまった。こうなれば意地になって、私たちはだるい足を引きずって旅館を一軒一軒あたり、ついに条件にかなった宿をさがすのに成功した。夕飯のおかずにはサシミもついて、「案外いけるじゃないか」と喜びあった。

日光や箱根を割愛せざるをえなかったのは残念だが、そのかわり台湾からの観光客があまり行かない法隆寺や吉野には行けた。今と違って交通の便はそうよくはなく、歩きずくめで、くたくたに疲れた。

育霖兄の意図は、できるだけ日本の固有文化に接したい、というところにあったようだ。当時十二歳の少年にすぎなかった私は、少年なりにそのよさがわかるような気がした。のちに東大受験に失敗して、浪人生となった私は、一人でふたたび大和路を遍歴することで心の痛手を癒したのだった。

東京には四泊した。ありがたいことに、蒲田の錦香姉さんの家を根城にすることができた。義兄の黄龍泉《こうりゅうせん》は、東興さんと違ってサラリーマンである。軍需会社に勤めており、このところ忙しいという。私たちは遠慮して、自分たちで好きなように出歩いた。

着いた翌日、真っ先に東京帝大を訪ねた。正門から入って緑の銀杏並木の下をくぐり、安田講堂の前に出た。

「いいか、よく見ておけよ。天下の東大だ。日本人でもここを出た者は多くない。台湾人ときたら、五、六十人いるかいないかだ。私はここに入るつもりだ。おまえもぜひ入れ。兄弟そろって東大に入れたら、どんなにすばらしいか」

育霖兄は熱のこもった声でそう言って、ぎゅっと私の手を握りしめた。

この旅行では、随所で育霖兄からハッパをかけられたが、もちろんリラックスする方面もないとたまらない。私はそれを宝塚行きに見出した。

宝塚には三、四回は行ったとおぼえている。いろいろなゲームをしたり、ボートを漕いだり、曲がりくねった遊歩道を散歩したり、それぞれ楽しかったが、何といっても少女歌劇には魂を奪われた。男装の麗人、小夜福子《さよふくこ》の全盛時代であった。

あの中の踊り子の誰とでもいいから結婚できたら、どんなにすばらしいことか。あんなに美しく、しかも歌も踊りもうまい女の子は台湾には一人もいまいと思った。

宝塚の踊り子と結婚したいという夢は、台湾に帰ったとたん、シャボン玉のようにしぼんでしまったが、かわって将来、自分の娘を宝塚の踊り子にしてみたいものだという夢が芽生えた。

この方の夢は比較的現実性があるようだから、それだけ長く楽しみにしてきたが、結局、これも実際に子供を生んで育ててみて、その器量や性格が、とてもじゃないが駄目だと知ったときは、同時に宝塚への三十年の片思いが消えたときでもあった。

帰りの船は東興さんが就役したばかりの「富士丸」を選んでくれた。設備もいいし、待遇もよかった。戦争になれば、すぐにも軍艦に改造できるというだけあって、船足は速かった。しかし、それだけ不愉快な家に早くもどりつつあるのかと思うと憂鬱だった。

内も敵地、外も敵地

そのころ、家での生活がどんな様子であったかを記そう。

錦碧姉さんのいなくなった後、私は女中や店員といっしょに寝た。結婚式の日の朝、錦碧姉さんとかわした言葉を今でもおぼえている。

「もう今夜からいっしょに寝られないんだわ」

「そうよ。あなた一人をこの家に残していくのはたまらない気持ちよ。しっかりしてね。不纏《ムティ》によく面倒を見てあげるように頼んでおいたわ。不纏がいっしょに寝てくれるから、寂しくないでしょ」

不纏は器量のあまりよくないオールドミスの女中である。実際の齢はいくつになっているのか、私にはわからなかった。名前の意味は「必要ない」ということで、漢字はそのような字があてられている。こんなケチな、情けない名前をつけるのは、マイナスと見せかけてプラスを祈求する一種の御幣《ごへい》かつぎである。このような名前は、ほかに「却四《キャプシィ》」（醜い）とか「罔市《ボンチィ》」（いやいや育てる）とかいろいろある。

不纏は小さいときから家に来ていて、とくに阿江に目をかけてもらっていたので、私たち兄弟に特別な好意を寄せていた。

いつまでたっても嫁に行かないものだから、年功序列がものをいって女中頭に出世し、私たちも「奥女中《おくじょちゅう》」と呼んで、一目も二目も置かざるをえなかった。

それにしても、中学生にもなって、一人で寝られないのかと笑う人がいるかもしれない。それは私が病気がちであったことのほかに、家の構造や広さを知らないからである。

中楼、新厝楼を通じて、一階に住んでいるのは父と私だけで、その父の部屋も正庁の向こう側にある。夜になると庁や通路の電気は消して真っ暗にし、めいめいの部屋は扉にかんぬきをおろして、それぞれが絶海の孤島と化してしまう。そんな状態の中で、何か事故が起こっても、呼べど答えずで、心細いといったらない。

また、この時代、私は自分でもいやになるほどよく病気をした。育霖兄のお鉢が回ってきたかと思った。風邪引き、扁桃腺炎はしょっちゅうのことで、腹痛、下痢から中耳炎、猩紅熱《しょうこうねつ》、腎臓炎とのべつまくなしであった。とても一人では寝られない。病気になると、父はしぶい顔をしながら医者を呼んでくれる。そして、それだけである。阿母はときどき見舞いに来てくれるが、心から心配する様子が見えない。阿揚は全然知らぬ顔である。

実際の看護をしてくれるのは、夜は不纏、昼間は桃仔《トヲア》であった。

桃仔というのは私より二つ年上の女中で、なかなか頭のよい、器量も悪くない子であった。阿母の専属であるが、阿母に言いつけられて私の部屋当番にもなっていた。部屋当番は、布団のあげおろしや掃除や湯茶の準備や便器の始末が仕事ときまっているが、ほかに繕い物もした。阿母や阿揚はしてくれないからである。

そして、私は何か気にくわないことがあると桃仔に当たった。桃仔は私の癇癪玉の弾丸受けまで引き受けさせられたのである。しかも病気になると、看護もしなければならなかった。

私が猩紅熱にかかったとき、家中の者は恐れて近づかなかったが、桃仔はずっと看護を続けて、とうとう私にうつされてしまった。猩紅熱が治って、腎臓炎になったことまでいっしょだった。腎臓炎は塩気のあるものはいけないと言われた。しかし、私は醬油の色を見ないと気がすまない。阿母にねだって、高い「無塩醬油」を買ってもらった。桃仔にも少し分けてあげようと思ったら、ほかの女中から「贅沢だ」と抗議が出た。このときは女中部屋で一人寂しく呻吟している桃仔の身上を考えて、気の毒でたまらなかった。

物質的には何一つ不自由しなかったが、精神的にはどん底の生活であった。学校でいじめられても、家に帰って訴える人がいなかった。いじめられていることが知られたら、かえって「いい気味だ」と手を叩かれること必定である。学校も敵地なら家も敵地であった。

四六時中、神経は緊張のしずくめである。何とか堪えるには堪えていけたが、体は痩せこけ、性格はひねくれていった。

育霖兄の帰省

私は家にいる不愉快さを育霖兄と錦碧姉さんに訴えた。それでも学校のことは隠していた。元はといえば尋常科に落ちたからで、育霖兄にそれを言うのは、恥の上塗りのような気がしたからである。

育霖兄の手紙はいつも「自重自愛せよ、帰ってからゆっくり相談しよう」であった。錦碧姉さんの方は、慰めの手紙をくれるほかに、『次郎物語』や『路傍の石』や『母と子』といった本を送ってよこした。それらの本を私は貪るようにして読んだ。そして不幸な主人公に同情の熱涙を注いだ。

このような精神状態のもとで、年に三回、育霖兄の帰省を迎えることは、まさに砂漠の旅でのオアシスであった。育霖兄は高等学校が休暇に入ると、その晩の急行で下南するのが常であった。台北名物の甘栗のほかに、『巌窟王』とか『ああ無情』とか『にんじん』とかの少年世界名作集をお土産に持ってきた。

父は私に次いで育霖兄の帰省を心から喜ぶ一人である。杜新春が死んだ後、父の期待は否応なしに育霖兄に移らざるをえなかった。

私が出迎えの人力車の手配を頼みに行くと、喜んで承知してくれた。

夜行が台南に着くのは朝がたの七時ごろである。私一人、入場券を買ってホームに入り、アナウンスがあった後、身を乗り出し、首を長くして汽車が現れるのを、まだかまだかと待つ、あの興奮と緊張は、毎度のことながら抑えることができなかった。同様に、休暇が明けて育霖兄を見送るときの悲しみと寂しさも、毎回のようにたまらないものがあった。

それを知っていればこそ、二人の仲のよさは父も羨むものがあった。文字どおり影の形に添うがごとく、いっしょに勉強し、散歩に出かけ、そして遊んだ。

勉学について、とくに思い出深いのは、兄が高校三年生、私が中学四年生のときの夏休みで、私たちは父の許しを得て高雄にある支店の二階に一ヶ月ほど滞在し、お互いの受験勉強に打ち込んだことである。

勉強時間は、朝は九時から十二時、午後は二時から六時、夜は八時から十時ときめ、めいめいの勤怠表をつくって、それに○×を書き込んだ。

二人で散歩というのは、家人の目には奇異に映ったらしい。一人こっそりと抜け出して、どこかに行くというならわかるが、私たちのように、毎夕食後、腹ごなしに散歩に出かけるとか、定期的に朝早く起き出して、運河にボートを漕ぎに行くとかは、誰もしないことであった。

私は育霖兄から、かれの人生観や世界観を聞かされた。何を聞いても私は感激し、このような兄を持ったことを誇りに思い、ますます兄に対する尊敬の念を深くした。しかし、兄は堅苦しいの一点張りではなかった。少しぐらい気の滅入るようなことがあっても、どちらかが将棋をやろうと誘いかけると二つ返事で応じて、すぐに熱中した。

将棋は主に日本将棋であった。私は兄に手ほどきしてもらったのであるが、すぐに互角に戦えるほど上達した。うちでは台湾将棋を指す人は多いが、日本将棋ができるのは私たち二人だけである。駒が減っていく一方の台湾将棋より、取った駒を打てる日本将棋が面白いと思った。

それでも台湾将棋のトーナメントがあると、たいてい育霖兄が優勝をさらった。隣で私が苦戦しているのを見ると、暗号を送って助けてくれた。「桂馬」と言えば「馬《ベエ》」、

「香車」と言えば「車《キイ》」のこととわかった。

　ときどきへたな玉突きもやった。一度店の従業員から、「こんなへたなお客さんは見たことがない。ふだんは何してるの」とけなされて、憤慨のあまり店を飛び出した。そして、期せずして同じことを言った。「燕雀焉ンゾ鴻鵠ノ志ヲ知ランヤ」。

　しかし、二人のあいだに、ときとして衝突が起こることもあった。原因はいつも私の方にあった。ひねくれた性格から、わざと嫌味を言ったり、駄々をこねたりして、さすがの我慢強い兄をも怒らせてしまうのであった。

　私の心の片隅には、兄が自由奔放な高校生活を享受し、社会的にすでに一人前の大人として遇されていることに対する妬みがあった。

　その妬みは、学校と家での灰色の生活に対する鬱憤から来ていることは間違いなかった。心にわだかまっている不平不満を、はっきりと訴えればいいのだが、そうすることはまた自尊心が許さない。かえって虚勢を張って兄をムッとさせる。

　嫌味を言ったり、駄々をこねたりするのは、本当は甘えているからである。兄も最初のうちは、笑いながら私の機嫌を直そうとする。ところが、こちらで折れるチャンスを捕まえそこねているときに、兄の方でしびれを切らして、プイと行ってしまう。それでもしまいに謝ってくるのは兄で、このときは心の中で後悔の涙にくれるのであった。

兄が高等学校の展示会に出すのだといって、孔子廟の模型をつくったことがあった。私が助手になり、巻尺や簡単な機械をもって測量の手伝いをした。

ある朝、何かのことで口論した。午後になって兄が和解の意味を含めて、さあ、孔子廟に行こうと誘った。私はまだすねて、今日はいやだと言った。

兄は困ったが、私のかわりに巻尺の片方を押える文鎮を探して、カバンの中に入れた。かれが小便に行ったすきを見て、私はその文鎮を盗み出した。知らぬが仏の兄は、カバンをさげて出かけて行ったが、一時間もたたないで帰ってきた。私の顔を見るなり、「おまえは何というやつだ」と怒鳴った。

「おまえのおかげで無駄足を運んだぞ。手伝わんなら手伝わんでもいいから、なぜ邪魔をする」

「くやしいか、ぼくを怒らせたらいいことないよ」

私はびくびくしながらも口では強いことを言った。すると、兄はプッと吹き出して、

「わかったよ。さすがにわが弟だけあって、頭は悪くないと思ったよ」

この一言で私たちはたちまち仲直りし、すぐに二人で出かけて、この日は普通の日の倍も能率をあげたのだった。

第5章　台北高等学校

日本最南端の旧制高校

私の生涯最大の転機は、昭和十五年（一九四〇）に台南一中四年生修了から台北高校文科甲類に合格したことであろう。

台北に出て下宿生活をしたことは、私を暗いじめじめした大家族制度から解放して、自由の天地に呼吸させた。四年生修了から合格したことは、私に自信を回復させ、これまで兄に対して持っていたコンプレックスを一挙に吹き飛ばした。

私は待望久しい大人の世界に入ることができたばかりでなく、社会から「末は博士か大臣か」と言われる身分となった。

これまでにも、そして私の後にも、数百人の台湾人が、多くの日本人にまじって、三年間の白線二条、蔽衣破帽《へいいはぼう》の旧制高校生活を送っては卒業していったが、私ほどそこから多くのものを学びとり、そして、その後の人生に役立たせた人間は少ないのではあるまいか。

台北高校にパスすることは、台湾における進学で最大の難関とされていた。ここには文甲、文乙、理甲、理乙の四クラスがあり、一クラスの定員は四十人、全部で百六十人にすぎない。このうち四十人は尋常科からあがってくるので、実際は百二十人しか取らないのである。

そこを目がけて、全島十校ある中学校から受験生が殺到する。内地からも来る。受験案内書によると、競争率は七、八人に一人とあった。

しかし、ここでも、内地人と本島人の入学枠には差があった。昭和十年（一九三五）四月末の統計によると、合格率は一五％で、内地人は三二％、本島人は三％となっている（井出季和太著『台湾治績志』九二四頁）。

本島人の合格者は理乙が最も多く、理甲がこれに次ぐ。文甲、文乙はともに少ない。私たちの同期を同窓会名簿でかぞえてみると、理乙は十七人、理甲は八人、文甲は七人、文乙は五人である。

理乙に入るのは、台北帝大医学部に進むのが目的であった。医者になる道は、中学校から直接台北医専を受ける手もあるが、ここを出ても街の開業医になるのがせいぜいで、専門的な研究を志す人間にはもの足りない。それに、三年間の高校生活を送るのと送らないとでは、人間の出来が違うと、わが友人たちのプライドは高かった。

理甲は理工科系に進む者が多い。一流のエンジニアになるのは、本島人として医者に次いで生活が保証される近道であった。

私たちの文甲クラスに本島人が七人もいたのは異例に属するようだ。邱永漢《きゅうえいかん》君は文甲に進んだから、私とここで、いっしょになった。ほかの五人は、一人が嘉義《かぎ》中学、二人が花蓮港《かれんこう》中学、二人が台北二中から来た者で、われわれ七人はすぐに親しい仲間になった。

しかし、結局、初志を貫徹して卒業後、文科に進んだのは、邱永漢君と私の二人だけで、他の五人は医者になった。文乙の五人も同様であった。昭和十七年（一九四二）の夏になると、日本の将来に対する不安も出てきたし、内地渡航も危険になったので、かれらは思い切って舵を切り換えたのであろう。

もともと本島人にとって、文科系を志望することは、海のものとも山のものともつかぬものを追求する一種の冒険と異ならなかった。これに比べれば、医学はいつの時代にも元本確実な投資と言えた。論より証拠、私は台湾には住めなくて、日本でしがない筆耕生活を送っている。わが友人たちは台湾医学界で確固たる地盤を築き上げ、凶暴なる国民党政府も、さすがにこれには簡単に指をふれることができないでいる。

それでも人間の運命はわからないものだ、と嘆じさせる二、三の出来事もあった。

一人だけ新潟医大に入った呉源坤《ごげんこん》は、同地でチフスで亡くなった。文乙の快男児、羅《ら》時達《じたつ》は、わざわざ長崎医大を選んで入って、原爆にあって死んでしまった。かれらも予定どおり文科系へ進んだり、台北帝大医学部に入っていれば、死なずにすんだかもしれないのに、と気の毒でならない。

話が随分先の方に飛んだが、私が四年生修了から台北高校に合格することができたのは、やはり台南一中で勉強したのがよかったにちがいない。

この年に台南一中から合格したのは、五年生修了では川崎寛治（文乙、衆議院議員）、芝沼信（文乙、千葉労働基準局）、鷹尾勇彦（理乙、東北農政局）の三人、四年生修了では私のほかに高尾一孝（文乙、弁護士）などがいて、相当の成績と言えた〔肩書きは一九六五年当時のもの〕。

今度の受験では、さすがに国語で煮え湯を飲まされることはなかった。そのかわり英語であやうく失敗するところだった。

英訳の問題で、重要な単語が一つ、どうしてもわからなかった。それがわからないと、その一問はほとんど手がつけられない。それができなかったら、完全に不合格だ。不合格の場合どうなるか。次から次へと頭の中に雑念・妄想が浮かび出た。

それを払いのけようと頭を振っているうちに、インスピレーションが走った。あな嬉し、阿江《アエ》の加護があったかと、半泣きの状態で一瀉千里《いっしゃせんり》に訳しあげた。試験会場から出てきて辞典を引いてみると、あたらずとも遠からず、もちろん文章全体の意味は完全に通じる。これで合格したと思った。

私の台北高校合格は、このような次第で、目をつぶって悠々と、などというものではなく、それだけに喜びもひとしおで、それからの高校生活は、人一倍真剣味をおびたのである。

客家の先輩

兄と私はまたも、すれ違った。この年の三月、兄は卒業して内地に渡り、東大法学部を受験して落ちた。

法学部は東大でも最大の難関というが、それでも競争率は二人に一人にすぎない。兄は文甲を一番で卒業していたので、本人も自信があったし、私も合格するものと思っていた。いやおうなしに東大に対する認識を新たにし、日本の秀才と台湾の秀才のレベルの差を思い知らされた。

東大と京大の違いを知らない家の者は、姉婿の杜新春《としんしゅん》は一遍で入ったのに育霖《いくりん》は落ちた、と嘲るように言った。せっかくの私の栄冠も期待したほどには父に喜んでもらえなかった。

兄は台北高等学校の近くの錦町《にしきちょう》の還田《かんだ》という人の家に下宿していたが、私のために部屋を確保しておいてくれ、机や椅子や本棚をそのまま置いていった。これらのものは、私が受からなかった場合は処分して、部屋代と相殺する手はずになっていた。

押入れを開けると、布団は東京に持って行ったが、竹行李の中に何着かの夏冬の制服、毛のすり切れた黒マント、数本の記念祭の記念タオル、それに大きなムギワラ帽子などが入っていた。高校生は古い伝統を尊ぶと聞いていた。兄の温かい心遣いが嬉しかった。帽子だけは、記念として持っていくといったので、私は新しいのを買った。

隣の部屋に、〝アンテナ〟と自称するノッポの文甲三年生の本島人の先輩がいた。

「おれは、きみの兄さんの世話になったんだ。今度はきみの世話を頼まれてね。わからんことがあったら、何でも相談してくれ。これから仲よくやろう」

見るからに頼もしく、心細さが一遍に吹き飛んだ。

私が入学の準備をととのえて再度上北したその晩、アンテナは郭徳焜《かくとくこん》という先輩を誘って、これから〝洗礼〟を受けさせてやる、と私を西門町のスシ屋横丁に連れて行った。

そこで私は初めて酒を飲まされた。猛烈な刺激でノドがひりひりし、すぐに心臓がどきんどきんと鳴った。腋の下もむず痒くなってくるようである。こんなもの、何がうまいんだろうと思った。しかし、飲んでいるうちにだんだんと興奮してきた。台北はすでに私の生活の本拠地となったのだ。これまでのように、おのぼりさんとして、こわごわ歩く台北ではなくなった。その証拠に、こうしてスシ屋でトグロをまいている。

しかも、二人の先輩から温かい祝福を受け、一人前の大人として扱われている。これがついこのあいだまで、家でも学校でも惨めな思いをしてきた自分とはとても信じられない。

アンテナはトロの握りを注文した。これも初めて食べるものである。おいしかった。私は感激して言った。

「今晩は先輩に対するお目見えのお礼に、私が奢りますから、じゃんじゃん食べましょう」

アンテナは驚いた。

「本当か。高いんだぜ。じつは、おれはあまりゲル（金）がないんだ」

私は家から今月分の生活費を持って出てきたところである。気が大きくなっていた。

「それなら任してください」

「アンテナは金使いが荒いからな」

郭徳焜がアンテナにかわって弁解するように言った。

三人はすっかり打ちとけた。

アンテナは本名を葉世眞《ようせいしん》といい、出身校は台中一中である。なかなかの好男子で、一種の気品さえ備えていた。叔父さんは本島人初の法学博士というから、相当の名望家なのであろう。かれが客家《はっか》系だと言ったときは驚いた。客家系は当時、人口の一五%で、私はそれまで客家系の知り合いがいなかったからだ。

東港《タンカン》の錦瑞《きんずい》姉さんのところに遊びに行く途中、渓州《ケエチウ》、潮州《テイヨチウ》で見かける客家系の人から受ける印象とはまるで違うのだ。あそこの人たちは一風変わった服装をし、違った言葉をしゃべる。

客家系に対する私のイメージは完全に覆された。アンテナは私がなおも疑っているのを察知して、客家語をペラペラとしゃべってみせた。なるほど少しもわからない。しかも、福建系の台湾語も私よりもずっとうまかった。私はアンテナに対して尊敬の念を深めた。

郭徳焜は高雄《たかお》中学の四年生修了から入ってきた。台湾でも有数の貿易商「永豊《えいほう》」の一族であった。アンテナより勉強ができるらしく、話の節々に自分の才能をひけらかすようなところがあった。斜視のせいもあって、ちょっと怖い印象を与える。

アンテナは私の新しい帽子をとって、ニヤニヤしながらいじくっていたが、突然、

「おい、いいんだろうな、泣かれると困るぜ」

「えっ、いったいどうするんですか」

「開封《カイホン》、開封《カイホン》」

郭徳焜が囃し立てた。開封とは処女破り、童貞破りの意味である。私は赤い顔がさらに赤くなるのを感じた。

「てっぺんを破っちゃうのさ。これをやらんと一人前の高校生とは言えん」

私は半分ベソをかきながらも、うなずかざるをえなかった。アンテナは帽子を胸の高さにもって、ウムッと両手に力を入れた。が、ラシャの毛がちょっと落ちただけであった。

「まだ純毛だね」

テレ笑いをして、もう一回。今度はシーッと音を立てて、数センチ裂けた。

「おお、やった、やった。どれ、ぼくにも記念を」

郭徳焜は受けとって、裂け目から脇に横の線を入れた。

「それなら、ぼくだって」

私はヤケクソになって、反対側に裂いていった。目をあげると、スシ屋のおやじがこちらを見て、げらげら笑っている。

その見るも無残な恰好になった帽子をかぶって、私は下宿に帰った。アンテナが気をきかして針と糸を持ってきた。

「白い糸で縫うといいよ」

「初めてで、うまく縫えないかもしれない」

「そこがいいところだ」

下駄ばきで放歌高吟

こうしてアンテナとの隣り合わせの生活が始まった。

かれは夜ふかしの朝寝坊であった。起きると部屋の中で、空手の練習をやる。独特の構えをしてから、低く鋭いかけ声を発して手刀を斬りまわし、足先で宙を蹴る。それが終わると、指先の鍛錬。小石を入れた袋を放りあげては、指先で突き刺すようにして受けとめる。

空手をやる理由を聞くと、かれは、「本島人は素手でも戦える訓練が必要だ」と説明した。たしかに「文武両道」は理想だが、私の知る限りの本島人のインテリは、みな線が細い。ことに空手ときては、大陸から渡ってくるという「拳頭師父《クヌタウサイフウ》」(空手師が商売でやるもの、という観念しか持ちあわせていなかったので、「空手をやるアンテナ」は、私にとって大きな発見であった。

面白いことに、育霖兄も東大合格後、空手部に入って初段の免状をとった。「赤黒きインテリ」というのが育霖兄の口癖であったが、この方にはスポーツ的な明るさを感じたのに対して、アンテナには、密教的な凄愴さを感じたのはどういうわけか。たぶんアンテナのやる空手の背景に、苦難の歴史を背負った客家の姿を認めたのにちがいない。

アンテナはよく学校をサボった。下宿で一日中本を読んでいることもあれば、ぶらりと出かけていって、晩飯に帰ってこないこともあった。

試験になると、郭徳焜からノートを借りてきて、文字どおりの一夜漬けである。それでいて、郭徳焜より成績がよかったぞ、と自慢し、あいつは要領が悪いからな、とつけ足した。

かれは郭徳焜が冷やかしたとおり、金使いが荒くて、しょっちゅう私から金を借りた。借り癖がついてしまったのか、京大経済学部に入ったかれを訪ねていったときにも、京都はおれの地盤だ、奢ってやるぞと言いながら、後で、すまんが十円貸してくれといった調子である。

このとき気づいたのだが、金使いが荒いのは、どうやら酒と女のためらしかった。京都でかなり無軌道な生活を送っている様子であったが、そのかれが台北で品行方正だったとは、ちょっと信じられないのである。

しかし、かれは私を誘惑しなかった。まじめな顔で、私の生活指導をしてくれた。

「一年は文学書を読み、二年は哲学書を読み、三年は英語をやる」

といった口伝を授け、読むべき本の名をあげた。かれの指示に従って、私は文学書はドストエフスキーの『罪と罰』から、哲学書は西田幾多郎の『善の研究』から読み出した。精読、速読、乱読、ツンドク、いろいろ試してみた。わからなくても、わかったような顔をして読んだ本もたくさんあった。

アンテナはまた多くの記念祭歌や寮歌を教えてくれた。

私が学寮に入らなかったのは、不規則と不潔な寮生活に怖れをなしたためであるが、寮生が高校生活の貴重な文化財ともいうべき多くの優れた歌の伝承者であることに、強い羨望を感じていた。その羨望を、アンテナはいくぶんでも満たしてくれたのである。

土曜日の夜など、アンテナや郭徳焜と圓《まる》公園へ飲みに行った帰り、私たちはいつも歩くことにしていた。かなりの距離で、一時間はたっぷりかかった。マントをなびかせ、下駄の音をカランコロン立てながら、私たちは放歌高吟した。このときほど高校生の誇りを感じることはなかった。

私が最も好きだったのは、「新七星寮寮歌」であった。

一、南方文化を背負ひつつ
　集いし百《もも》のはらからの
　自治殿堂に感激の
　三年の春は逝かむとす

二、五月《さつき》の風は檳榔樹《びんろうじゅ》の
諸葉《もろは》ゆるがしさんさんと
降る陽の下にいざ歌え
健児の歌を朗かに

三、台風去れば古《こ》亭原《てぃげん》
咲き溢れたる仏桑華《ぶっそうげ》は
ああ青春のシンボルと
若き心に意気と燃ゆ

四、秋も深めば大屯に
落つる夕陽を眺めつつ
紅毛城に佇めば
空しき破壊《はえ》の偲ばるる

五、冬も去りなばやがて来む
のどけき春を待ちわびる
自由の国に黄金の
朱欒《ざぼん》のかほりかぐはしき

六、舊《ふ》りし伝説《つたへ》に東《ひんがし》の

蓬萊島は永遠《とことは》に
希望《のぞみ》に満ちし蒼緑《さみどり》の
理想の郷《さと》となつかしや

台湾の風物と四季がうまく歌い込まれ、なによりも青春讃歌である。曲も歌いやすく、力強さの中に優雅なところがあった。私は素直に、そこに内台合作〔日本と台湾の融合〕の理想の台湾の姿を認めたのである。

ひと月七十円の下宿生活

高校時代を通じ、毎月父から七十円の仕送りを受けた。一中時代は毎日三十銭の小遣いにすぎなかったから、これは相当の待遇改善と言えた。

この中から下宿代に四十円を支出した。離れの六畳間に二食つき。風呂があって、洗濯もしてくれたが、アンテナはそれでも高すぎると不平をこぼした。

還田家はご主人が西門町の小学校の事務員をやっており、奥さんのほかに二男二女という家族構成であった。サラリーだけでは足りなかったのであろう、アンテナと私の部屋のほかに、もう二つを貸間に出していた。

ここで私は初めて中流階級の内地人の生活を覗く機会に恵まれた。食事は朝はかれらの茶の間、夜は自分の部屋でとったが、内地人の食習慣とはこういうものであろうか、カボチャ、ナス、ゴボウの蔬菜《そさい》が山盛りと出るのに比べて、肉や魚は少なかった。それも煮つけの一点張りだった。

初めは辛かった。それでも食べないわけにはいかない。そのうちやっと慣れた。と、不思議に体の調子がよくなって、病気を忘れてしまった。

還田夫妻は六十歳近い年齢なのに、風呂には一緒に入り、その様子が楽しそうであった。出てきて奥さんは腰巻一つになるが、主人の方はブランブランさせて歩きまわる。封建的大家族制度の下では、とても考えられない光景であった。

長男の安仁君は私と同じクラスで、台北一中五年生から入ってきた。いっしょに弁論部の中南部遠征をしたこともある。ただ二年生のころから、かれがナチ崇拝派になったために、反目しあうようになった。そのために校庭で派手な決闘をやったこともある。

私の日課は規則正しいものであった。学校へはまじめに出た。帰ってきたら読書である。

日曜日は朝寝を思う存分楽しんでから、ゆっくりと外出する。新聞で好きな映画がどこでかかっているかを確かめて、コースをきめる。

映画館が西門町界隈の場合は、栄町の菊元デパート前でバスをおりたあと、歩いて公会堂まで行き、そこの大レストランで五十銭のランチを食べる。

昭和十一年（一九三六）に建てられた台北公会堂は、東京、大阪、名古屋に次ぐ規模と設備で、劇場から大小宴会場、宿泊設備、レストラン、売店と、すべて完備している。それが戦後、国府に接収されて、中山堂《ちゅうざんどう》と改称された。

映画を見終わると、西門町市場でオデンやスシを食べてから帰った。

大稲埕《だいとうてい》の映画館に行くときは、菊元デパート前でさらにバスを乗り換えて、太平町三丁目あたりでおりて、「山水亭」の名物の三十銭の「割包《クワパウ》」（焼豚入りの饅頭）を食べた。

映画を見終わると、「江山楼」の下か圓公園に行って夕食をとった。域内の新公園をブラつき、新高堂で本を買ったりするのも楽しいが、大稲埕の騒々しくて、ごみごみした台湾人街をさまようのも楽しかった。

ときどき一人で草山《そうざん》に遊んだ。草山は台北北郊にある有名な温泉地で、昔は簡大獅《かんだいし》ら日本統治の初期に繰り返し反乱を企てた「抗日義勇軍」の根拠地であった。芝山巌《しざんがん》六氏先生を屠《ほふ》った〝土匪《どひ》〟は、ここから下りてきたのである。

戦後は、蔣介石によって陽明山と改称され、蔣介石の別荘があるため、かなりの区域が立入禁止になっているが、当時は自由な、清遊の地であった。

休日は混むから、私はウィークデーに出かけた。台北駅前から急行バスに乗ると、バスは御成町の広い通りを北上し、明治橋を渡り、台湾神社を右に見て、士林《スウリム》の町に入る。士林は文人を輩出していることと、「士林刀」という小刀で有名な街であった。士林を出てしばらくすると、山道にさしかかる。山を登るほどに、車窓からさわやかな冷気が忍び込んできて、下界からつけてきた汗の玉が、すーっと消えていく。谷川の水が真っ白に濁ってくるころには、イオウの強烈な臭いが鼻を衝く。いよいよ温泉郷に入ったのである。

私は公共浴場を避けて、教育会館を利用した。温泉街から少し離れた静かなところにあり、設備がよくて、安いときている。一人で広々とした浴槽につかり、あがってきて、借りた個室で昼寝をしたり、本を読んだりするときは、「ああ、命の洗濯だ」と心から思った。

〝処女小説〟の波紋

下宿の二軒隣りに、きれいな内地人のお嬢さんがいた。物干し台にあがると、ときどき彼女が庭掃除をしている姿が見られた。夕食後、散歩に出ると、犬を連れて歩いている彼女に会うこともあった。彼女に出会うたびに、私の心は躍った。とうとう私は彼女をモデルにして、短い小説を書いてみた。ざっとこんな筋である。

〈彼女と親しくなって、草山へピクニックに行く。木陰でおやつを食べながら、愛を語る。彼女が白い指で器用にナイフを使ってリンゴの皮をむく。ポイと私に投げ、それを私が帽子で受けとめる。と、そのとき、彼女は帽子の裏に縫い付けてある白い布に、私の三字の姓名を見つける。彼女は初めて私が本島人であることを知って驚く。それを見て、私は、ああ、やっぱり、と思いながらも、必死になって言った。

「私が本島人であっても、結婚してくれるね」

「……」

「愛に民族の壁はないはずだよね」

「どうして、今まで隠していらしたの」

「私は怖かったのだ。きみがほかの内地人同様、ぼくを軽蔑しはしまいかと」

彼女は、ただ身もだえして泣きじゃくるのであった〉

この短篇を「翔風《しょうふう》」という文芸部の雑誌に投稿した。私は知らなかったが、文芸部では、それを載せるか否かで、意見が激しく対立したのだそうだ。結局、文芸部で解決できなくて、教授会に持ち込まれた。

ある日、私は学生課長の加藤平左衛門先生に呼び出された。加藤〝ヘイザ〟は数学の先生であった。先生は開口一番、「きみは、なんで今ごろこんな小説を書く必要があるんだ」と、原稿を私の前に突きつけた。思いがけない詰問に、私は面食らった。

「小説が上手、下手の批判は喜んで受けますが、必要のある、ないは他人とは関係のないことです」

「われわれは今さら古傷に触られたくないんだ。『内台融和』や『内台一如』が叫ばれている今日、こんな小説は百害あって一利なしだ。本校においても、内台人の差別は何も加えておらん」

私の自慰的な文学遊戯が、こんな深刻な政治問題に発展するとは、予想もしていなかった。小説の出来で問題になるのなら、まさに本懐の至りであるが、出来の良し悪しでなくても、何らかの形で問題になることは、悪くない気がした。

それにしても、あっさりボツにすればすむものを、こうして問題にするところが、いかにも高等学校らしいところで、私は〝ヘイザ〟に叱られながら、恨む気持ちは少しも湧いてこなかった。

「私は別に本校内での問題を取りあげたのではありません。台湾社会でも、このような問題はいくらでもあるでしょうし。それに最後はハッピーエンドになることを匂わせています」

実際は、どうとでもとれる結末であった。やはり積極的にハッピーエンドにする自信はなかった。

「ハッピーエンドか何か知らんが、その中間の会話に問題があるんだ。とにかく引っ込めてくれたまえ」

私はそれ以上争わなかった。

東洋史の担当の塩見薫先生の家に遊びに行ったときに、先生は小説のことを話題にして、こう慰めてくれた。

「案外、文才があるじゃないか。あの小説は短いわりによくまとまっているね。ぼくは断然載せるべきだと主張したが、大勢に押されてね」

邱永漢(炳南)君のこと

邱永漢君はそのころ、よき親友であった。まだ学校の様子がよくわからない私のために、いろいろと世話を焼いてくれた。

邱君もまた下宿組で、私のところと約一キロ離れていた。かれに誘われて、よく遊びに行った。四畳半の部屋にベッドが置いてあるので、狭苦しい感じがした。いつ行ってみても、女学生の部屋のようにきれいに整頓してあり、ときどきかれは編み物をしていた。

私が高等学校に入ってから読んだ本は、尋常科時代にとっくに読んでいたらしく、話題に上せば、必ず一家言を吐いた。それでいて、それらの本は本棚には一冊も並べていない。本棚にあったのは、私に馴染みのない本ばかりである。刺激されて、大いにがんばるのだが、どうしても読書量ではかなわなかった。

身なりはいつもきちんとしていた。帽子も破っておらず、タオルを長くぶらさげて歩くこともしない。いわゆる軟派である。バンカラの風潮に対して批判的な目を持っているようであった。その態度が高踏的とも超脱的とも見えて、馴染み難いものを感じさせた。

戦後、かれは日本に渡ってきて、文学活動を始めた。そのデビュー作は『密入国者の手記』といって、私をモデルにしたものであった。次に出したのが『濁水渓《だくすいけい》』で、これには兄の王育霖が「蘇判事」として登場する。無断でモデルにするとはひどいと思っていた矢先、『検察官王雨新』が出た。この中では、兄夫婦と兄嫁の実家が歪曲して描かれていて、いくらなんでもひどすぎると思った。小説の上とはいえ、かれがそんな目で私の家を見ていたかと思うと、あまりいい気持ちはしなかった。

〝秘境〟旅行

休暇を利用して、東台湾旅行をしたこととと、国風劇団の地方巡業について回ったことは、記念すべき高校生活の一コマであろう。

東台湾旅行を試みたのは、二年生に上がるときの休暇のあいだであった。一回ぐらい〝秘境〟の東台湾をまわって帰ってみるのも面白いと思った。東台湾がなぜ〝秘境〟かというと、交通の便が悪く、開発が遅れていたためである。昔は「山後《スアアウ》」と呼ばれていた。「山後」とは、開拓のどん詰まりを意味する。「後山《アウスア》」（中央山脈）の向こうという意味である。命知らずの商人による探検は、比較的早くから行なわれていたが、積極的な開発が着手されたのは、やっと同治十三年（一八七四）以降のことである。それでも花蓮港中学から同級生の呉源坤のような秀才を出している。西部の人間が知らないうちに、大きな変貌を遂げつつあるにちがいない。

荷物は何も持たず、旅費として十五円ほど準備しておいた。下駄ばきにマントを羽織って、という出で立ちであった。まず宜蘭《ぎらん》線に乗って、蘇澳《すおう》まで行った。宜蘭線は基隆―蘇澳間約百四十キロ、台湾の重要幹線の一つである。台湾東北部の地形に沿って、「て」の字型に湾曲して走っている。沿線は昔からよく開発されていて、文化水準も高い。

その晩は蘇澳に泊まり、翌日からいよいよ〝秘境〟に分け入った。ハイライトは何といっても、蘇澳―花蓮港間、約百二十キロの臨海バス道路を走るスリルであった。

このバス路線については、いろいろな噂を聞いていた。雨が降ったり風が出たりすると、運休になるそうだ。こんなところで足止めを食ってはかなわん、と天候の順調を祈る気持ちになった。

バスは一台では走らない。必ず二台以上でキャラバンを組む。事故があったとき、通報できるようにするためである。それなら、乗客が少ないときはどうするか。会社の人に聞くと、そんな心配はありませんと笑っていた。運転手は前の晩は宿泊所にとじ込めておく。健康管理のためである。乗る前からこれほど緊張し、興奮したことは、前にも後にもなかった。

実際にはどうだったかというと、幸いに好天に恵まれて、バスは予定どおり運行された。果たして三台でキャラバンが組まれた。乗客は多すぎず少なすぎず、大きな荷物を持った、独特の髪の結い方をした客家の女性や顔にイレズミをした原住民族も多くまじっていた。

私は一番安全だと思った二台目に乗った。朝の八時半に出発して、午後四時ごろに花蓮港に着いた。百二十キロの距離を七時間半もかかって走ったのには理由がある。

中間の八十キロほどは、怒濤逆巻く太平洋の海面から数百メートル、垂直に屹立する断崖絶壁の、その横腹にくり抜かれた一車線だけの石ころ道だったのだ。眺望絶佳、スリル満点、誰かが東洋一の臨海道路といったが、その名に恥じず、文字どおりのハイウェー、スカイラインである。

バスはときどき部落がある山あいの平坦地や小さな入り江におりていっては小休止した。乗客はそのたびにかなり入れ替わる。私のようにぶっ通しの乗客はあまりいないようだ。小休止のたびに下車して、周囲の景色を眺めながら緊張をほぐす。小休止は反対方向から来る車をやりすごしたり、確認しあったりする意味もあるようである。途中、かなり大きい部落では、一時間ほど大休止があって、昼食をとってくるようにと言われた。こんなところがいかにもローカル路線らしい情緒で、微笑ましく感じられた。

花蓮港は人口約三万、東台湾第一の都市である。この町の発展は内地人開拓民の努力によるところが大きい。台湾の都市で、内地人と本島人の人口がほぼ半々だというのは、ここだけであろう。

夜汽車で台東《たいとう》に向かった。台東まで二百キロ足らずのところを、一晩もかかって走るのだから、情けない。二フィート六インチの超狭軌で、車両はマッチ箱のように小さく、しかも汚いときている。朝からの疲れで、眠くてしょうがないが、それがなかなか眠れない。やたらと小さな駅があって、それらにいちいち停まった。停まるたびに乗客がガヤガヤと降りたり乗ったり、この真夜中にと感心するくらいであった。

明け方、ようやく台東に着いた。枋寮《ぼうりょう》行きのバスは十時に出るという。台東は花蓮港に比べて開発が遅れ、半分ぐらいの大きさである。風の強いところで、もうもうとホコリが舞う。花蓮港と高雄のあいだに航路もひらけているが、岸壁はなく、乗客や貨物はサンパン〔木造小型の平底船〕で沖合の本船まで行くことにしているそうだ。それも風が強いために大きな危険を伴う。

台東から枋寮行きのバスは、これまた一日がかりであった。全長約百五十キロ、蘇澳―花蓮港間ほどのスリルはなかったが、道が悪くて盛んにゆれた。車城《しゃじょう》で下車して、その晩は四重渓《しじゅうけい》温泉に泊まった。ここは台湾四大名湯の一つで、環境すこぶる幽邃《ゆうすい》、かつ四時《しじ》の景趣に富んでいる、の評判どおりだ。川をさかのぼれば、一八七四年（明治七）の「征台の役」（明治政府が行なった台湾への軍事出兵）の古戦場の石門があり、南へくだれば、台湾の最南端、鵞鑾鼻《がらんび》に達することができる。

翌日、四重渓温泉をバスで出発し、三時間ほどして東港に着いた。早速、ここに嫁いでいる錦瑞姉さんを訪ねることにした。錦瑞姉さんは思いがけない来訪に喜んで歓待してくれた。台北から東台湾をまわってきたのだと言うと、驚いて言った。

「休みなのに、なぜ早く家に帰らないの」

「面白くないからだ」

錦瑞姉さんは溜め息をついて、それ以上何も聞かなかった。

「東港で映画なんか見る？」

私は聞いてみた。

「それが少しも見る気がしないの。一人で行っても、つまらないし」

錦瑞姉さんの答えは寂しげであった。嫁ぎ先も王家におとらず封建的大家族である。封建的大家族の嫁が苦労するのはどこでも同じであった。

台湾オペラから改良劇へ

錦瑞姉さんは文学少女的なところがあり、里帰りしたときは、よく私を誘って映画を見にいったものである。そのとき見た映画には、『愛染かつら』とか『暖流』があった。

錦瑞姉さんと錦碧姉さんは女学生時代、たいへんな「戯箱《ヒイション》」であった。熱心なファンのことを台湾では「戯箱」という。俳優の衣装箱のように、いつでもどこでもくっついているという意味だ。

前にも述べたように、大劇場「大舞台《トアブウタイ》」は〝丹桂社《タヌクイシャ》〟の本拠地であったが、丹桂社が地方巡演に行った留守には、大陸の福建から「旧賽楽《クウサイロッ》」という劇団が来る。私たちはこれを「正音《チアイム》」といった。正音とは北京語芝居というのが本当の意味だが、台湾語と違うものなら、何でもかんでもそう呼んでしまう。実際、福建あたりから来る劇団で、純粋な北京語を使うとも思われない。

「旧賽楽」の出し物は『三国志』『鉄公鶏』『七俠五義』などの硬派で、必ず物凄い立ち回りをやる。「真刀真槍」という宣伝どおり、怖くなるほどの活劇をやった。

その旧賽楽の役者に蕭剣山《しょうけんざん》という人がいて、二人の姉はかれに熱をあげたのである。二人は蕭を旅館に呼び出したり、巡業で高雄に行っているときは家の者に無断で高雄まで追っかけていったりした。もっとも常に奥女中の不纏《ムテイ》がかしずいていたから、問題は起きようがない。そんなことで、姉たちは不纏に対して頭が上がらなかった。

皇民化運動が推進されるようになると、歌仔戯は圧迫を受けた。大都市での上演が禁止され、丹桂社のような都会劇団は解散か脱皮かを迫られた。これを監督指導したのは台湾劇場協会で、その後ろには総督府情報局がひかえていた。「大舞台」は「国風劇場」と改称され、〝国風劇団〟が組織されて、ここを本拠地とした。出し物は日本のものが多かった。俳優が日本の着物を着、舞台の背景には日本座敷や内地の風景が使われた。いわゆる「改良劇」である。

こうなると人気はすっかり落ち、国風劇場の株は暴落し、赤字を出すようになった。

高校二年生のとき、私は演劇研究のため、国風劇団について旅に出た。父は団長の邵禹明《しょううめい》氏と親友であったので、私は父に頼んで同行できるように交渉してもらったのである。

私は歌仔戯の伝統と庶民性を愛したが、その封建性とマンネリズムに批判の目を向けていたのも事実である。しかし、内地人側から、皇民化運動の一翼として手をつけられたとなると、本島人としては、どうしても反発したくなる。

それで、私はいわゆる改良劇がいかにして歌仔戯から脱皮して出てきたかを、国風劇団から学びとろうと思ったのである。

私は、劇団が中部の斗南《タウラム》、斗六《タウラ》へ十日間の巡業に出るのに参加した。団員の生活はすべてが興味深かった。かれらは夫婦ものが多く、中には子供連れもいた。かれらは幔幕《まんまく》と道具箱でしきられた二畳ほどの空間を居住区としていた。そこで寝起きし、化粧をし、衣装をつけた。夫婦生活はかなりあけっぴろげであった。

この劇団はピストルの撃ち合いを売り物にしていた。幕の後ろにパチンコのうまい人がいて、ラムネ玉をタマとして、舞台の小道具を射落とすのである。パンという音がうまく合ってくれると申し分なかった。

しかし、改良劇は、歌仔戯ほどには民衆に食い込んでいなかった。台湾における真の演劇とは何かと私は考えずにはいられなかった。

弁論部の遠征

私は高等学校に入ると、弁論部と文芸部に籍を置いた。育霖兄がその二つの部にいたので、それを真似たのである。

兄はこれからの社会は、人の前でも堂々と自分の意見を発表できる力と度胸がなくてはいけない、とかねがね言っていた。かれは弁論部の活動で台北市公会堂で演説をやったし、中南部遠征もやっており、台南へ来たときには私も聞きに行ったものであった。私はそのとき非常に感激し興奮したのをおぼえている。

文芸部は筆の力を鍛錬するものである。兄は文芸部の委員をやった。だから私も文芸部の委員をやりたかった。

二年生のとき、弁論部は中南部遠征をやった。私のテーマは「青年と宗教」であった。部員の一人、後に長崎で被爆死した羅時達は文乙の本島人で、かれのテーマは「誰が為に亜細亜の鐘は鳴る」であった。

一行八人。台北市公会堂を振り出しに、新竹《しんちく》、台中、嘉義《かぎ》、台南、高雄、屏東《へいとう》と南下した。マネージャーが行き当たりバッタリに場所を交渉し、触れ太鼓を叩いて市中を練り歩いた。不思議とほぼ予定どおりに会場が借りられた。まず市役所に出向いて、「台北高校弁論部の者だが、公会堂をタダで拝借したい。ついては演壇と聴衆の椅子を準備してほしい」というまったく強引な交渉をして承知させるのである。

当時、台北高校は台湾の社会では敬意を表されてきた存在であったから、そんなことができたのであろう。私たちは行く先々で先輩にたかった。先輩は宿から食事まで世話してくれた。

聴衆が少ないと、「この市はだらけとる。演説を聞きに来る人が多いか少ないかによって、その市の文化水準がわかるのである。もっとも、きみたちは聞きにきたのだから、きみたちを前に、そんなことを言っては悪いが」と叱る者もいた。

台南では私が設営に奔走した。父が遠征隊のために一席設けてくれた。

なぜ私が「青年と宗教」という渋いテーマを選んだのか、今考えてみてもよくわからない。ただ、私は結びの言葉をおぼえている。それは「人生は短く、芸術は長し。しかり、芸術は長い。されど宗教はさらにさらに長い」というのであったが、何か永遠のものを求めたいという気持ちがあったのであろう。

私は三年生のときに文芸部委員となった。文芸部にとって最大の仕事は「翔風」の編集であった。私自身は「過渡期」八十枚を書いた。また部長の犬養先生のお宅で短歌会がひらかれたときには、出席して和歌をつくったりした。

私は文甲クラスの同人雑誌「シルエット」の編集もした。「シルエット」の創刊にあたっては、私が発起人の一人となって、黒板に檄文を書いたりした。

私はこの「シルエット」に国風劇団に同行したときの見聞記を発表した。

個性的な諸先生

高等学校の先生がたは、おおらかで、ものわかりがよくて、リベラルであった。

二年生にあがるとき、谷本清心校長が代わられ、下川履信校長が就任された。

谷本校長を私たちは一年間しか知らないが、このころまでは長髪も許されたし、自由主義的な言動も許された。私たちは先輩たちから、立ち小便して巡査とケンカして、逆に謝らせたこと、バスが時間どおりに来ないと騒いで、バス停の標識をワッショイ

ワッショイと引き抜いて、校門近くの噴水に投げ込んだことなどを聞かされていた。

一年生のとき、学生課長のドイツ語の西田正一先生が、高校生の中にバスの古キップを暗がりでごまかして使った者がいて、市役所から抗議されたと報告し、「五銭のバス代をごまかして十銭のコーヒーを飲んだところで、そのコーヒーはさぞ苦かろう。ひとつ紳士的に行動したらどうかね」とユーモラスに訓辞されるのを聞いて、この高校生にして、この先生ありと愉快に思った。

台北高校には名物先生が何人もいた。学生課長の西田先生は小柄で、ドイツ語を毎週のようにテストされ、初めは悲鳴をあげたが、後になってそれがよかったと思った。私も大学で中国語を教えるのに、この方法を使った。

小山捨月先生は英語の先生で、兄のクラスの主任であった。兄の関係で私に目をかけてくれたが、私は兄ほどには英語ができなかった。先生は見事な禿頭がトレードマークであった。てっぺんには髪が一本もなくて、ツルリと地肌が露出しているが、裾野のほうは黒々とした髪にパーマがかかっていた。

先生はたいてい、五十分の授業のうち四十分ほどは漫談をやり、残りの十分で慌てて教科書にもどった。その漫談は、ヨーロッパ旅行の話や西洋文化史にまたがり、興味津々たるものがあった。

塩見薫先生は国史と東洋史を教えられた。私は先生の授業が好きで、その情熱的で新鮮な講義に魂を奪われた。先生は自らプリントを配られ、それを教材にされた。試験は「人権と民族を論ぜよ」とか、「元《げん》朝哀亡の理由を論ぜよ」といった大きなテーマで、私はいつも優をとった。

先生は、アンテナの同級生の郭徳焜を非常に高く評価していて、お嬢さんが大きくなるのを待って結婚させたいという気持ちがあると聞いた。先生は、その郭徳焜らに「王は兄より面白いぞ」と言われたそうだ。これは、生まれて初めて兄より高く評価された、私としては記念すべき言葉であった。

もっともアンテナが私に、「きみの兄さんは堅くてね」と言ったことがあった。兄に比べて柔らかいということは、それだけ私は意志薄弱で、根性がなく、妥協性があるということであろう。兄は法律に興味を感じ、自分の一生の仕事とした。私は法律には弱く、文学を志した。二人の人生は、高校時代の人間形成期を境に次第に大きく分かれていった。

塩見先生は本当に個性的な先生であった。先生はナチスが嫌いで、そのためナチスを崇拝する学生たちに恨まれた。そのなかの一人は、先生の時間はつまらんといって、こっそり本を読んでいたところを見つかって、腕ずくで教室から引っぱりだされたことがあった。

先生はまた、総督府の推進していた皇民化運動をバカげたことだと批判し、本島人の立場に同情された。

一度、先生の家を訪ねたら、今日は忙しいから帰ってくれと、つっけんどんに追い返された。ところが、二、三日たって、先生の方から下宿へ訪ねてこられて、

「王君、すまんが、歴史のノートを貸してくれんか」

と言われる。生徒から自分の講義のノートを借りるとは愉快な先生だと思った。

島田謹二先生は台北帝大に行かれる前、高等学校で教えられた。先生の英語は英語というより芸術鑑賞であった。エドガー・アラン・ポーをやったが、先生は自分の講義の名調子に酔っているようなところがあった。試験で生徒の一人が問題の意味について質問したことがあった。カンにさわったのか、「常識、常識」とつっけんどんに答え、みんなは顔を合わせてクスクス笑った。

ドイツ語の滝沢先生はテキストにヒトラーの演説集を使い、世界に冠たるドイツを賞賛した。その影響で生徒の中にナチス信奉者が輩出した。

育霖兄の結婚

私が高校二年生の年に、育霖兄が帰台して見合いをした。兄は二十二歳であった。私は兄が結婚するのに内心反対であったが、それは勝手な願いだと知っていた。なぜ反対だったかというと、兄の愛情を嫂《あによめ》にとられてしまい、兄の心を独占できなくなる

と考えたからである。

仲人がいくつかの話を持ってきた。その中から最も条件がよさそうなものを選び出す。正式に見合いをしては、断る場合に具合が悪いから、非公式に鑑定しようということになり、仲人がその娘さんを連れ出すことになった。

ハヤシ百貨店の向かいの大きい雑貨店で、娘さんが買い物をしているところに、こちらもたまたま行きあったことにして観察しようというのである。私は兄について行った。

「徳、変な行動は許さんぞ」と、出かける前に兄に注意された。

「それは百も承知だ。でも、ぼくもいっしょに鑑定したほうが、兄さんも安心だろう」

というわけで出かけていった。娘さんはきれいに着飾って、店の中であれやこれや品物を選ぶふりをしている。仲人が店頭でさかんに、この人だと指をさす。私たちはハヤシ百貨店から通りを横切っていった。しかし、兄は、店に入る勇気がなく、店の前をうろうろするばかりである。そこで私は第三者の自由な立場で、ずかずかと入っていき、娘さんのそばまで行って、前から眺め、後ろから眺めた。兄はそんな無礼なことをするなと、しきりに外から手を振っている。

ところが、私は並べてある金盥《かなだらい》を手に取って見ようとして、それを落として、ガチャン、ガチャンと大きな音を立てるという失敗をしでかした。

結局、この「鑑定」だけで、兄は結婚をきめてしまった。兄が決断を急いだのには、早く内地にもどらなくてはならないという焦りがあったのだろうが、私はもっとロマンチストだったから、このなりゆきには納得できないものを感じたのだった。

嫂は陳仙槎《ちんせんさ》といい、躾《しつけ》の行き届いた美しい女性で、実家は台南州官田《コアテン》の「官田陳」とうたわれた名家であった。

大東亜戦争（太平洋戦争）勃発

その年（昭和十六、一九四一）に、大東亜戦争が始まった。これは台湾の社会に画期的な変化をもたらした。

十一月ごろから、市中に緊迫した空気が漂っていた。完全武装し、蚊帳《かや》まで背嚢《はいのう》にくくりつけた日本人の兵隊がトラックに満載されて、市中を通りすぎていった。戦車が何台も轟音をあげて通っていった。空には飛行機の編隊が飛んだ。

十二月八日、私たちは御成町の寺に集合した後、台湾神社まで行進し、戦勝を祈願した。ハワイの奇襲やマレー半島の上陸作戦が成功して、幸先よく思われた。南部の飛行場から飛び立った爆撃機がフィリピンに対する航空撃滅戦を行なった。フィリピンからの台湾に対する空襲を恐れる必要もなくなった。

三年生になったある日、私はひそかに「本島人会」を招集した。これからの自分たちの心づもりについて話し合うためで、以前のあけっぴろげな、ピクニック式の本島人会ではなかった。われわれはひそかに口で伝えあって、学校裏の、本島人ばかりが下宿している寮のようなところで落ち合った。

私は邱永漢君を誘ったが、かれはそんなことには興味がないといって断った。かれは日本女子大に通っているお姉さんの影響を受けて、内地に強くあこがれていた。

本島人会に集まったのは、三年生を主とした約二十人で、理科系が多かった。かれらがしきりに反日的な意見を語るのに、私は驚いた。私は中学でいじめられたから、何人かの日本人に対して個人的な恨みは持っていたが、高等学校に来てからは、先生がたにも内地人の友人たちにも好感を持っていた。

ただ、総督府がやっている皇民化運動には反感を持っていた。

皇民化運動の一つは、本島人の宗教である寺廟を迷信の巣窟だといって統合することであった。神像をこわしたり、焼き捨てたりして、それを「神々の昇天」といったりした。そして、代わりに天照大神の大麻を祀らせた。

また、政府は改姓名を奨励した。わが家でもどのようなものにしようか、王姓は太原から来たから、太原とでもしようかと相談した。改姓名しないと就職も受験も不利で、配給さえ悪くなるのである。

配給は内地人と本島人の差別があった。たとえば、砂糖は内地人の家庭では白糖であったが、本島人の家庭ではザラメであった。改姓名した家や国語常用家庭では、配給も有利になった。油や米、晒《さらし》などは、内地人は三、改姓名した場合は二、本島人は一の割合で配給された。

隣組の制度が強化され、「愛国婦人会」のような組織があって、わが家でも防空演習や防災訓練にかり出された。

表面上は一視同仁だが内実は違うやり方に、不平不満を持っていたが、といって私は反抗するすべを知らなかった。「もしも日本の力があくまで強ければ、反抗は無駄ではなかろうか。この際、日本人になりきってしまうのも、台湾人の一つの生き方ではなかろうか」という声も聞かれた。

本島人会で、理科系の連中が、盛んに日本人のやり方が悪辣であるといって攻撃するのを聞いて、「ではどうするのだ」と私は聞いた。

「おれは臭狗仔《ツアウカウア》（日本人）の仲間には入りたくない。といって、どうしたらいいのか、正直言ってわからない」

結局、激烈な討論でも意見がまとまらず、お互いの信ずる道を行くより仕方がないということになった。

総督府に招かれる

高校三年生の春にはもう一つ忘れられない出来事があった。それは、時の台湾総督、長谷川清大将に官邸に招かれたことである。長谷川総督は特別に私たち台北高等学校三年文甲クラスの学生を招集したのであった。

台湾における総督の権限は日本における首相以上であったから、これは異例中の異例の出来事であった。みんな、緊張して出かけた。私は普段はつけないゲートルを巻いた。

長谷川総督の話はこうであった。

「きみたちはいずれ戦争に行くことになるだろうが、命を粗末にしてはいけない。きみたちは将来の社会建設に大事な人材であるから」

私は総督が内地人だけでなく、私たち台湾人学生にも同じように期待していることに非常な感激を覚えた。友人たちも興奮冷めやらぬ体で官邸から帰った。

友人から聞いたところでは、長谷川総督は、着任してから、内地人と本島人の公務員の給料の差を無くし、平等にしたそうである。台湾の社会建設に役立つようになるという目標は私を奮い立たせた。

第6章　東京帝国大学

繰り上げ卒業

　われわれは予定より半年早く、昭和十七年（一九四二）九月に台北高等学校を卒業した。内地と同様、学生を早く社会に出して戦力の一端にしようという政府の方針からである。私も含めて内地の大学に受験に行く者は、卒業式には出席せずに、八月には船に乗って日本へ旅立った。

　このときに乗った船は「伏見丸」といって、欧州航路の貨客船であった。以前基隆《キイルン》—神戸間を三夜四日で走った一万トン級の内台航路の定期船はすべて軍用に徴発されていて、この不定期船に乗らざるをえなかった。しかし、「伏見丸」は三等がベッド式になっていて、待遇は悪くなかった。

　受験組はみな同じ船に乗った。邱永漢君もその中に入っていた。船の中では同期の岡島といっしょであった。岡島は柔道三段の体の大きい男で、万が一のときには頼りになりそうであった。

われわれは救命具をつけて避難訓練をやらされたが、幸いにも無事に、一週間ほどで名古屋へ入港した。

私たちの学年は〝白線浪人〟〔旧制高等学校卒業者の大学浪人生〕をなくすという政府の方針で、希望すれば医学部に進むことができた。現に、文甲クラスの五人の台湾人の仲間は文系なのにみな医学部に行った。

旧制高等学校は帝国大学への予備教育を行なう大学予科として誕生したもので、専攻さえ選ばなければ、どこかの帝国大学に入学することができた。

私が目指したのは東京帝大一本であった。法科は何となく嫌だったから経済学部を選んだ。しかし、経済を学んで金を儲ける気は毛頭なかった。その後の人生が示すように、私は金儲けにはあまり縁のない男であったし、興味もなかった。経済学部を出て、何をするのかもきめていなかった。ただ経済学部なら、父の了解が得られやすかったのだ。父は経済学部なら金儲けに直結すると考えていた。私は、経済学部は法学部と同じく〝実学〟だと思っていた。それだけの志望動機だった。

兄はすでに東大法学部の三年生で、私が合格すれば、少なくとも一年間はいっしょに赤門をくぐれるはずであった。

私は日本では、蒲田女塚〔現・大田区西蒲田〕の錦香《きんこう》姉さんの家に一緒に住んだ。兄夫婦もそこに同居していた。二階に六畳の一間があり、階下に八畳、四畳半、三畳の三間があった。錦香姉さんたちは三人の子供と八畳間で寝起きしていた。四畳半は、女中の金定《きんてい》の部屋兼食堂となっており、三畳は義兄が書斎として使っていた。育霖兄は、この年の春に兄嫂を台湾から迎えて、二階の六畳で窮屈な新婚生活を送っていた。私は義兄の書斎だった三畳間をあたえられ、これまた窮屈な生活をした。

義兄の黄龍泉《こうりゅうせん》は、一高から東大工学部を出て陸王内燃機株式会社の設計課長をやっていた。

私は日本に来た早々、義兄と激論を交わした。

義兄が珍しく私の部屋に来て、台湾の近況を聞き、話が台湾人の将来に及んだ。私は「日本人になりきるより、しょうがないではないですか」と恐る恐る意見を言った。それに対する義兄の反応は恐ろしかった。

かれは「日本人なんて島国根性の、胆っ玉の小さい民族だ。こんな民族はわれわれを受け入れないし、われわれも、いっしょにやっていけない。日本は戦争に負けるだろう。戦争に負けて当然だ」と熱をおびて弁じたのだ。

かれは吃音である。そのかれが、つっかえつっかえ言うのだが、自分の主張を語り尽くさずにはおられない気魄が、私の胸をキュッとしめつけた。姉の話によると、義兄は吃音のために、どれだけ人生で損をしたかわからないという。

一高も東大も吃音に関係なく、義兄を合格させた。私はそのことも、また、日本の大学が内地人、台湾人の差別なく学力で合格判断することも大変にフェアだと思った。しかし、フェアなのは受験までであった。姉の話によると、義兄は優秀な成績で東大工学部を卒業したが、中島飛行機など二つ三つの大会社の就職試験では、本島人だからという理由で採用されなかったのだそうである。義兄は私のことを若いといって笑った。社会へ出れば、学生時代の感傷などいっぺんに吹き飛ぶにちがいないと言われた。私はショックだった。その後、私たちは二度とこのことについて議論しなかった。

蒲田にいるあいだに義兄から囲碁を教えてもらった。私は勝負事が好きである。すぐにルールをおぼえて、相手をしてもらった。井目《せいもく》〔力量に大差がある場合、弱いほうがあらかじめ盤面に記された九点に石を置かせてもらうハンディのこと〕でコテンコテンにやられた。それが戦後、台南の家でやったときには、私が義兄をさんざんに打ちこむほどになった。

嫂《あによめ》と錦香姉さんのあいだには、おきまりの嫁と小姑の複雑な関係が生まれた。兄は、大学から帰ると、さっさと二階に上がって、便所か食事のときでないと降りてこなかった。

住宅事情と兄嫂の存在によって、私もまた私たち兄弟のあいだにすき間風を感じたのだった。姉の家には風呂場があったが、燃料がないので近くの銭湯を利用した。風呂場は男の小便場となった。汲み取り屋さんもなかなか回って来なくなっていた。銭湯にはよく兄と行った。嫂は女湯、われわれは男湯である。いかに仲のいい兄夫婦でも銭湯だけはいっしょに入れないのだと思うと面白かった。

あるとき、兄は湯につかりながら、「ああ、いい気持ちだ」と言った。私はすぐに「いい気持ちの一つである」と茶化した。兄は思わずプーッと吹き出し、「こいつ、生意気言って」と言った。私もつりこまれて寂しく笑った。

浪人生活

私はこの蒲田の家から大学受験に行った。合格発表の日は兄と二人で見に行った。私は発表を見るのが怖くて、正門の外で立ちどまった。兄は自分が見に行って、合格していたら手で招くからと言って、正門のそばに立つ銀杏の木の下の掲示板に近づいていった。

まもなく兄は目に涙を浮かべてもどってきた。私は事情を理解した。私たちはお茶の水駅までしばらく無言で歩いた。

「徳、おまえは運がないな。われわれ二人とも運がないのだ。公学校をのぞいて、一度も同じ校舎で勉強できたことがない」

本当にすれ違いばかりやっていた。

「試験の出来、不出来は、ときの運でしかたがない。一年浪人すればいいさ」

と兄は言って、浪人生活の効用をあれこれと説いた。兄に言われるまでもなく、私は浪人生活を恐れてはいなかった。むしろどんなことになるかと好奇心を持っていた。

「問題は、われわれ二人の関係だ」

「ぼくもそれが大事な問題だと思う」

「夫婦愛と兄弟愛は矛盾しないと思う。それは別次元の愛情だ。私がいくら仙槎《せんさ》を可愛がっても、きみに対する愛情は変わらない。きみが結婚すれば、わかってくるにちがいない」

理屈ではわかっていても、嫂が来たために、生活に屛風が立った事実は否定できない。

「私たちは近いうちに蒲田の家を出て、どこかのアパートに引っ越そうと思う」

「本当か、寂しいなあ」

兄夫婦は一週間のうちに、大井町線沿線のアパートに移っていった。私が簡単に遊びにいけるようにという配慮から、蒲田にできるだけ近い場所にしたのであった。私が遊びに行くと、兄はよく柱に寄りかかった姿勢で本を読んでいた。兄夫婦は私を歓迎してくれた。

兄は高等文官試験に本腰を入れてとりかかっていた。そのころ、兄は軽い肋膜炎を患っていたようで、病気に神経を使いながら、懸命に受験勉強をやっていた。在学中に高文に合格することは、姉婿の杜新春《としんしゅん》に負けまいとする兄の意地であった。

私が受験に失敗した原因は英語であった。東大の法学部、経済学部は競争率が二人に一人で、考え方によっては何でもないようだが、一高生〔旧制第一高等学校〕や三高生〔旧制第三高等学校〕を相手にしては、ローカルの高校生は不利ときまっている。

台高の同級生の岡島と試験会場を下見に行った帰り、神田駅で私が一足早く電車内に滑り込み、かれは乗りそびれた。翌日会うと、かれは、「何だかきみが合格して、ぼくが落ちるような予感がしたよ」と言って笑ったが、実際はその逆で、かれは東大第一工学部に合格し、私は落ちたのであった。

ところが運命のいたずらがあった。翌昭和十八年（一九四三）の春、かれは「台湾に帰ってみるが、きみもいっしょに帰らないか」と誘ってくれた。浪人してどの面下げて父母にまみえんや、だ。私は言下に断った。かれは熱心にすすめたが、私が拒むものだから、かれは叔父さん夫婦と帰ることにし、「高千穂丸」に乗り込んだ。

この「高千穂丸」には多くの台湾留学生が乗っていたが、何と基隆沖でアメリカの潜水艦にやられ、多くの命が海底の藻屑と消えたのである。あたら好青年岡島もこのとき死んだ。

邱永漢君も、経済学部を受験して合格した。経済学部には先輩の郭徳焜《かくとくこん》がいて、かれは「王は頭が悪いからな」と言ったそうだ。

東京での浪人生活が始まった。父は毎月百二十円を送金してくれる約束であったが、落第したことで大きな失望をあたえた。浪人は一年こっきりだぞ、と父は不承不承、承知したのだ。

私は兄がかつて学んだ参宮橋の古谷英語塾に通うことになった。兄夫婦が蒲田の家を出た後、私は二階の六畳に引っ越した。このころから微熱と寝汗が出るようになった。医者に診てもらうと、肺門リンパ腺炎、つまり肺結核の初期ということであった。

目の前が真っ暗になった。まさに最悪の事態に見舞われたのである。浪人、兄とのすれ違い、肺病初期、そして食糧事情の悪化……。

私は二、三ヶ月間、静養生活を送った。自分で茶碗と箸の一そろいを買ってきて、女中の金定《きんてい》に渡した。錦香姉さんは私に栄養のあるものを取らせようとしたが、バターも牛乳も十分に買えなかった。義兄一家自体が、食べ盛りの子供を三人も抱えて食糧に困っていた。私の治療はせいぜい二日おきに医者のところに通って、ビタミンを注射してもらうだけだった。この注射は猛烈に痛い。私は泣くに泣けなかった。

文学部に合格

私は昭和十八年九月に、こんどこそはとの意気込みで東大を受け、第二志望の文学部支那哲文学科に合格した。このときには健康に戻っていた。

文学部支那哲文学科に入ったことが、結果的に見て、私のその後の運命を定めた。この方が自分の才能に向いていたと今では思える。もし私が経済学部に入っていたら、いったい、どんな職業につき、どんな人生を送っていたか、想像もつかない。

先輩の郭徳焜はどうだろう。戦後は合作金庫研究室につとめて、二二八事件のときに指名手配されて、一時逃げ回ったという話である。アンテナは上海の銀行につとめたが、戦後、台湾に引き揚げてきて、一時、地下銭荘〔両替などを行うヤミの私営金融機関〕をひらいて羽振りをきかしたが、まもなく摘発されたと聞く。そして、高文に合格し、京都地検の検事をやって、戦後帰台した兄は、二二八事件で虐殺された。

結局、台湾人知識層は日本の敗戦で、自分の築いてきた人生、これから築こうとした門出をご破算にされた。東大生も、京人生も、私大生も区別なしだ。法学部であろうと、経済学部であろうと、文学部であろうと同じことだった。

なぜなら、台湾人は日本人と共に敗戦を経験しただけでなく、戦後、支配者が日本人から中国人に代わったために、築き上げてきたすべての社会制度、価値観を破壊されてしまったからだ。

みんなが出直しとなったなかで、医科に進んだ人たちだけは人生の断層がなかったことになる。やはり植民地のインテリは医者になるのが一番強いということを実証した。

私は文学部支那哲文学科研究室の水にすぐに慣れた。勉強してみると案外面白かった。幼いころからやっていた漢文とつながりのある分野であった。かつては子供心に、先生の漢文解釈に疑問と不満を持っていたが、東大はその奥義を伝授するところであった。中国に対する興味、たとえば『三国志』の関公〔関羽〕、『西遊記』の猴斉天、鉄公雞〔石祥禎。太平天国の指導者の一人〕、『陳三五娘』などについても、ここならその豊富な書籍で深く追求できそうであった。

また、蔣介石のことや、日本がなぜ中国と戦争するのかということ、そして毛沢東についても詳しく知ることができそうであった。

勤労奉仕、学生食堂

ところが、私の大学生活は短く、騒々しくて、落ち着かなかった。入った年、昭和十八年(一九四三)の十月には学徒出陣があった。十一月三日の前後には、一年生の法学部・文学部・経済学部合同の一週間におよぶ野外演習があった。なぜ十一月三日と覚えているかというと、その日、われわれはきちんと学生服を着て、宮城遥拝をし、明治節を祝う式を挙行したからである。それは寒い日であった。

法・文・経合同演習であったから、本島人も多く集まった。邱君、私のほかに都立高校からきた林君や、その他三、四人がいた。

翌十九年（一九四四）の春には、千葉県下へ十日間の勤労奉仕に出かけた。落花生畑で農作業を手伝ったことをおぼえている。

五月ごろには静岡県の焼津に半月ほどの勤労奉仕に出かけた。私たちは裏山から竹を切ってきて縦に二つに割り、節のところをくり抜いて、それをとじあわせて灌水管にして田んぼの下に埋めた。お寺に分宿し、農家の娘さんが洗濯、掃除、食事などの世話をしてくれた。娘さんたちは、東大の学生さんだといって、私たちに憧れを寄せ、親切にしてくれた。私は寺の坊さんに、中国の方なら字は上手のはずだ、一つ揮毫《きごう》してくれと言われて、慌てて断った。

焼津は千葉と違って待遇がよかった。一日五度食事が出た。飯は銀しゃりで食い放題であった。ミカンは産地だけあって、これも体が黄色くなりはしまいかと思うくらいに食べた。

このころになっても、父からの送金は月百二十円だったので生活は苦しかった。外食券をもらって外で食べるのだが、二食分食べても腹いっぱいにならなかった。

昼食は主に大学の第二食堂を利用した。ここではまだご飯が出た。おかずもクジラのステーキが出たので評判がよかった。

昼前の二時間目の講義は、ひやひやものだった。十二時きっかりに講義が終わっても、それから学生食堂に駆けつけては間に合わないのである。すでに長蛇の列ができて、せっかく並んでも売切れの札がかかるのであった。気のきいた先生は十二時十五分前ぐらいのところで授業をやめた。それならばと、二時間目の授業に出ないで食堂に行って待機しつつ本を読むことが多くなった。こんなときよく邱君に出会った。

学生が行列をつくる光景は面白かった。早くから受け取り口に並んでいるのはガメツイようで気がひける。そこで、学生たちは受け取り口近くのテーブルに着き、素知らぬ顔で本や新聞など読むのだが、十二時二十分前、十五分前になると空気が緊張していき、一人がサッと立ち上がると一瞬の間に行列ができてしまうのであった。邱君はそのタイミングの取り方が実にうまかった。かれの挙動に注意していれば間違いなかった。

行列の前に並んでいた者は、一人前を受け取って素早く食べて、もう一度並んで、さらに一人前にありつけた。弁当箱を持ってきて、それに一人前を入れてから並ぶ者もいたが、これは周りからジロジロ見られた。

一回で外食券二枚分を使えば、月の半ばで息が切れることは明白であるが、外食券は構内で買うことができ、売買には学生掲示板が利用された。私は台湾の家から砂糖や飴玉を送ってもらっていた。これを米や豆や外食券と物々交換するのに使った。ところが送ったという手紙が来ても、なかなか現物が届かないことが多くなってきた。

倉石武四郎先生の気骨

徐々に日本人の友だちの学徒出陣が多くなっていき、構内は寂しくなった。私の一学年上の学生は、朝鮮人、台湾人の志願兵制度が実施されて、志願する者も多かった。朝鮮人学生の中には、志願兵だから、志願する、しないの自由はあるはずだと盾つく勇気のある人もいたが、台湾人はおとなしく、抵抗したという話を聞いたことがなかった。

私の一学年下で、中央大学に入った育彬《いくひん》弟の場合は、徴兵制で兵隊にとられた。これは台湾人の場合で、日本人の場合は初めから戦争に行くものと運命がきまっていた。制度の移行期にあたったのだろうか、なぜか、私の年度の台湾人だけが、志願兵制度からも徴兵制度からも外れて戦争に行かなかった。

一日一日と友だちが少なくなっていった。学校内の銅像やスチームや鉄柵は、金属供出のために外された。スチームの供出は被害甚大で、広々とした教室は寒くてやりきれなかった。

それでも私はできるだけ講義に出て、本を借り出しては読んだ。私は現代文学や国民党に関する文献に興味を持った。

当時、支那哲文学科は高田真治先生が主任教授で、倉石武四郎先生が京大と東大の兼任教授をしておられた。竹田復《さかえ》助教授、哲学の助手に小野沢氏、文学の助手に内田道夫氏がいた。

中国語を、魚返善雄《おがえりよしお》、曹欽源《そうきんげん》、呉《ご》造環《ぞうかん》の三先生に習った。私は一九五八年（昭和三十三）から日本の大学で、中国語を学生に教えているが、その中国語の基礎は東大で得たものである。

曹欽源先生は台湾人の先生で、いわば先輩である。講義は学生が二、三人のことが普通であったが、ある日学生が私一人だけのことがあった。初めの三十分ぐらいは先生は遅れて来る学生のことを考えてか、黒板の前から大きな声で、普通どおりやっておられたが、どうもあとの学生が来そうもないようだったので、私の机のところに来て、台湾語まじりの個人授業となった。

日本人は北京語の語尾のｎとｎｇの区別がつかないが、台湾語には同様の区別がある。だから私に対して、日本人学生の場合と同じように北京語を教えることは非能率的であるし、少しピントはずれのところがあったのだが、この日ばかりは、曹先生が台湾語と北京語の相違点を講義してくれたので、私は数時間分の進歩を得た。

倉石先生は『閲微草堂筆記』（清朝の紀昀などが書いた随筆小説集）をテキストにされた。いきなり北京語で読ませるので、びっくり仰天した。一方で北京語の表音記号である「ㄅㄆㄇㄈ」を習っているところなのに、むずかしい原書を読むのは無理というものであった。もっともこれは、上級生を主体としたゼミに、私がわけもわからずに紛れ込んだせいだった。

岡村という友だちができた。この人は法学部を出た後で文学部に入り直したという変わり者であった。かれにはきれいな奥さんがいて、代々木大山の豪勢な邸宅に住んでいた。入り婿らしい。私は砂糖の手十産を持って、かれの家を二、三回訪れた。私はここで初めて上流日本人の純日本本式の生活様式を見た。

かれに誘われて、鶯谷の旅館に倉石先生を訪ねたことがあった。先生はこのとき旅館住まいをしておられたのである。灯火管制のしかれた暗い道をたどり、旅館をさがしあてた。

倉石先生は私の生い立ちを聞かれて、晉迅の話をしてくださったようにおぼえている。私の印象に残ったのは、陸軍から重慶《じゅうけい》向けの放送をしてほしいと頼まれたが、断わられたという話である。

軍部のお先棒を担ぐようなことはできないというのが理由だということで、私は東大には偉い先生がいるものだなと感心した。軍部から依頼を受けるのは名誉のはずなのに、それを断るとは何と勇気のあることだろうと思った。

後のことだが、戦後、私は日本に亡命してきて、倉石先生に大変にお世話になった。

昭和十七年（一九四二）から十八年にかけて、兄が蒲田にいたころだったが、兄は『The Current of the World』を読んで、スターリングラードにおけるドイツ軍の大敗ぶりを話してくれた。日本の新聞では、そういうことは奥歯に物のはさまったような報道しかされていなかった。

昭和十九年二月〔十七日、十八日〕にアメリカ軍によるトラック島への大空襲があった。日本にも危険が迫ったことを痛感させられた。このころになると、台湾からの仕送りがスムーズにいかなくなった。父は送れるときは二ヶ月分、三ヶ月分をまとめて送ってくれたが、闇物資を買うのに使ってしまうと、次の送金までもたなかった。

台湾への「疎開」

私は焼津での勤労奉仕が終わってから、京都にいる兄を訪ねた。兄は在学中に高文に受かり、検事として京都地検に赴任していた。台湾人で日本の検事になったのは兄が初めてであった。

兄は清水新道という、清水寺に上がっていく坂の途中にある今村陶器店の二階を借りていた。兄は健康を回復していたが、今度は兄嫂の健康がすぐれないという。兄嫂は身重でもあり、苦労して台湾から女中を一人を連れてきていた。ここでも食糧には不自由していた。

京都地裁を訪ねたとき、兄は地裁の食堂で白米の弁当を奢ってくれた。小さな声で、「これは実は規則違反なんだよ」と言って笑った。翌日は地検の友人を二人ほど誘って、琵琶湖畔に鴨料理を食べにいった。

このときの京都行きで、私たちは重大なことを相談した。

私たちは日本がこの戦争に負けると見ていた。トラック島は南洋群島では最も重要な基地であった。そこがひどい空襲を受けたぐらいだから、日本の東面の防衛線は崩壊したも同然で、やがてアメリカ空軍の日本内地に対する全面的な大爆撃が始まるであろう。そうしたら内地は大混乱に陥る。このとき最も心細いのは、故郷を遠く離れ、親戚友人もほとんどなく、仕送りだけに頼って生活している留学生である。

食糧事情は悪化しており、仕送りの大部分を食費にあてても、なおひもじい思いをしている。大学の先生も同じように生活に脅かされ、教える情熱を失いかけている。これでは留学に来た意味がない。私は昭和十九年（一九四四）の秋になって、ようやく一年次を終えるのであり、あと一年半ないし二年間の留学生活を続けることができるかどうか疑問とせざるをえない。

ここで一年間の浪人生活が後悔された。もし昭和十七年十月に入学していれば、昭和十九年には二年生で、卒業まで半年か一年頑張れば、これはできないことではなかった。ストレートで合格した邱永漢君は勤労奉仕があろうと徴用があろうと、しばらく我慢すれば卒業できる見通しが立っていた。一年間の浪人は、私の運命を大きく狂わす契機となったのである。

空襲で死ぬという危険性のほかに、関東大震災のときの朝鮮人のように、混乱の中で死ぬという危険性も十分に考えられた。

結論として、私たちは危険性を二分しようということになった。父からは台湾に帰ってこいという催促が届いていた。死ぬなら故郷で、という悲壮感が私の胸の中にあった。二人のうち一人が台湾に帰る。一人は内地にとどまる。兄はすでに京都地検で働いていたので、台湾に帰るのは私ということになった。

六月の初めに私は離日することになった。

私は蒲田の姉夫婦に別れを告げ、苦労して門司までの切符を買った。荷物は三つだった。一つはリュックとして背中に背負い、竹行李とトランクは両手にさげた。

東京を発つとき、「京都駅で一目会いたい」と兄に電報を打ち、もう一通を神戸の錦碧姉さんに打った。東京駅を夜に発って、翌朝京都駅に三分間停車した。車窓から身を乗り出してプラットホームに兄の姿を求めたが、見当たらなかった。失望したまま列車は発車して、今度は神戸の姉たちに会えるかどうかが心配になった。

姉たちが普段乗り降りしているのは三ノ宮駅である。ところが、ここにも姉の姿はなかった。まさかと思いながら神戸駅に着いた。ここで錦碧姉さんと東興兄の姿を見つけた。

「『コウベエキ』というから、三ノ宮駅か神戸駅か迷ったよ。でもよかった」

と義兄は言った。錦碧姉さんは涙を流して、

「どうか無事にね。元気を出して」

と言った。義兄から干しバナナの一包を餞別にもらった。あれほど内地に氾濫していた台湾バナナは、今では干しバナナとしてでないと入ってこなかった。干しバナナは貴重な物資となっていたのだ。私は感極まって泣いた。

汽車が広島あたりを走っているとき、車掌が電報を持ってきた。見ると京都発となっている。

「スマヌ　五フンオクレタ　アトノキシャデ　イク　モジ　デ　アイタシ　リン」

私は門司まで追いかけてくれる兄の愛情に打たれた。

しかし、門司でどうやったら会えるのだろう。旅館の名前も船の名前も知らないのに。

その晩遅く門司に着き、私は駅前旅館で不安と期待の一夜をすごした。門司は七年

前に、最初の内地旅行で兄と市電に乗った町である。なつかしかった。しかし、今は灯火管制で文字どおり火の消えたような寂しさであった。

翌朝、「台中丸」の乗客の集合場所である岸壁に行った。艀《はしけ》が出ようとするとき、兄が走ってくるのが見えた。どんな苦労をしたか知らないが、兄はこの集合地点をさがしあてたのだった。私は急いで岸壁にもどった。

「ああ、よかった。間に合って！　朝早く目をさまして、また寝てしまったのがいけなかった。駅に駆けつけたときは、汽車が出た後だった。私の不注意のために、これできみに生涯会えないという不吉な予感がした。そうしたら、もうたまらなくなって追いかけてきたのだ。門司に来る汽車の中で、すまない、すまないと思い続けてきた」

「生涯会えないなんて大ゲサだね。人間はそんなに簡単に死なないよ」

「そうだろうとも。死んでたまるか。死んだら、せっかくお母さんが、ぼくたちのために早死にした甲斐がないというものだ。元気を出せ。いつでも兄さんがついているから」

「うん。じゃあ行ってくる」

「このカツオブシを持っていけ。海の中でも溶けない。かじっていれば腹の足しになる」

兄は携帯食料として、立派なカツオブシを一本くれた。

艀は岸壁を離れた。私たちは泣いた。私のくもった眼鏡越しに、兄が肩を震わせて泣いているのが見え、その姿が徐々に遠ざかっていった。

黄海で〝死線〟を越える

当時、台湾行きの乗船切符を買うことは難しくなっていた。私の切符も知り合いのつてで、ようやく手に入れたものであった。世話してくれた人は、万一のことがあっても恨んでくれるなよ、と冗談にまぎらわして念を押した。

それはまさに生命を賭しての航海であった。七年前、「朝日丸」で来て「富士丸」で帰った、あの快適な内台航路がなつかしかった。二年前、「伏見丸」で来たときは、すでにある程度の危険があったが、それでも「伏見丸」は一隻で悠々と航海した。

今度の船は「台中丸」といって、台湾に縁故のある名前をつけていた。二千トン足らずの小さな船で、船齢は三十年ということだった。単独では走れず、船団を組むのであった。船団は全部で十三隻で、左右を駆逐艦が一隻ずつついて護衛した。船団の中で「台中丸」は小さい方だった。それでも小さい割にはスピードが速いから、いい方だと言われた。船尾に爆雷投下の簡単な設備があった。爆雷はドラム缶のような形をしていて、五つばかりが一列に転がされてあった。そのために水兵が十人ほど乗っていた。

私たちは門司港内で二日ばかり待機した。こんなことなら、兄とゆっくり話ができたのにと腹が立った。あれから兄が一人で京都まで引き返す車中の気持ちを思うとたまらなかった。

「台中丸」は私を含めて二十人ほどの乗客があった。ほとんどが台湾人の留学生で、商売人も二、三人いた。沖縄の娘さんが一人まざっていた。彼女は紅一点で、みんなの注目の的となった。何人かの男性が彼女に近づこうとしたが、みな袖にされたようだ。と思っていると、彼女の方から私に声をかけてきた。

船団が勢ぞろいし、いよいよ出航となった。船が出るとすぐに避難訓練が行なわれた。各自、救命具を分配され、夜寝るときも手離してはならないと注意された。「待機」の号令を聞いたら、すぐに上甲板に駆けあがり、割り当てられたボートの脇に整列する。ボートの数は十分余裕があるから、心配はないと言われた。沖縄の娘さんは人に代わってもらって、私の班に入った。

夕刻、船団は九州西岸に沿って南下した。これから沖縄列島を伝って基隆に向かう、いわゆる南路をとるのだと説明された。ところが、その夜遅く、船団は洋上に停止した。早くもアメリカの潜水艦に発見されたらしい。翌朝、来た航路をもどった。南路をあきらめて、朝鮮半島の海岸に沿って北上し、黄海を横断して大陸沿岸を南下する、西路がとられることになった。

このころになると、みんなの胸に不安の大きな固まりが広がっていた。この調子では、はたして無事に台湾につけるか、はなはだ心もとない。私はひたすら亡き母の加護を念じた。母のことを思うと、そう簡単には死なないぞという自信がわく。

三日目、今日は黄海を横切る、航海の山場だと告げられた。夜、船がふたたび停止した。近くで爆発音が聞こえた。機関が止まった。サイレンがけたたましく鳴ったかと思うと、バチャン、ドスンと船尾で爆雷を落として爆発させる物凄い音がした。それは続けざまに何発も聞こえた。どの船でも同じようなことをやっているらしい。私たちはただ船倉に閉じ込められて、爆音を聞くだけであった。爆雷が落とされ炸裂するたびに、船は大きく動揺し、電気が消えてはついた。そんな状態がどれくらい続いたであろうか。やがて、もとの静寂《しじま》にかえった。

そろそろ進み出すかと期待したが、さっぱり動く気配がない。甲板を走り回る足音が前より騒々しくなり、何やら大声で叫んでいた。しばらくたって待機命令が出された。何が起きているのか、さっぱりわからない私たちは、荷物を持って上甲板に上がった。

伝令が説明した。

「本船団は、先ごろ敵潜水艦の襲撃を受けました。だいたいの様子はお察しのことと思います。幸いにわが方は損害もなく、敵潜水艦は撃退されました」
よかったと誰もが思った。ところが、この船の舵がやられた。こちらが投下した爆雷の一つが船のすぐ近くで爆発したためという説明だった。ただちに修理を開始するが、そのあいだに敵潜水艦に襲われる危険があるから、全員、甲板で待機してくれというのだ。ほかの船は先に行ってしまったという。

不平を言ってもはじまらない。みんなあきらめきった表情で甲板に腰をおろした。幸いに風はそう冷たくなかった。まどろむうちに朝になり、周りの海上を見るに、僚船は一隻もない。かすかに西のかなたから薄い煙がたなびいている。この心細さは何にもたとえようがない。これでおしまいかと半ばあきらめた。

幸いに修理は昼過ぎまでに終わり、「台中丸」は黒煙をもうもうと立てて進み始めた。もう船室におりてよろしい、と言われ、私は船室のベッドにぐったりと横になった。

翌日の夕方、私たちは船団に追いついた。

海の色がだんだん変わってきた。黄色く濁っている。ああ、これは大陸沿岸まで来たと思った。船団はさらに大陸に近づいた。だいぶはっきりと大陸の山々がのぞまれた。私の心は言い知れぬ感動に包まれた。生まれて初めて中国大陸を見たのだ。私はいつまでも甲板に出て景色に見とれていた。

航海最後の日は二番目の山場であった。大陸沿岸から東に台湾海峡を横断して基隆に至るコースである。私たちはまたしても待機姿勢を命ぜられたが、幸い、船団は無事基隆に着いた。

これで私は生涯最初の〝死線〟を乗り越えることができた。頼まれて、沖縄出身の娘さんを基隆の彼女の知り合いの家に届けると、私は一路台南に向かった。

第7章　終戦

嘉義市役所勤務

台南の広い家で私に歓迎の意を表してくれたのは父だけであった。しかし、父は二年近くの留学が中途半端に終わり、肩書き一つ得ていないことに失望したようであった。学生服を着ているわけにもいかないので、私は国民服を二着作ってもらった。小遣いも父から貰わねばならなかった。

生家はほとんど商売らしいものをしていなかった。戦争が激しくなるにつれて統制が強化され、組合を作ったものの、要職の大半は内地人に占められていた。あれほど賑やかで活気に満ちていた広い店舗は、洋服組合の事務所に貸していた。

帰省した当初、私は台北へ出かけた。台南は死んだように活気がなかったので、私は刺激を求めるために出かけたのだ。兄の同級生の家に厄介になった。

戦時下の台北は大きな建物には迷彩がほどこされていて、以前の華やかさはなかった。台北高等学校に行ってみたが、ここもあの自由主義のシンボルそのものの、赤煉瓦の三階建ての校舎は黒々とペンキが塗られ、後輩には知り合いもなく、がっかりした。塩見薫先生は召集されて学校にはおられなかった。私は失望して台南に帰った。

家でぶらぶらしていては、いつ徴用されるかわからなかった。父はそれを心配し、長女の錦珪《きんけい》姉さんと相談して、職をさがしてくれた。

昭和十九年（一九四四）十月十日、そんな落ち着かない日々を送っているところへ、台南は大空襲を受けた。いわゆる「台湾沖航空戦」というものがそれだ。その日を境に、市民はいっぺんに浮き足立ってしまったといえる。

十月十日　台湾沖航空戦、米空軍、沖縄を爆撃
十月二十日　米軍主力、レイテ島上陸開始
十月二十四日　フィリピン沖海戦、神風特攻隊第一陣出撃

人々は慌てて疎開を始めた。わが家は、初めは南部の法華寺に疎開したが、ここは台南飛行場に近く、境内に高射砲陣地が築かれることになったので、台南市の北方、善化《シェンホア》に移った。

家には育森《いくしん》兄が残ることになった。兄は台南一中を卒業したあと店を手伝っていたが、このときは台南州庁の「皇民奉公会」〔昭和十六年（一九四一）に結成された組織で、内地の大政翼賛会にあたる。中央本部は台湾総督府〕に勤めていた。父は疎開先と家と

を往来することになった。

私は親戚の陳金煌《ちんきんこう》氏が嘉義市役所の庶務課の人事係をしているツテで、そこに「雇《やとい》」、つまり一番下っ端の職員として勤務することになった。発令は昭和十九年（一九四四）十一月三日の佳日であった。月給は六十七円五十銭。仕事は文書係で、共済組合の事務であった。

嘉義市は台南より北に位置し、市内を北回帰線が通っている。父は私を連れて嘉義市に行き、古い商売仲間の頼《らい》さんの家に下宿できるように話をつけてくれた。部屋は六畳、三食付で四十円であった。

『陳夫人』の一家

六月の上旬に台湾に帰省してから、十一月に嘉義市役所に勤めるまでのあいだ、私は大きな恋愛をした。

それは親戚の黄《こう》家へ帰省の挨拶に行ったのがきっかけだった。伯父と伯母に挨拶した後、私は母屋とは別の棟に住む従兄弟の黄景春《こうけいしゅん》氏を訪ねた。そこで、以前、東京で会った景春氏の娘の恵美ちゃんと再会したのである。彼女は東京で青山学院大学に通っていた。上唇が少しまくれた感じの、ちょっとグラマーな、可愛いお嬢さんであった。

黄景春氏は文化協会時代に活躍した人で、ローマ字普及のため、二、三冊の著書を著している。慶應義塾大学の理財学部（現・経済学部）を出たインテリであり、紳士的な人柄だった。夫人の芳子さんは庄司総一氏の小説『陳夫人』のモデルになった人で、日本的な良妻賢母そのものであった。

庄司総一氏は台南市港町の庄司病院の息子であった。この『陳夫人』は第一回大東亜文学賞を受賞した。身近なところから日本の文壇に認められるような作家が出たということは、私にとって嬉しいことだった。

東京の文学座が『陳夫人』を舞台化したときに、東京に留学中であった兄は舞台考証を頼まれ、おかげで多くの新劇人と親しくなれたと手紙に書き、記念写真まで同封してきて、高校生の私を羨ましがらせた。演出は久保田万太郎、陳夫人は杉村春子、夫になった陳清夫役は森雅之という顔ぶれであった。

『陳夫人』のヒロイン、〝安子夫人〟は実物どおりであると思うが、他の家族は多分にフィクションである。実際の黄家の一族はみな礼儀正しく、健全な家庭を築いていた。

黄家の中で私を一番歓迎してくれたのは芳子夫人であった。恵美ちゃんも私に好意を示したが、私が熱をあげるほどには熱をあげなかった。私は彼女に「私は機関車だ。客車であるあなたを引っぱれるところまで引っぱる」と言ったことがある。

恵美ちゃんは大正公園近くの測候所に勤めていた。私はその前を歩くたびに、彼女が出てこないかと胸をときめかせた。

私は彼女に会うための口実を作るのに苦心した。そのとき考え出したのは、景春氏の蔵書を借り出すことであった。こうすると借りるときに一回、返すときに一回、彼女の家に行くことができる。こうしたおかげで、私は随分本を読むことができた。

『宮本武蔵』『太閤記』『レーニン伝』『グランド・ホテル』等々である。

私は自分の家を黄家と比べて、黄家に対して羨望を禁じえなかった。黄家には文化の香りがあった。景春氏はユーモアがあり、そこが私は好きだった。芳子夫人に至ってはまさに理想の女性で、この人なら「お義母《かあ》さん」と呼ぶのにふさわしいと思った。恵美ちゃんもインテリジェンスがあって可愛らしく、これほど理想的な相手がほかにいるとも思えなかった。

ただ問題も少なくなかった。一つには黄家はクリスチャンで、王家は仏教徒であることだった。クリスチャンと仏教徒の折り合いは、台南市ではあまりよくない。しかも王家は法華寺の筆頭檀家であった。

もう一つの問題は、親戚の序列であった。私と恵美ちゃんは一つ違いだが、叔父と姪の関係にあたる。親戚内の世代の違う者同士の結婚は、台南市の旧家では、まさに革命的な変動と言わなければならない。しかも恵美ちゃんは私より半年姉さんであり、恵美ちゃんはそういうことも気にしていたようである。

嘉義市役所の「雇」の生活は、台南に恵美ちゃんを残して来ているせいもあって、面白くない日々の連続であった。毎日、共済組合の名簿を作って、冠婚葬祭費の支払い伝票を切るような仕事をするのであるが、これは単調そのもので、張り合いのある仕事ではなかった。

忙しいのは月末の締め切りの一週間前だけで、後は申請書を整理すればよかった。私は暇ができると図書館から借りた本を広げて読んだ。そんなことはサラリーマンとしてよくないことのようである。私のすぐ隣に文書係長の机があった。係長は五十歳ぐらいのでっぷり肥った人で、かれも市長や助役の呼び出しがないときは、新聞を読んだりお茶を飲んだりしていたのだが、私が本を読むのをジロジロ見た。

文書係は私とこの係長と、就職の世話をしてくれた陳さんのほかに、市長と助役の専属の運転手が二人、各課長のための運転手が一人、文書の取次ぎをやる男の子が二人、タイプやガリ版担当の女の子が二人の小所帯であった。

激しくなる空襲

昭和二十年（一九四五）二月にフィリピンのマニラが陥落すると、敵は次に台湾に上陸してくるかもしれないという不安が全島を覆った。空襲は激しさを増し、あちこちがやられた。台南市の通りはそこかしこに爆撃による穴があいて、でこぼこになった。穴は深さが三メートルほどもあって、灯火管制で暗い夜は注意しないと穴に落ちることもあった。

二月十四日、嘉義市は猛烈な空襲を受けて、駅から市役所に至るあいだのおよそ千五百メートルのメインストリートが焼失してしまった。火の手は下宿していた南門町の近くまで来た。

家主一家はこれに怯えて、自分たちは田舎に疎開するが、下宿料はいらないから、残って番をしてくれるとありがたいと言った。私は承知したものの、電気も水道も止まってしまった。広い敷地はがらんとして、心細くてたまらなかった。

私は下宿を逃げ出して、市役所の宿直室に転げ込んだ。宿直室は毎晩二人が詰めることになっていた。宿直する者を按配するのは文書係の仕事である。希望者が少ないので、私が常習宿直人を志願した。宿直中には、よく電話や電報で起こされた。空襲があると市長や助役が市役所に駆けつけてくるので、その応待だけで大汗をかいた。

一ヶ月ほどやったが、これではとても体がもたないと思って、運転手の一人、林さんの家に厄介になった。かれは奥さんや子供を朴子脚《ポガカー》に疎開させて、ヤモメ暮らしをしていた。二週間に一度の休日には喜び勇んで朴子脚に行く。そのときには勧業課に申請して購入した飴玉をリュックに詰めて、自転車のペダルを踏んでいった。

そんなときに私は恵美ちゃんが疎開したことを知った。地図で調べれば、たいそう辺鄙なところである。それでも行こうと決意した。一ヶ月に一度は行ったと思う。彼女の疎開先は南庄《ラムツン》という山の中であった。南庄は大正四年（一九一五）の西来庵《セライアム》事件（タパニー事件）のあったところである。この事件は、本島人の起こした一番大きな反乱であった。余清芳《イーチンホン》と江定《カンテイン》が率いた反乱軍がここで日本の警察部隊と戦ったのである。南庄に行くには、まず汽車で新市《シンチー》まで行き、そこから五時間も歩くのである。

新市から一時間半ほど歩いて大潭《トアタム》に行く。ここは台南市の水源地で、公学校時代に遠足で来たことがあった。そこからさらに左鎮《ツヲテイン》まで、約二時間歩く。左鎮のひなびた汚い店で昼飯を食い、そこから南に折れる。その後は坂だらけである。坂の一つは「捒死猴崎《シャクシイカウキア》」といって、サルも転げ落ちるというくらいの険しい坂である。この坂をのぼるには、途中で一、二度休まなければならない。スコールに遭うこともあった。一時間ぐらい雨宿りすれば晴れるとはわかっているのだが、恵美ちゃんに早く会いたい一心で、雨に濡れながら先を急ぐ。「急がずば濡れざらましを旅人のあとより晴るる野路の村雨」と、太田道灌の歌を口にしながら。こうして左鎮から一時間半の苦行の末、南庄に辿りつくころには、すでに暮色の気配があたりにたちこめている。

私を見て、恵美ちゃんは驚いた顔をして、それから顔をしかめる。私がこんなところまで会いに来たのが信じられない、というようでもあるし、迷惑がっているようでもあった。疎開先といっても、お祖母さんや叔父さんの一家と一緒なので、気兼ねがあるのであろう。黄家も封建的なのである。私が散歩に誘うと、叔父さんの子供を連れてきた。こんな遠くまで恋人が会いにきたのに、周囲の人に気兼ねばかりしている彼女の態度に私は失望し、腹が立った。

恵美ちゃんが新市の両親の疎開先に行っていたときは、そこへ訪ねていったが、その前に、善化に疎開していた父と二人の母のところに寄った。日曜日の朝一番の汽車で嘉義を発って、善化で降り、駅から約一十分歩いて善化の街に入る。汚らしい街だった。

父は紙幣の束を、特別にこしらえた腹巻きに入れていた。私を見ると嬉しそうな顔をしたが、それも一瞬のことで、父子二人、別に話すこともなかった。阿母《アブウ》は私のために南京豆を包んでくれた。私は例の飴玉を一包み手渡した。

それから弁当をつくってもらって、荷物を二つに分け、ヤジキタよろしく肩に振り分ける。農夫のかぶる竹笠をかぶり、足は脚絆を巻いた。昼前に新市に向って歩き出す。善化から新市までは約一時間の道程である。街路の両側に互い違いにタコ壺式の防空壕が掘られていた。

嘉義での生活の唯一の張り合いは、恵美ちゃんからのラブレターであった。彼女は『キリスト教の結婚観』を読むようにといって、本を送ってきた。私をクリスチャンに改宗させる気のようであった。先にも述べたように、王家は法華寺の筆頭檀家であったが、私は何も信じていなかった。

「ぼくは以前、弁論部で『青年と宗教』というテーマで話をしたほど宗教には関心を持っている。将来、何かを信じなければならないとすれば、キリスト教を選ぶ可能性が大きいが、今は『女は愛嬌、男は度胸』の二大宗教しか信じない」と言って、恵美ちゃんを笑わせた。

恵美ちゃんは、私の愛情を知っていながら、意識的にか無意識的にか、私を避けていた。厳しいお祖父さんが許してくれないだろうと言っていたのは、彼女の遁辞ではなかったろうか。本当に愛情があれば、お祖父さんの反対など何でもないはずであった。恵美ちゃんからのラブレターはしだいに間遠になり、ついには来なくなった。


当時、台湾人の職員にとって、判任官〔官吏〕になるのは容易ではなかった。「雇」を何年か勤めて書記になり、書記の中でとくに成績のよい者だけが判任官に任命された。

役所では、東大帰りの私は判任官になる第一候補だと噂されていたようだが、私は一生役所勤めをする気はなかった。役所にいるのは、戦時中でほかに職がなかったからだ。そういう気持ちが生意気な態度となり、それが気に障るのか、係長はことあるごとに私をどやしつけた。

日本教育を受けても、結局、台湾人はどこまでいっても台湾人だということが勤めてみてわかった。兄の育霖は京都地検で、ある容疑者に「おまえは台湾人だろう。おまえに裁かれたくない」と言われたそうだ。義兄は台湾人であるが故に、中島飛行機会社に就職できなかった。高く登れば登るほど、囲われている塀の高さがわかる。そのために、台湾人の優秀な者は十中八九、医学部を選ぶ。医者なら独立して開業できるからだ。

八月十五日

昭和二十年（一九四五）八月十五日のことはよく覚えている。

その日は暑さになれた本島人にもやりきれないほどの暑苦しい日であった。午前中、回覧板がニュースを触れ回った。

「本日正午、畏クモ天皇陛下御自ラ御放送遊バサレル由、全員講堂ニ参集スベシ」

本庁舎の職員はもちろん、市内各所にいる職員まで、正午より三十分前には指定の場所に集まった。この日の主役は御真影の真正面に置かれたラジオであった。

先頭は嘉義市長、その後ろに七人の課長、その後ろに係長、またその後ろに職員と、総勢四百人が整列して、ひたすらに陛下の御声を待った。

いつもなら、敵機B24やP36がやってくる時間であったが、昨日からなぜか姿を見せなかった。

待つうちに講堂内の暑さは耐えがたいほどになってきた。係長以上は官服を着ていて、それも白い服では敵機から目標にされやすいため、冬物の黒いサージの官服を着ているものだから、見るからに暑そうであった。まるで水牛のような荒々しい息遣いや、甘酸っぱい体臭が、スレートの屋根とコンクリートの床に挟まれた暑苦しい空間に満ちていた。

やがて待望の放送が始まった。陛下の御声は生まれて初めて聞くのだ。しかし、ガーガー、ピーピーと音がするだけで何も聞き取れない。

庶務課長が恐る恐るといった感じでチューナーを調整したが、相変わらず何が何やらわからない。東京から二千里〔約八千キロ〕も離れているのだから無理もない。ときたま聞こえる声らしき響きには、どこか気の抜けた物悲しさが感じられた。

二十分はたっただろうか。ジィーといって、終わったようだったが、みんなはなおも頭を下げたまま、未練がましく耳をそば立てていた。

「最敬礼！」

一同は、夢から醒めたように溜め息をついた。

「市長の訓示は後ほど、御聖旨を確かめられた上でなされることになりました。解散！」

放送の内容は何だったのか。私は考えをめぐらせた。しばらく文書係の部屋で待機していると、ドアが開いて係長が入ってきた。かれは魂の抜けた肉の塊のようで、一歩二歩よろめいてドッと椅子に座り込んだ。広い肩が震えて泣いているようだった。やがて係長は微かな声で呟いた。

「王君、戦争は終わったよ」

「じゃあ、日本が勝ったのですね」

皮肉に聞こえるはずだったが、係長は素直に受け取った。

「いや、負けたんだ。今の御放送がそうだった……」

放送の内容は向かいの警察局、隣の憲兵隊で、はっきりキャッチされ、通達されたのである。

私はそのまま役所を辞した。一刻も早く台南に帰りたかった。もう自分の才能を共済組合の掛け金取りや州庁への報告といった単純な事務に使いたくなかった。もはや徴用される心配はない。世界が変わってしまったのだから、池中の蛟龍《こうりゅう》は今こそ天高く舞い上がっていいはずだった。台湾のために、もっと自分に適した愉快な仕事があるに違いない。

十六万の日本軍、動かず

私は下宿にある布団や身のまわりの品をまとめると、汽車に乗って台南の家に帰った。家は幸いに空襲にも焼けずに残っていたが、広い家はガランとして、誰一人いなかった。十日ほどすると、田舎に疎開していた家族が帰ってきた。人々も牛車を連ねて次々に帰ってきて、台南市は活気を取り戻した。しかし、その活気はどことなく不安なものであった。

日本が戦争に負けたとわかったとき、多くの台湾人がまず思ったのは「ああ、戦争に負けてしまったのか」という落胆と、「ああ、戦争が終わった」という解放感であったろう。その気持ちは内地人と同じであった。台湾人も、徴兵や志願で二十万人が日本兵として共に戦ってきたのだ。

ところが間もなく、「台湾は中国に返還される、自分たちは戦勝国民になるのだ」と言われるようになった。

日本が受け入れた連合国側のポツダム宣言には、「カイロ宣言」の条項を履行することが盛り込まれていた。「カイロ宣言」は一九四三年（昭和十八）十一月にルーズベルト米国大統領と、チャーチル英国首相と蔣介石中国主席が会談し発表したもので、「満州、台湾及び澎湖《ほうこ》島のような日本国が清国《しんこく》人から盗取したすべての地域を中華民国に返還すること」と明記されていたのだった。

台湾人はまたしても自分たちの与《あずか》り知らぬところで、運命を決定されることになったのである。各国の首脳たちの脳裏には台湾島の土地のことしかなく、そこに住む六百万人の台湾人、教育水準が高く、平等な社会を求めている住民のことは思い浮かばなかったのだろう。日本が清から台湾を割譲されたときには、二年間の国籍選択期間が許されていたが、今回は知らぬ間の決定であった。

だが、このときの台湾人は、単純に、自分たちが植民地支配から解放され、しかも戦勝国民になるということを喜んだのである。

また一方で、敗戦の報を聞いても、人々はこれで戦争がすんだとは俄かに信じられなかった。米軍の爆撃や機銃掃射を受け、島内の被害は甚大であったが、台湾にいるおよそ十六万人の日本の陸海軍は、ほとんどが無疵《むきず》のままに保存されていた。そのかれらが、おめおめと無条件降伏に応ずるとは考えられなかったのである。

米軍が台湾を素通りして沖縄を攻撃したという事実は、米国が台湾の日本軍に一目も二目も置いていたからだろうと、みんな思っていた。

間もなく、台湾人兵士のほとんどが除隊させられた。残った日本人の将兵は丘陵や山地に引きこもったままだった。トンネルを掘り、それぞれ独立した軍事拠点を作り、少なくとも三年は持ちこたえられるほどの大量の弾薬食糧も蓄えていると言われていた。

民間人も合わせて約五十万の日本人が、上からの命令に背いて戦争を継続しようと決心したら、それは不可能でないばかりか、台湾人は日本人に反抗できずに協力せざるを得ないだろうと思われた。それは、あとで聞けば、中国の蔣介石軍が一番怖れていたことでもあった。

しかし、台湾軍司令官でもある安藤利吉台湾総督〔陸軍大将。一九四六年、抑留中の上海で服毒自決〕は平和的に降伏することを決断した。失意から、何人かの将校が自殺を遂げたのは、内地と同じであった。

「祖国の胸に帰れ」

日本人が敗戦国民となって、元気をなくしていく中で、台湾人は自分たちは戦勝国民なのだという話にいつか本気になり、蔣介石の「台湾同胞よ、祖国の胸に帰れ」という甘い言葉を真に受けるようになった。蔣介石は台湾語を使える半山《ポアスア》〔日本時代に大陸に渡った台湾人〕を利用して、台湾人への宣伝に使った。

三十三万人の内地人はなおも全島の政治・経済・社会の実権を握っていたが、仕事には熱意がなく、権威もなくなっていた。台湾にいる内地人は直接、戦争で負けたわけではなかったが、敗戦の境遇を甘んじて受け入れているようであった。

台湾人は自分で立ち上がる勇気はなかった。中国から役人がやって来ることがわかっていたからだ。中国人がどのような形式で台湾人を治めるかわからなかった。下手に出しゃばっては中国人の機嫌を損ずるかもしれないという意識があったのだろう。

台湾人の中には、それまで内地人に押さえつけられた鬱憤をはらすかのように振舞う者もいた。かれらは日本人の過去の暴挙を数えあげ、「祖国」に帰った今、「祖国」の受け入れ態勢を整えなければいけないと説いた。かれらの言動は日に日に大胆になり、街の四辻や廟の前庭で堂々と日本人の悪口を言い、中国の国歌である国民党党歌『三民主義』を歌った。

そんなことをしても内地人の警察が傍観しているのを見て、台湾人は「日本は本当に負けたのだ、もはや戦勝国民たるわれわれには、一指だに染めるわけにはいかないのだ」と合点がいく思いであった。声高々と台湾語をしゃべって、これまでの鬱憤が晴らせるのは愉快なことであった。

あちらこちらで宴会が開かれ、禁止されていた胡弓や銅鑼や太鼓などの台湾音楽が天下泰平を祝って奏でられた。町はこれまでに経験したことのないような浮かれた歓びに包まれていた。私は後から、このころの台湾人の心理をこう分析した。

「第一に、勝っても負けてもとにかく戦争は終わったという単純な喜び。第二に、五十年来の支配者が倒れて、隷属関係がとけたという喜び。第三に、中国が日本を負かして解放してくれたのだという喜び。第四に、中国の政治圏内でこれから平等な政治的権利が行使できるだろうという喜び」

台湾人の大いなる誤解は、この第四にあった。十月に中国人が来るまでのあいだ、台湾人は、自分たちの未来は明るいと思い込み、すっかり浮かれていたのだ。

やがて、内地人は台湾から引き揚げる準備のために、家財道具などを処分し始めた。持ち帰ることができるのは荷物一つと布団袋一つと現金千円と決められた。内地人の多くは、転勤のようなつもりで台湾にいたのではなかった。家族と共に台湾に暮らし、仕事も財産もすべて、この地にあった。かれらは恩賜《おんし》の銀杯や刀などの家宝ばかりでなく、これまで築いてきた業績や人間関係のすべてを置いていかなくてはならなかったのだ。

日本人が、空き地や停仔脚《ティンアカア》でゴザを広げて、様々なものを並べて売るのを台湾人は物珍しく眺めたり、冷やかしたりした。軍隊時代に横暴だった日本人上官や威張っていた警察官を見つけて、みんなの見ている前で小突いたり殴ったりする者もあらわれた。そんなときも、日本人はもはや謝るばかりで抵抗しなかった。

たしかにそんな人間もいたが、たいていの台湾人は日本人に同情的であった。すでに五十年間の日本時代のあいだに、本島人と内地人のあいだには強い絆が生まれていたのだ。信頼関係や友情は誰もが持っていた。社会基盤も教育もなかった台湾を、内地並みの水準まで引き上げてきた五十年間は、日本にとっても台湾にとっても、経験したことのない密度の濃い時間であった。

日本人は厳しかったが、真面目で裏表がなかった。それは台湾人が一番身に染みてわかっている日本人の良さであった。とくに一から教えてくれた教師や技師は、台湾人にとって恩人でもあり、親のような存在でもあった。

だから、終戦の後、十月に中国人が来るまでのあいだ、台湾社会には世にも珍しい現象があらわれた。それは治める者も治められる者もない、万民平等の、礼儀正しい、悪徳のない国であった。内地人と本島人は協力して工場を以前と同じように操業させ、鉄道の運行も変わりがなかった。食糧の生産も心配なかった。

日本人が引き揚げる時期は、まだ決まっていなかった。日本の大型船はほとんど軍に徴用されて被害がひどく、五十万人もの日本人が帰国するのには時間がかかると思われた。

こんなときに、中国で蔣介石は「以徳報恩」（徳を以って怨みを報ず）と説いて、日本兵の大陸や台湾からの復員を迅速に行なうように便宜を図り、日本人を大感激させた。この一言で、蔣介石は日本人のあいだに人気を博し、戦後も長いあいだ良いイメージを持ち続けることになった。実は、蔣介石は大陸の日本軍人百二十万人と民間人八十万人、台湾の日本軍人十六万人と民間人三十三万人の蜂起を恐れて、一刻も早く出て行ってほしかったのだと言われている。大陸の日本人から物品を奪わなくても、目の前には台湾という宝の山があったからである。

中国政府は、九月一日に台湾省行政長官公署を発足させ、長官に陳儀《ちんぎ》を任命した。台湾人は知る由もなかったが、陳儀は福建省省長をしていたときに私腹を肥やすために汚職を繰り返し、それを咎めた学生たちを虐殺したことで知られる人物であった。「台湾は当面、省としては取り扱わず、接収完了後、地方行政機構が整備された後に省政府が置かれる」と決められた。台湾人は、どう決められようと議論も反対もできなかった。十月二十五日に、中国と日本のあいだで正式な引き継ぎの調印式が行なわれることになった。

外国語に等しい北京語

台南市では北京語の学習熱が俄かに高まった。日本人もアメリカ人も見落としていた大きな問題がここにあった。台湾人にとって、中国語（北京語）は外国語だという点である。台湾語と北京語は、ルーツは同じでも、まったく通じ合わない言語である。いわば、同じゲルマン語から派生してまったく異なる言語となった英語とドイツ語のような関係であり、後に、私が言語学を学んで研究したところ、台湾語と北京語の相違点は英語とドイツ語以上であることが証明された。要するに、台湾人はまた一から外国語を学ばなくてはならなくなったのである。

とにかく、中国の一省になるには、必要最低限の中国語を身につけなければならないという気持ちであった。それでも、日本時代よりは、もっと自由に台湾語を使えるだろうと楽観的に考えていた。

町では少しでも北京語を知っている人が、多くの私塾を開いた。どこも押すな押すなの超満員であった。私の家の近くにある天公廟のそばの塾からは、「三民主義　吾党所業　以建民国　以進大同……」の中華民国国歌〔国民党党歌〕を教える歌声が賑やかに伝わってきた。

除隊してもどってきた育彬《いくひん》弟とその同級生の五人が、北京語を教えてほしいと言ってきたので、私は自分の部屋の応接間でかれらに教えることにした。少しずつ月謝を求めて、それを小遣い銭にあてた。私は北京語を東大で半年しか習っていない。それなのに、一応教えてみる気になったとは心臓が強いというほかないが、当時の雰囲気が、私にそんな度胸をつけたのであろう。

このころは、台南だけでなく、島内はどこでもこんなふうに、中国人が接収に来るのを歓迎するような雰囲気であった。

「解放されて前より良くなる」という中国人の宣伝文句に、台湾人はすっかり騙されてしまった。もともと、お人好しで単純な性質である上に、五十年間の日本の教育によって、国や公《おおやけ》の機関はウソをつくはずがないと信じていたのである。

演劇活動

一九四五年（昭和二十）の九月末ごろ、育彬弟の仲間の一人である黄昆彬《ソーコンピン》と台南高等工業〔現・成功大学〕の学生たちが、私に劇の脚本を書いてくれと頼みに来た。やぶから棒で、私はびっくりした。かれらは時間をかけて次のように説明した。

「ぼくたちは台南学生連盟といって、全市の中学校以上の学生を網羅した組織の委員です。十月二十五日の『光復記念日』のために、演芸会を開催したいのですが、音楽や舞踊の他に演劇もやりたいのです」

かれらはその脚本を私に書いてほしいというのであった。

「なぜそんな話を私のところにもってくるんだい？　私は脚本なんて書いたことはないよ」

「王さんは台南市で東京帝大文学部に行った、ただ一人の人ですから。書ける人は王さんしかないと考えたのです」

「台湾文化協会で演劇をやった人たちに相談するのが筋じゃないかね」

「あの人たちとは齢もうんと違うし、考え方も違う。かれらは若い者をバカにしがちです」

これは本当に困ったことになったと思ったが、かれらの苦労はわかった。

「じゃ、書けるか書けないか、わからないが、ともかくやってみよう。で、どんなテーマがいいのかな」

かれらはすっかり喜んでしまった。

「林献堂《りんけんどう》先生たちが九月に南京に招待されたでしょう。かれらが帰ってきたときに『台湾人は今までよその家へ養女に出されて、いじめられていたのが、ようやくわが家へ連れ戻されたようだ』という談話を出しましたが、あの言葉をテーマにしたいのです」

「よし、わかった」というわけで、私は早速取りかかり、一週間かけて八十枚の脚本を書き上げた。時間はおよそ一時間、長くても一時間二十分以内ということなので、私は考えた末に、二幕物にした。題して「新生之朝」。

第一幕は、主人公の台湾娘、陳恵珠《タヌフイツウ》が養女に行った先の家でいじめられるところ、第二幕は実家に連れ戻されたところにした。

第一幕では、養家に同じ年ごろの娘がいて、この娘が陳恵珠をいじめる。張媽《ティウマア》というおばさんが、こき使われている彼女を見つけて、長いあいだ音信不通だった陳恵珠の父親が成功して、街に戻ってきたことを教える。第一幕の終わりのところで、父親の陳老爺《タヌラウヤ》が現われ、感激の親子対面を果たし、かれは気前よく養家に金を払って娘を連れて帰る。

第二幕は実家へ帰った陳恵珠が、自堕落な生活をし、病気になる。これは当時の社会に対する諷刺のつもりだった。この病気を治そうというヤブ医者を三枚目にしたてて笑わせる。志中《チーテイヨン》という若者が陳恵珠に好意を寄せ、愛情ある説得をして彼女を更生させようとする。だが、言うことを聞かないので、志中が捨てゼリフを残して出て行くというところで終わらせた。

二幕物など聞いたこともないが、このように変則的になったのは、気の利いた結末《カタストロフ》がどうしても考え出せなかったからである。なぜなら、それはすべて台湾の今後にかかっていたからだ。

約束の期日までに仕上げて脚本を渡し、かれらは喜んで帰っていったが、二、三日すると、またやって来て、「演出できる人がいない」と泣きついてきた。

「文化協会の人に頼むよりしかたがないね」

「それが、学生たちに芝居が教えられるかと取り付くしまもないのです。王先生、お願いします」

泣き落としにあって、とうとう私は演出も引き受けることになってしまった。私はかれらに役者を募集させ、私が志望者をテストした。

演技のテストではみんな恥ずかしがり、私は癇癪を起こした。幸い、ヒロインの陳恵珠役には、郭という天才的な女学生を発見できて、これならいけると胸をなでおろした。

ところが男性の主人公、陳老爺の役は、学生たちには難しかったようで、一人として合格圏にいなかった。委員たちは、「いっそのこと、王先生がやってください」と勧めるので、これもまた引き受けてしまった。

志中の役には、黄昆彬が出ることになった。「新生之朝」のほかに、「偸走兵」（脱走兵）という一幕物を考えていたが、その演出は黄昆彬に任せた。しかし、演技者たちが言うことを聞かないので、しかたなしに、これも私が演出をすることになった。

自由に台湾語が使える世の中になったのだから、私はセリフを全部、台湾語にした。しかし、台湾語には当時、人口に膾炙《かいしや》した表記法がなかった。私は、脚本を歌仔冊《コアアツエ》式の漢字で書いた。ところが、台湾語を全部漢字で書くのには無理がある。台湾語の中に、漢語起源以外の言葉が数多く含まれているからだ。どうしても当て字を使うことになる。これは歌仔冊で使われてきたやり方で、七言の各句の終わりが韻をふんでいるので解読の助けになる。私は脚本の各所にそれを借用し、応用した。これらは名セリフとして大向こうをうならせるにちがいないと自信があった。

しかし、日本語の教育しか受けていない学生たちは、脚本を見ても、どのように発音するのかわからなかった。私が読んで聞かせると、かれらはアイウエオと片仮名で発音をつけるのであった。

そもそも台湾語は、アイウエオ五十音で表現できる音韻体系ではない。それを日本式に発音するからたまったものではない。かれらの発音を聞いていると、臭乳憺《ツアウニータイ》〔ロレツが回らない〕で、外国人のようだ。似非《えせ》クリスチャンが嫌いだったばかりに、宣教師たちが考案した教会ローマ字を勉強しなかったことが悔やまれた。後に私が台湾語の表記法を考案したのは、このときのことがきっかけになったのである。

私は覚悟を決めて、一字一句の発音を教えることから始めた。

「この字は有気音、つまり、『タコ、タコ、アガレ』の『タ』だ。この字は無気音、『ハタ』の『タ』だ。この字は鼻音といって、鼻にかかる。この字は陰平《いんぴょう》〔台湾語には七種類の声調がある。陰平は高いところで平らに発音する声調のこと〕で平らに発音する。別の声調で発音したら意味が通じない」

演技以前の問題で、初めの二週間というものは即席の台湾語教習所といったところだった。

若者たちを驚かせた私の流暢な台湾語は、「歌仔冊」による独習と、幼いときから父に仕込まれた『四書』や『唐詩選』の素養が役に立ったのである。

さて、一ヶ月近い猛稽古の末、十月二十五日の当日を迎えた。演芸会三時間の予定のうち、二つの劇で二時間を占めた。舞台装置やメーキャップは私が文化協会に頼んでやってもらった。私は本物のお爺さんのようだとみんなを驚かせた。二つの劇は大変な評判を呼んだ。昼間の部は八分の入りであったが、夜の部は噂が噂を呼んで、木戸が壊れるほどの超満員であった。

私はこの成功で、一躍、有名人になった。散歩に出かけても、盛り場へ点心を食べに行っても、人が振り向き、「陳老爺」「陳老爺」と囁くのが耳に入った。

私が黄昆彬たちの協力を得て、この年の暮れと翌一九四六年（昭和二十一）に演出した劇は、

「十年後」（スチーブンソン原作）
「郷愁」（一幕・王育徳原作・演出・出演）
「幻影」（一幕・王育徳原作・演出）
「青年之路」（三幕・王育徳原作・演出・出演）

であった。

「郷愁」と「幻影」は一九四六年の暮れに、知人が出資してくれて興行したもので、昼夜二回とも大入り満員であった。しかし、顔パスが多くて、結局、赤字になった。

劇の合間に舞踊を取り入れた点が、多少、学芸会趣味であった。もっとも、この舞踊には、私の知り合いの市の名士のお嬢さんを四人も使ったことで、また別の評判をとった。彼女たちが、白い胸元を見せて踊ったのである。市民の封建的観念をいくらか

でも覆すものであった。

「青年之路」は一九四六年（昭和二十一）十月十日の台南第一中学校（台南一中）・台南第一女学校の合同演芸会のために書いた二幕物であるが、「光復」後の社会に対する幻滅で自暴自棄になっていた青年たちに、希望を持てと励ます趣旨のもので、後で詳しく述べる。

文化協会の人たちは、私をかれらの劇の仲間に迎え入れた。私は中国の作家の書いた「屠戸」（豚殺し）という三幕物の主役をつとめた。

その後、国民党台南支部で「野梅槐」というスパイ物を、中国人の演出で上演したが、私はその主役もやった。ほかに、台南一中の遊芸会のために「奨学金」という脚本も書いたのだが、これは私が亡命したために上演されなかった。

第8章　国民党

中国兵がやって来た

十月十日は中華民国の建国記念日、いわゆる「双十節」（十が二つ重なるためにこの名がある）で、台湾人は全市をあげて、初めて迎える双十節に沸いた。この日はまず南門小学校の校庭で祝賀式典があり、私もこれに参加した。二時間ほど立ち通しで足が疲れたが、年輩の人たちも多く、私はかれらの熱意に打たれた。

張大佐という人が紹介されて、高い演壇にあがり、一席ぶった。私はこのとき初めて中国の軍人を見た。張大佐と聞いただけで、私は感激をおぼえた。今までは、杉本大佐とか橋本大佐とか、たいてい二字の苗字の軍人であった。一字の苗字の大佐は初めてで、これは台湾人でも偉くなる資格があることを象徴するものだと思ったのだ。彼はこざっぱりした軍服を着ていたが、日本軍人ほど立派ではなく、だいぶ貧相であった。だが、これぐらいの差はしかたがないと私は思った。

国旗である青天白日満地紅旗が掲揚され、国歌が斉唱された。私は感激した。

午後に中国軍が進駐してくるという噂が広まり、市民の相当数の者が沿道に出て待っていた。私は駅から大正公園に通ずるメインストリートに行った。やがて数百人の兵隊が駅から出てきた。こうした場合、日本軍ならラッパを吹き吹き、軍旗を守って歩武堂々と行進するのであるが、そんな様子はなかった。

いずれも、よれよれの軍服を着て、その軍服も色や型がまちまちであった。老兵もいれば少年兵もいた。日本軍も戦争末期になると、兵隊の体格は貧弱になったが、中国軍はそれ以上に貧弱であった。

靴を履いているのもあれば、ワラジ履きの者もおり、裸足の人もいた。背嚢《はいのう》も革製ではなくて、網みたいな袋が多かった。中身が丸見えであった。衣類が押し込んであったり、金盥《かなだらい》や魔法瓶やコップが入っていた。みんな、てんでんばらばらに銃を担いだり、さげたりしていた。こうもり傘も持っていた。後尾の方はことに貧弱で、両端に荷物を下げた天秤棒を担いでいたり、二人で一つの荷物を担いでいる者もあった。大きい釜もあれば、黒光りする布団もあった。まるで、どこかの避難民といったありさまだった。

それでも人々は盛んに旗を振り、爆竹を放ったりした。習いたての北京語で話しかけたり、兵隊に物をやる人もいた。涙を流している人もいて、私はここでも胸にこみあげてくるものがあった。

「長いこと日本を相手にゲリラ戦をやったのだから、こんな恰好になるのは当然だ。日本軍はこんな軍隊に負けたのだから、装備の良し悪しだけで、勝敗などわかるものじゃない」

そんなふうに考えた。

だが、それから二日たち、三日たち、私の感激ははたして本物なのだろうかと自分を疑いはじめた。中国の兵隊たちは日増しに増えてきて、市中に兵隊が溢れるようになった。わが家の三十メートルほど先の、元は大和旅館といった日本人の旅館が接収されて、兵隊の一部がそこに寝泊りした。かれらは停仔脚《ティンアカア》に歩哨を二人立てていた。そのため、人々はそこを迂回しなければならなかった。歩哨は立ったまま何かを食べたり、わけのわからない言葉で通りがかりの人を冷やかしたりした。台湾人は、道を歩きながらものを食べてはいけないと教育されていたが、中国兵は平気で大道でそれをやるのであった。

市内の長い壁には兵隊が黒い墨でスローガンを書いた。

「民族至上！」

「国家至上！」

「擁護領袖！」

と下手な字をデカデカと書くのである。大正公園の天主教会堂の白壁は、奈良の古寺を思わせる情緒のある壁だと感心して見ていたのだが、そこに一文字が一メートル四方もある大きな字で、スローガンが書かれたのには驚いた。この人たちは、文化ということが何もわからないのだなと思った。

どこへ行ってもスローガンにぶつかったが、私にはどれもおかしく思われた。なぜ、「民族至上！」「国家至上！」と言わなければならないのだ。それほど強調するところを見ると、何かそれ以上に大事だと誤解されるものがあるのだろうか。たとえば「国民党」とか「蔣介石一族」とか。「擁護領袖」はさらに奇怪だ。領袖、蔣介石は唯一最大の指導者ではないのだろうか。誰だってかれを擁護しているはずではないのか。かれが指導して抗日戦争に勝ったのではないのか。そんなわかりきったことを強調しなければならないのは、きっと蔣介石を擁護しない人がいるからにちがいない。

そのうち、中国兵があちこちで物を強奪する、台北では中国兵による強姦が頻発しているらしいという噂がささやかれるようになった。

中国兵は町で五十円の品物を買って百円の領収書を書かせるという話も聞いた。それだけならまだいいが、その領収書と品物に難癖をつけてもどし、百円をふんだくるという。文句を言うと殴られる。日本人の露店商から水道の蛇口を買って、帰ってから、それを壁に突っ込んで「水が出ない。騙したな」と言って、日本人を殴ったという話も聞いた。

空き家になった日本人の家屋に住んでいた台湾人は、中国人に追い出された。台湾人は従順だった。整列して乗り物を待っているところへ、中国人が割り込んできても黙っていた。「整列して切符を買ったり、乗り物に乗ったりするのは、日本奴隷化教育のあらわれだ」と中国人に嘲笑されると、そうかもしれないと納得する気持ちがあった。しかし、中国兵と日本人がケンカをするとき、台湾人は日本人を応援することが多かった。こうした光景は台湾島内のどこでも見られたようである。

おっとりしていた街は次第に荒れすさんできて、まるで世の中が変わったように感じられた。中国人に対する疑惑は、私の心の中で加速度的に深まっていった。

十月五日、行政長官公署秘書官の葛敬恩《かつけいおん》が台北に来て、「前進指揮所」を設置した。日本人は早く引き継ぎをしたがっていたが、葛は日本人に、引き続き仕事をするように指示を出したという。

葛は「台湾は正当な中国文化の薫陶を受けていない『化外《けがい》の地』で台湾人は二等国民である」と述べた。このように中国人は台湾領有に対して、まったくの見当違いの認識を持っていた。中国人は、辛亥《しんがい》革命から始まった内戦や抗日戦で疲弊し、国民のほとんどが教育を受けておらず、八五％が文盲であった。その中国人が、近代的な生活をしてきた教育程度の高い台湾人を統治することになったのである。台湾での就学率は、昭和十八年（一九四三）の時点で七〇％に達しており、当時の世界各国と比べても高いほうであった。

ここから始まる台湾人の悲劇について、このとき日本人もアメリカ人も気がつかなかった。いや、われわれ台湾人でさえ、まだ気がついていなかった。

十月二十五日の受降式典（引き継ぎ式）のために中国から要人や軍人がぞくぞくと台北へやって来た。かれらはみなアメリカの軍艦に乗り、アメリカ軍に護衛されていた。中国人は、口では降伏すると言っている日本人に裏をかかれる危険もあると考えて怖れていたのであった。だが、安藤利吉総督以下、日本軍にそんな考えはさらさらなかった。

十月二十五日、台北公会堂で受降式典が行なわれた。安藤利吉台湾総督兼第十方面軍司令官は、台湾省行政長官陳儀に降伏状を提出し、台湾と澎湖島に対する日本の統治は正式に終わりを告げた。このとき日本側は、日本軍降伏の正式な手続きを執り行なうということで、台湾の返還など国際法に基づいて処理されることについては、正式な講和条約を待つ必要があると考えていたという。

しかし、調印式の後、陳儀は「われわれは、台湾、澎湖諸島地区の日本軍の降伏を受け入れ、それとともに台湾、澎湖諸島の領土、人民、統治権、軍施設および資産を接収する」と述べ、「今後、行政、軍事その他すべてに関して、自分の命令に従うように」と命じた。そして、式典の直後、ラジオ放送で「本日より台湾および澎湖島のすべての土地、人民、政治は中華民国国民政府の主権下に置かれた」と宣言したのである。

台南一中の教師となる

私は十月二十五日の劇の上演後まもなく、中国人の楊《よう》という人のつてで台南第一中学の教師になった。楊さんに連れられて、蘇《そ》恵鏗《けいがん》校長に会いにいった。私は蘇校長の話す広東語も北京語もほとんど理解できなかったが、楊さんが厦門《アモイ》の出身で、厦門語と台湾語は互いに多く通じるので助かった。校長は、私が東大中退だと聞くと、「それでよい。明日、台南一中を接収に行くから早速一緒に来てください」と言った。楊さんはこんなことを言った。

「こう言っては失礼だが、中国では、学校の先生になるなんて、最もつまらんことですよ。給料は安いし、別収入は無いし、才能のない人が行くところですよ」

私はこれを聞いて不愉快になり、また疑問に思った。大事な教育を、能無しの人がやるとは、いったいどういうことだ。これで国家が栄えるのだろうか。教育に対する侮辱だと思った。

台南第一中学は戦前の台南州立第二中学校である。中国式では、単に第一中学という。中国式の××中学は、原則として初級中学と高級中学の二部を兼ねる。だから、私は中学校と高校の教師になったというわけである。

私が卒業した台南一中には、まだ日本人の子弟がいたので、接収を見合わせ、台南二中を接収して台南第一中学にし、元の台南一中は名前を台南第二中学に変えた。

翌日、学校では芝原校長、山口教頭以下、二十人ほどの日本人の先生と、三人ほどの台湾人の先生が校門のところにきちんと整列して私たちを出迎えた。しばらく校長室で休憩し、その後、校庭で全校生徒と初対面の挨拶をかわした。生徒たちは私の姿を見ると、歓声をあげた。

「陳老爺だ」と言っている。私が校長のすぐ横に立っているのを見て、「陳老爺は案外偉いじゃないか」と思っているらしかった。

その日から早速、接収事務が始まった。主として山口教頭と私が折衝した。ちゃんと帳簿ができていて、一つ一つ実物と照らし合わせた。教員室の机や椅子から宿直室の布団の枚数まで、きちんと書かれていて、一つとして遺漏はなく、私は大いに感心した。

他所《よそ》では接収にまつわる笑い話のようなエピソードが実に多かったのである。「金槌」と書いてあるのを見た中国人が「金《きん》で作った槌を出せ」と迫ったという話や、布団の中の綿を売ってしまった接収官の話や、日本の会社が呈示した貸借対照表の貸し方と借り方の帳尻が合っているのを見て、「合っているのはごまかしに決まっている」と中国人が怒鳴った話など、枚挙に暇がない。

国民党政府は日本が降伏すると、中国奥地から要人や自分の息のかかった部下や縁者たちを中国の各都市に派遣して、「八年間苦労したのだから、苦労した分を取り返して来い」と言ったそうである。国民党の台湾接収行為は、まさにこの収奪の精神で行なわれたのである。

いよいよ授業が再開された。私は訓育主任となって、生徒の綱紀を取り締まることになった。このとき私はまだ二十一歳であった。

私は北京語が片言しか話せず、校長の言うことは、わかってもわからなくても「是《スー》的《ダ》（はい）」とだけ返事した。それでいて信任されたのだから、面白いといえば面白い。校長が私を信任したのは、私が日本人の先生がたと親しくなって、うまくコントロールができたことと、楊さんが紹介してくれたからであろう。

授業といっても、ほとんどが日本人の先生の力を借りなければならなかった。しかし、教育処の命令で、精神形成にかかわる科目は日本人の先生に受け持たせてはいけないことになっていた。このため、公民・地理・歴史は校長と私が担当した。「国語」は日本語ではなく北京語になり、これは鄭《てい》という先生と女性の戴《たい》先生が担当した。

公民の主体である「三民主義」や本国（中国）地理、本国歴史、外国地理、外国歴史はいずれも私にとって初めての科目であったが、私は日本人の露店商から買った百科事典や『物語東洋史』を使って、教材を作って教えた。それが、案外好評であった。

訓育主任となった私は生徒たちを厳格に取り締まった。私は終戦後のハイティーンが、戦後の無秩序な社会をいいことに、長幼の秩序を忘れていることや、服装が乱れていることを、苦々しく思っていたから、ビシビシ取り締まった。寛大な「陳老爺」のイメージで私を見ていた生徒たちには意外だったらしく、一部の生徒には反感を持たれた。

一番手こずったのは兵隊帰りの生徒たちで、この連中はとりわけ精神が荒んでいた。かれらは年齢も私と三、四歳しか違わず、言うことを聞かなかった。

私は教師と演劇活動のほかにも仕事をした。

龍瑛宗《りゅうえいそう》氏が『中華日報』新聞の日文版編集長として台南にやって来て、私に協力を求めたのである。龍瑛宗氏の名前は、『文芸台湾』で知っていた。かれは「パパイアのある街」で雑誌『改造』に入賞した著名な台湾人作家であった。私をかれに紹介したのは、育彬弟のグループの一人の葉石濤《ようせきとう》〔後に台湾を代表する作家となる〕という文学青年であった。

中華日報社は台南駅の目の前にあった。もともと『台南日報』という台南で最も大きな新聞社だったのが接収されて、国民党・党部機関紙となっていた。四ページの新聞の三ページまでが中文だが、最後の四ページ目だけは日本語が許されていた。台湾人の若いインテリは中文が読めなかったから、日文版は人気があった。私はかれに頼まれて何篇かの随筆を書いた。その中でも、「孔教批判」（上・下）、「老子と墨子の対話」、「見合い結婚より恋愛結婚を」の三篇は、今でもよく覚えている。いずれも封建制度の残滓をなくさなければいけないという思いから書いたもので、これらは相当の好評を博したようであった。

しかし、一九四六年十月、日本語版は禁止されてしまった。

日本人の引き揚げ

日本人の引き揚げが始まったのは一九四五年（昭和二十）十二月であった。港は基隆《キイルン》か高雄《たかお》であった。沖縄の人だけが花蓮港《かれんこう》から出発した。日本人の引き揚げは翌四六年の四月末まで続いた。残って仕事を続けるように命じられた二万数千人を除いて、全員に引き揚げが命じられた。居残りを依頼されたのは、医学部教授、医師、各機関のトップ、技術者などであった。

中国人が来てからは、日本人はもはや台湾に居場所を見出せなくなっており、みな帰国を望んでいた。そんな日本人に、ある台湾人がこう言った。「あなたたちはいいですね。たとえ戦争に負けても、自分たちの国があるのですから」

日本人の友人や知人が帰るときは、まるで育ての親に見捨てられるような気持ちにもなった。名残を惜しんで基隆や高雄まで見送りに行った人もいたという。

入れ違いに一九四六年（昭和二十一）の正月ごろから、日本にいた台湾人が続々と帰台しはじめた。私は引き揚げてくる兄一家を台北まで出迎えに行った。台北市でも日本人が家財道具を処分している状況は台南と同じであった。

台南に帰る途中の汽車の中の乱雑ぶりはひどくなっていた。駅に着くたびに、勝手気ままに売り子が乗り込んできて物を売った。車内はかれらの売り声で耳をつんざくばかりの騒がしさであった。押し売りの真似をしてすごむ売り子もいた。半年前までは考えられなかったことである。

兄は私が演劇をやっていることを知って、「へえ、そんな才能があったとはね」と驚いた顔をした。私は兄をびっくりさせたことが、少なからず得意であった。

郭徳焜《かくとくこん》、頼永祥《らいえいしょう》、邱永漢《きゅうえいかん》ら東大の先輩たちも帰ってきた。やがて、かれらは台北で私立の延平《エンピン》学院を創立した。福沢諭吉の慶應義塾大学にならって、大学を作ろうと考えたのにちがいない。かれらは東大の大先輩である朱昭陽《しゅしょうよう》を院長に担ぎ、教授とか助教授になった。有能なかれらの才能を生かす場が台湾にないため、やむをえない学校の創設だった。

中国人は、日本人が在職していた社会の主要ポストをすべて占領した。台湾に流入する中国人の数はどんどん増えて、優先的に職につき、台湾人の仕事を奪っていった。台湾人のエリートが就いてしかるべきポストを、上海あたりから来た靴職人が取ってしまうということにもなった。台湾人はそれを指をくわえて見ているしかなかった。

中国人は台湾人にポストを与えない理由を、国語（北京語）ができないせいにした。日本の奴隷教育がしみ込んだ台湾人は、訓練を受けさせなければ使えないと公言してはばからなかった。

陳儀は、台湾人には適当な人材がいないという理由で、一九四六年五月まで日本人警官を留用したが、実はそれは、大陸から中国人が来るまでのあいだ、台湾人にポストを取られないようにするための措置であった。

日本時代には、行政に携わる公務員の数は一万八三〇〇人であったが、陳儀が来てから四万三〇〇〇人にも増えた。中国人は自分が役人になると、妻や兄弟姉妹にまでさまざまな肩書きを与えて給料を取らせたのである。

日本の統治から解放されて社会的に活躍できると思っていた台湾人は、すっかり当てが外れ、憤懣やる方なかったが、どうすることもできなかった。戦勝国民だと言われたのはつかの間で、中国人はわれわれ台湾人を、敗戦国日本の所有物としてしか見ていなかったのだ。

日本人の海外における財産一切は「賠償の一部として連合国に移行する」と発表されていたが、「日本資産管理委員会」が台湾に設置されたのは、一九四五年十二月で、それまでのあいだに大方の資産は中国人に奪われていた。かれらは台湾の全産業の九〇%、土地の七〇%以上を得たほか、金融を独占し、私有の会社を官営にした。特産物やタバコ、酒は政府の専売とし、台湾人の貿易を禁じて、完全に貿易局の独占とした。

誰も台湾人の味方になってくれそうもなかった。日本人はすでにそういう立場になかった。頼りのアメリカは、大陸で共産党相手に苦闘している国民党政府を支援していた。それでもただ一つ、台湾の民主化を望むアメリカの圧力によって、一九四六年、台湾省参議会が作られた。県・市制度の制定に合わせて、県参議会、市参議会、省参議会の参議員を選挙で選ぶことになった。しかし、これは、民主的に見せるためのまやかしに過ぎなかった。実質的には何の力も持たず、台湾の有力者と知識人はいっそうの不満を募らせることになった。

検察官となった育霖兄

兄は家にもどって来てからしばらくブラブラしていた。父は初めは歓迎したが、まもなく職をさがすようにとせっついた。兄は一、二度、台北に出て職をさがし、やっとのことで新竹《シンテク》地方検察局の検察官になった。家の者は、兄が台南の近くに職を見つけることを期待したが、駄目であった。

このとき兄は二十七歳であった。今思えば、もしあのとき新竹で県長と市長の政治的な争いに巻き込まれなかったら、兄は殺されずにすんだかもしれない。

台湾は農作物の豊富に穫《と》れる島でありながら、深刻な食糧難に直面していた。中国人が来てから、物資はどんどん大陸へ持ち出されていた。一九四六年（昭和二十一）に収穫された米は六百万石（一石は人が一年で消費する量、約百五十キロ）以上で、台湾人の食糧を補って余りあるはずであったのに、なぜか米不足であった。

食糧を島外へ売ることは禁じられていたが、中国大陸へ運び出して高値で売る商人があとを絶たなかった。兄は持ち前の正義感を発揮して、この悪徳商人たちを容赦なく捕まえた。新聞は兄の快挙を褒めたたえた。

そういう商人の中には、家にやって来て、「見逃してくれ」と金を置いていこうとする者もいた。もちろん兄が受け取るわけがない。「役人だって荷の積み出しをやっているのに、なぜわれわれ小物ばかり捕らえるのだ」と文句を言う者もあったが、兄は相手が誰であろうと手加減はしなかった。

兄は新竹市長の郭紹宗《クエシヤウツオン》がアメリカから無償で送られてきた粉ミルクを横流しした一

件の摘発に乗り出した。相手が市長だけに、兄の上司の張《テイヨ》主席検察官は乗り気ではなかったが、市長と対立関係にあった県長の劉啓光《ラウケエコン》の後押しがあったようである。劉県長は嫂の母方の親戚であった。

しかし、郭市長は取り調べに応じないどころか兄を買収しようとした。ついに兄は司法警察を引き連れ、強制捜査に踏み切った。ところが、乗り込んだ兄たちは、市長をはじめ取り巻きの中国人に愚弄され、捜査令状を取り上げられてしまった。その上、「検察の不法捜査だ」と反撃されて、しかたなく引き下がったのである。

この責任問題の心労から張主席検察官は急死してしまい、兄も責任をとり、辞職せざるをえなくなった。

兄はこの後、弁護士になる決心をしたが、それには検察官を辞めてから半年の期間を経なければならない決まりがあった。兄は、その間、台北に出て建国中学（元の台北一中）で公民と英語の教師をやり、その後、延平学院の教授になった。また、林茂生《りんもせい》氏や王添灯《オンテヤムテイン》氏の主宰する『民報』（新聞）の法律顧問をつとめ、『提審法概要』という本を書いて出版した。兄の不屈な、エネルギッシュな活動ぶりに私は驚いた。

兄はまたこのころ、アメリカの在台湾領事館のジョージ・カール氏と親しくつきあっていた。カール氏には台北高校で私も兄も英語を習ったことがあった。戦時中、帰国していたカール氏は戦後、副領事として台湾にもどってきたのだ。二人は、台湾の将来について、様々な問題を話し合ったらしい。

要注意人物と目される

王添灯氏の『民報』のほかにも、このころには多くの新聞が刊行されていた。まだ日本文の使用も許されていたので、台湾人知識人は、新聞に現状に対する悲憤、憤慨を綴り、今後どうすべきかについての主張を日本文で発表した。

ところが、政府（行政長官公署）は「光復」から一年後の一九四六年（昭和二十一）十月をもって、日本語の使用を全面的に禁止する通達を出した。これは台湾人にとって、知的活動を禁じられることを意味した。

学習してわずか一年では、台湾人が北京語を使いこなすまで習熟していないのは明白である。日本語教育を受けた世代は、思考するときには日本語を使い、知識を得るのも日本語の書物からである。新聞、雑誌、放送のすべてで日本語が禁じられ、政府に対する批判は封じられた。

日本語ばかりでなく、台湾語も学校、職場での使用は禁止となった。外国へ行ったならともかく、自分の生まれた国にいて自分たちの言葉を取り上げられる悔しさと屈辱感は、何ものにも喩えがたいものであった。

一九四六年の秋、私は台南一中と台南一女の合同演芸会のために脚本を書いて演出した。題して「青年之路」。学芸会といってても日本の中学校でやっているような慎ましいものを想像されては困る。街で一番立派な劇場を借り切り、中国式に飾りたて、一般市民にも開放して見せるのである。両校はこの街で由緒ある中学校だったし、それまでに私はいくつかの劇を公演して名を知られていたので、前人気は上々であった。題からもわかるように、私の脚本はたぶんに政治的なものであった。

冷たい家庭に育った学生が悪に染まり、物理教室からモーターを盗み出す。しかし、優しい兄さんが身代わりになって引っぱられていく姿を見て悔い改める、というような筋であった。

私は劇中に次のようなシーンを挿入した。

中国人にさんざん虐待されて、乞食同然の姿で海南島《かいなんとう》から引き揚げてきた兵隊が、

「中国が祖国だと？　なんであそこがわれわれの祖国の一部であるものか」

「同胞だってさ、これが同胞に対する仕打ちか」

と泣き喚きながら上手《かみて》から現われる。

すると、下手《しもて》から一群の小学生が、無邪気に「光復」を祝う「歓迎歌」を歌いながら登場してくる。

台湾今日慶昇平　（台湾は今日天下泰平を平和を祝う）

仰首青天白日清（青天白日旗を仰ぎ見て）
六百万民同快楽（六百万の民は共に楽しみ）
壺漿簞食表歓迎（大喜びで軍隊を迎えねぎらう）
哈哈到処歓迎（ははは、到る所で歓迎しよう）
哈哈到処歓迎（ははは、到る所で歓迎しよう）

中国に対する台湾人の無邪気な期待と、その後の深い失望を対比させたのである。二つの出来事は実際には一年の間隔があるのだが、私はわざと一つのシーンの中に交錯させた。これはあまりにも極端なコントラストであり、あまりにも露骨な風刺であった。果たして場内は割れるような大喝采で、満座興奮のルツボと化したといっても大げさではない。私は大いに溜飲を下げ、少なからず得意だった。

ところが、後がいけなかった。興奮のまだ醒めやらぬ数日後、私は校長室へ呼ばれた。校長が青い顔をして、私に一枚の紙切れを示した。見ると教育処からの公文である。

「報告によれば、去るX日、延平戯院で開かれた貴校の学芸会の演目の一つで、政府をつぶさに諷刺した箇所があったという。もし、事実なら甚だけしからぬことである。よって調査のために、その劇の脚本を一部、至急本処まで届けられたい」

といった内容であった。

あれほど熱狂してくれた群衆の中に混じって、舞台を冷静に観察し、報告を書く人がいたのかとまず驚いた。次に、これはたいへんなことになったぞと怖くなってしまった。また次に、私はこれでも文芸家だ、政治的な圧力に負けてなるものかと反発心が起こった。

「どうしたものでしょうね」

と言うと、校長は中国人にしては珍しく寛容な人間で、

「あの劇を私は夜の部に見たのだが、海南島帰りの兵隊の場面は確かにどきっとした。しかし、劇全体として見れば、なかなか教育性があってよかったと思う。それで相談だが、あの問題の場面だけ、削るか書き直すかして提出して、教育処を騙す手があると思うのだが」

「それはできません。一つの作品ですから」

「そこのところをなんとか……。でないと、お互い困った立場におかれる。王先生、あなたはまだ中国の社会を知らない。ちょっと手を加えれば、それで教育処はメンツが立ってこれ以上追及しない」

私は妥協せざるをえなくなった。郷に入っては郷に従えで、私は広東人校長の忠告を聞き入れて、この事件の幕を下ろしたのであった。

二二八事件が一段落してからわかったことだが、私はこの町での要注意人物の一人

で、消される運命にあったらしい。要注意人物とされた理由は、やはり「青年之路」を含む一連の演劇活動であったようだ。

結婚、つかのまの平穏

一九四六年（昭和二十一）の秋、私は見合いをして婚約した。相手は同じ台南市内に住む林雪梅《りんせつばい》という一つ年下の女性であった。林家は裕福な大地主で、平凡だが堅実な家柄であった。彼女には兄弟姉妹が多かったが、みんな一人の母親の産んだ子供だった。自分の辛い経験から、私は林家の家庭環境を好ましく思った。私が東大に留学していた時期に、彼女も東京のドレスメーカーという洋裁学校〔現・杉野女子大学〕に通っていたが、会ったことはなかった。

たった一度の見合いで結婚を決めたのだが、彼女の弟が、当時、台南一中の私の教え子であったし、私が劇場で演じるのを見ていたので、彼女は私に関して、多少の知識は持っていたようである。

後で聞いた話だが、そのころ、雪梅は親戚のおばさんが持ってくる縁談を片っぱしから断っていたそうだ。ところが、私との見合いの話が持ち込まれたとき、「劇場で陳老爺を演じていた王育徳の素顔を見てみたい。あれはどう見ても、本当のお爺さんのようだった」という好奇心から、見合いに同意したのだそうだ。

私の結婚を一番喜んでくれたのは育霖兄であった。戦争中から冠婚葬祭の儀礼は随分簡素化され、合理化されていたが、私たちの結納、結婚式は旧いしきたりに従って行なわれた。

結納の日、女性側は親戚に菓子を配る風習がある。月餅のような菓子で、直径二十五センチ、高さ四センチぐらいで、餡の種類が違うものを二つで一組とする。その菓子は男性側が用意するのだが、林家からは百二十軒分、二百四十個と指定してきて、父を驚かせた。

一九四七年（昭和二十二）一月五日、私たちは式を挙げた。私は二十二歳、雪梅は二十一歳であった。披露宴は王家で、二十卓〔一卓に十人座る〕のテーブルを用意して行なわれた。テーブルや椅子は普段は折りたたまれて、二階の天井裏に収納されていたのである。かつて華やかな宴を張った時と同じように、中楼から頭前庭を経て頭前楼までぶち抜いて会場とした。

披露宴が終わり、客が引けたあと、育霖兄は私たちの部屋に来て、いつまでも話し込んでいた。私がこれまで住んでいた後壁楼の二階の二部屋が私たちの新居であった。

「徳が結婚して、私は本当に嬉しいのですよ。子供のころから、僕はいつも徳のことが気がかりだった。そばにいて守ってやりたかったが、学年が四年離れているから学校でもすれ違ってばかりで、あまり一緒にいてやれなかった。これからは、あなたが徳のそばにいてくれると思うと、私もやっと肩の荷が下りたような気がしますよ」

結婚式の二日後に、嫁が里帰りする風習がある。そのさいに婿と婿の親、兄弟、近親者までが招かれてご馳走される。育霖兄はこの行事のために居残っていてくれたが、その後、台北へ帰っていった。そして、二度とこの家にもどって来ることはなかったのである。

里帰りの行事の後、数日間にわたって、雪梅の実家から作りたての点心が、人力車に乗った舅仔《クウアー》によって届けられた。「舅仔」をつとめるのは、花嫁の弟か親戚の男の子である。これも旧いしきたりを林家が忠実に守ったものである。

そういう家庭に育った娘らしく、雪梅は真面目で労を惜しまず働き、裁縫も上手であった。家の者とも、うまくやってくれそうで、私は安心した。

三番目の母、阿揚《アヤン》も、このころは一番下の息子、育哲《いくてつ》弟が、私の教え子になっていたせいか、私に一目置くようになっていた。

そのまま日が過ぎてゆけば、雪梅は中学教師の妻として、私は教師のかたわら演劇人として、兄は弁護士として、平穏な人生を歩んでいけたかもしれない。しかし、すべてが覆される日がまもなくやってきた。

抜き差しならぬ事態

戦後まもなく始まったインフレは日増しにひどくなっていった。物資がどんなからくりで、多くなったり少なくなったりするのかということは、一般人にはわからなかった。

父は砂糖や塩を少しストックしていた。値段が上がると、父は喜んで売った。一斤につき三十銭、五十銭の利ざやであった。私は経済はさっぱり知らないが、一般物価の無秩序な高騰から、父のささやかな利益に危険なものを感じていた。

「阿爹《アテイエ》、もう少し売るのを待ってはどうですか」

「いや、あまり欲張ってはいけない。一斤で三十銭も五十銭も儲けられるなんて、これまでなかったことだよ。一週間もしないうちに二、三割も儲かるなんて」

ところが、まもなく、父はこれがインフレだと知って慌てたのである。生涯初めてぶつかったインフレに立ち向かうだけの闘志を失っていた。すでに戦争が父に精神的な打撃をあたえていたのだ。こうして、わが家は没落の一途をたどることになった。

台湾はもともと、農産物、海産物の豊かに採れる島であり、戦争中も統制はあったが、飢える心配はまったくなかった。

戦争が終わったのだから、食糧統制がなくなったのだから、台湾特産の米や砂糖や塩や木材などの生活必需品は溢れるくらいに出回るはずだと誰もが考えた。ところが、外省人〔「光復」後、中国人を外省人、台湾人を本省人と呼ぶようになった〕が来てから、物資は少なくなり、ものの値段は信じられないくらい高くなった。

台南でも、朝ついていた値段が、一日のうちに二倍、三倍になることがあった。政府のいい加減な政治と生産物の島外への売却がその原因なのは、誰にもわかっていた。台湾人は、今さらながらきちんとしていた日本時代を懐かしんだ。

台湾一の特産品、砂糖は日本時代に政府がとくに力を入れ、サトウキビの生産体制から製糖技術までを作り上げた。とくに新渡戸稲造は台湾の製糖業の基礎づくりに知識と情熱を注いだ。日本時代に砂糖は年間三億円の移出高があった。

ところが、終戦後、政府（行政長官公署）は、砂糖の値段を低く抑えて買い占め、貿易局の首脳が海外へ持ち出して、大きな利鞘を稼いだ。このため製糖会社の畑では農民に支払う金もなく、砂糖商も食品加工業者も仕事を失ってしまった。まさに、金のたまごを生むニワトリの首を絞めて殺してしまったのである。

外省人は日本人が持っていた支配体系や機構を丸ごと受け継いだものの、有能な人材に欠けていたので、その体制を維持し運営していくことができなかった。代わりに、日本人と台湾人が五十年かけて築いてきた社会的財産を、金《かね》に換えて略奪したのである。政府はすぐに収益に結びつくタバコ、酒、化学工業、機械の工場だけを運営した。その他は原料を売りとばされ、機械まで外されて売られてしまったために操業できなくなったところも多かった。台湾の産業基盤はがたがたになり、失業者が増えていった。

一方で、これまで見たこともない贅沢な化粧品や雑貨が、上海あたりからどしどし入ってきた。それらの品々はショーウインドウの中から、台湾人の愚直さと貧しさを嘲笑《あざわら》っているかのようであった。ショーウインドウなど覗かないに限るが、たまたま中国人のお偉方とかれらの家族が自動車や自家用三輪車を乗りつけて、何やらわけのわからない言葉をしゃべりながら店に入っていき、しばらくして手に手に品物を抱えて出てくる光景にぶつかったときなど、台湾人は思わず「畜生ッ!」とつぶやいて、拳《こぶし》を握りしめた。

中国人のやり方に台湾人は唖然としたが、それでもまだ、悪いのは行政長官の陳儀とその一味で、中国にある国民党政府はまともな政府だと思っていた。一九四六年(昭和二十一)十二月二十五日に施行される中国新憲法に期待を寄せていた。それによって、台湾の状況が改善されるのではないかと思ったのだ。しかし、陳儀は年明けの一九四七年一月十一日、新憲法は台湾には適用されないと発表した。

台湾人はやっと自分たちが置かれた状態に気づいたのである。

第9章　二二八事件

知られざる「三月大虐殺」

次に私は、二二《にに》八《はち》事件について書かなければならない。

二二八事件は、「三月大虐殺」と言い換えることもできる、台湾史上、最も凄惨な事件であった。政府の軍隊によって三万人の有望な人材を殺されたことは、台湾人にとって、今も忘れることのできない深い傷を残している。

このときの虐殺で、私の最愛の兄、育霖《いくりん》も犠牲となった。兄は私にとって、かけがえのない存在であったばかりでなく、台湾にとっても有用な人材であった。何より、兄自身が台湾のために働きたいという情熱を持っていた。かれは終戦後、そのまま京都地検に残るよう慰留されたが、母国の建設に役立ちたいと帰ってきたのだ。帰国してから、まだ一年しかたっていなかった。まだ二十九歳の若さだった。

兄のほかにも数多くの無実の知識人が、国民党のターゲットになり、残虐な手口で殺された。そして、生き残った者たちも、その後に続く白色テロに怯えながら生きることになった。

しかし、これほどまでの大事件でありながら、日本をはじめ諸外国の人で、二二八事件のことを知る人はほとんどいない。国民党政権が、この事件の真相が外部に漏れないよう、報道の規制を続けてきたからである。台湾人同士、二二八事件のことを語りあうことはタブーであった。兄の息子たちに対する思想調査はしつこく続けられたので、嫂は下の息子が成人するまで二二八事件のことを話さなかった〔二二八事件が語られるようになったのは、一九八〇年代後半のことである〕。

しかし、台湾人はこの事件を決して忘れることはない。

発端はヤミ煙草の摘発

いかなる歴史上の大事件も、そのきっかけは些細なことである。

一九四七年（昭和二十二）二月二十七日の夜、台北市大稲埕《だいとうてい》の盛り場で煙草を売っていた林江邁《りんこうまい》という女性が、専売局のヤミ煙草の摘発にひっかかった。煙草を取り上げられまいと抵抗する彼女を警官が銃で殴りつけたため、野次馬がどんどん集まってきた。専売局の隊員は威嚇射撃をしながら、ジープに乗って逃走したが、そのとき野次馬の一人が撃ち殺されてしまったのである。

あたりは大騒ぎになった。群集は犯人の逮捕を要求しようと、大挙して警察局に押しかけた。日ごろから、政府のやり口に憤懣を抱えていた台湾人の気持ちが、このとき、爆発したのである。

翌日の日付で、兄が寄こした長い手紙にはおおよそ次のようなことが書かれていた。

「昨晩、大稲埕の『山水亭』で、陳逸松《タヌイツション》氏〔弁護士。日本時代の台北市民選議員〕や王《オン》井泉《チェツア》氏〔「山水亭」の主人で、演劇界の重鎮〕らと飲んでいるところへ、例のタバコ売りの女性の傷害事件が起こった。みんなで飛び出してデモ騒ぎを見物したが、街中の爆発的なエネルギーを見るに、必ずや大きな政治闘争に発展するであろう。われわれの時代は意外にも早く近づいてきたようだ。お互いに元気で頑張ろう。私は騒動にはまったくタッチしていないから安心するように」

翌二十八日も、多数の市民が集まって、デモ行進をしながら、専売局に押しかけた。犯人の処罰を求めたが果たせず、局内の摘発煙草や備品などを戸外に出して焼き払った。デモ隊は専売局の後、陳儀《ちんぎ》に陳情しようと、午後一時ごろ、行政長官公署に向かった。ところが、武器を持たない一般市民のデモ隊に対して、長官公署の警備兵は、いきなり機関銃による一斉掃射を加えたのである。デモ隊は逃げ惑ったが、多数の死傷者を出した。

しかし、これでひるむどころか、人々の憤激は頂点に達し、中国人と見れば殴りかかり、中国人の店舗を焼き討ちした。中国人が所有しているものは、かれらが台湾人から搾取したものばかりであった。

しかし、人々はそれらの品物を自分のものにしようとはしなかった。ある店の前で積み上げた品物の一つをポケットに入れようとした人が、他の人に咎められ、すぐに返したという話はよく知られている。日本時代に叩き込まれた道徳教育が身に染みついているのだ。中国人はそれを、日本奴隷教育だと嗤《わら》ったが、それはもう台湾人の特質になっていた。

午後二時ごろ、台北市放送局を占拠した人たちは、ラジオを通じて、台北市の状況を報告し、他の地域でもこれに呼応して立ち上がり、台湾からブタ〔中国人を指す〕どもを追い出そうと呼びかけた。

午後三時、陳儀は戒厳令を布いた。軍隊や警察官が車に乗って市内を走りながら、いたるところで発砲し、多くの市民と学生が射殺された。市民には武器がなかった。

暴動はその夜のうちに台北県下の基隆《キイルン》に波及した。

翌三月一日には、新竹《シンテク》、台中、彰化《チヨンホア》〔台湾中部の都市〕に、二日には、嘉義《かぎ》、台南、高雄《たかお》、屏東《ピントン》〔台湾最南部の都市〕に拡大し、四日には東台湾にも波及した。

組織も計画もなく突発的に起こった暴動が、またたくまに全島に広がったのは、台湾人の鬱憤のエネルギーの大きさを見せつけるものであった。

三月一日、台北市民は自ら暴力を戒めて、秩序維持に努めようとしていた。青年たちは、逃げてしまった警官の代わりに市内をパトロールした。市参議会は議員や有力者を集めて、「煙草摘発不祥事件調査委員会」を組織し、陳儀に戒厳令の解除と、政府も加わった処理委員会の設置などを要求した。今回の蜂起を、公正な政治を求める運動にしようとしていたのだ。

陳儀は承諾し、二日に戒厳令を解除し、処理委員会に様々な分野から市民の代表を招いた。

一瞬、民主的なポーズに思われたが、後になってわかったことには、陳儀は、各人物が政府に対してどんな考えを持っているかを知るために、その場を利用したのである。そして、八日から始まった大虐殺では、これらの人々が一網打尽に殺されたのである。

武力鎮圧を命じた蔣介石

三月二日、台北で処理委員会が開かれているころ、私のいる台南では新聞の号外版で台北市民の蜂起を知った人々が興奮で沸き立っていた。兄からの手紙はまだ届いていなかったので、私は兄のことが心配でたまらなかった。夜になると、青年たちが警察の派出所を襲撃した。警官は武器を放棄した。

三日には市民大会が開かれ、台北市民への支持、省政の全面的改革、市長の民選が決議された。中国人との小競り合いもあった。弟の育彬《いくひん》たちは、田舎での戦いに参加すると言い、武器を持って出かけていった。

四日、私は大正公園のあたりに行ってみた。この界隈の元州庁、参議会館、警察署、消防署、測候所などの建物は市民に占領されていた。多くの人々が街に溢れて興奮していた。中国人はすっかり姿を消してしまい、聞こえるのは台湾語と日本語の混じりあった声だけであった。

「自由平等！」

「打倒《タアトウ》、貪官《タムクアウ》汚吏《リイ》〔汚職まみれの役人〕！」

「要求自治！」

威勢のいいスローガンが台湾語で叫ばれ、日本の軍歌がうたわれていた。台湾語の歌がほしいと私は切実に思った。

一年半のあいだ、中国人の横暴な政治に我慢させられてきたが、これからやっと少しは台湾人の権利も認めさせて、良い生活ができるのだという期待で、私たちは興奮していた。それは当たり前の要求で、それまでが間違っていたのだ。

その他の都市でも、大体同じ様子で、台湾人は、官公署、公営企業を接収し、中国人の店から物を持ち出して焼き払った。中国人は田舎や山へ隠れてしまった。台湾人は中国人を見つけると、殴りかかった。

そこで、中国人は台湾人になりすまして難を逃れようとした。それを確認するのに、日本語や「君が代」が使われた。日本語で答えられなければ、戦後来た中国人だとわかるのである。

三月四日には、台北で全省処理委員会が成立した。常務委員会を設け、その下に総務、治安、調査、交通、糧食、財務の各組を置いた処理局と、交渉、計画の各組を持つ政務局が作られた。

平和的な解決を求める委員会に対し、元日本軍人、青年団体、学生組織は、陳儀との平和的な交渉は無駄だと見て、即時全面武力抗争を主張した。

このとき、陳儀はすでに蔣介石に状況を報告し、増援軍の緊急派遣を要請していた。それに対し、蔣介石は一も二もなく武力鎮圧の命令を下した。陳儀への電文は「Kill them all, keep it secret!（秘密裏に台湾人を皆殺しにせよ）」であったと蔣介石の側近だった宋保《そうほ》が書き残している〔『侍衛官襍記』〕。

蔣介石は共産軍と戦う準備をしていた国民党軍二個師団をただちに台湾へ差し向けた。一方、陳儀は時間稼ぎのため、台湾人の要求を受け入れるような態度を見せていた。

処理委員会は楽観的すぎた。一年半ものあいだ、さんざん中国人のやり方を見てきたはずであるのに、ここへきてもなお、中国人のウソが見抜けなかったのである。

四日付の新聞『民報』にはこんなふうに書かれている。

「過去はもう言うまい。現実を見つめて緊急措置を講じ、有効な方策を実行に移していこう。旧いことは昨日で死んだ。未来は今日始まった。努力して前進しよう。光明の途《みち》を求めて」

三月七日には、大陸から軍隊が向かいつつあるとの噂が広がり、市民は震え上がってしまった。処理委員会は王添灯《オンテヤムティン》が起草した「三十二ヶ条要求」を採択し、陳儀に提出した。王はこれがすぐに実行されることはないと思いながら、遺言のつもりで書いたのだ。

私は、これを台湾人の「人権宣言」だと思っている。「三十二ヶ条要求」の骨子は、次の五つであった。

・政府内においての台湾人の平等に関するもの。言論の自由。
・個人の生命財産の安全保障に関するもの。
・経済政策と経済行政の改革に関するもの。
・軍事行政に関するもの。
・社会福祉問題に関するもの。

これだけの内容を混乱の中でまとめ上げたことからも、台湾人知識人の優秀さと層の厚さがわかるというものである。自分たちの手によって良い国を作りたいという切なる願いがひしひしと伝わってくる。王添灯は、このわずか数日後に殺された。

　三月八日、陳儀は「三十二ヶ条要求」を拒否した。その夜から翌九日にかけて、中国国民党軍は続々と上陸を開始し、台湾人に対し無差別な殺戮を始めた。陳儀はその間に全島にふたたび戒厳令を布き、処理委員会をはじめあらゆる団体の解散を命じ、関係者の一斉逮捕を開始した。

　三月十日のラジオ放送で、蔣介石の〝処理方針〟が示されたが、それは陳儀の暴政については一言も触れず、「暴動は共産党の扇動によるもの」と論断されていた。この放送で、初めて台湾人は蔣介石の本性を知ったのである。

大正公園での公開処刑

　台南では三月十一日、国府軍が高雄港から進駐してくると、ただちに戒厳令を布いて、殺戮と逮捕を始めた。その荒々しさを見たときの市民の驚きは一通りではなかった。

　その日、台南第一中学では平常どおり授業をやっていた。隠れていた中国人教師の授業は合同授業にしたり、自習させたりして何とか繕った。

　昼近くになって、生徒たちがガヤガヤしだしたかと思うと、慌てて鞄を持って帰ろうとする者や、廊下をバタバタ走り回る者があった。教員室を飛び出して生徒の指さす方向を見ると、裏門の東門町へ通じる道を、中国兵が散開した戦闘体勢で学校へ向かって来るではないか。あれは何だ！　一瞬恐怖にとらわれたが、学校は神聖な場所だし、この台南第一中学は暴動には関与していない。まさか乗り込んでくるとは思わなかったが、次の瞬間、私は校内を走り回って、

「みんな、教室に入っていろ！　柱の陰に隠れていろ！　顔を出しちゃいかん！」

大声を張りあげて注意した。

幸い、中国兵は私たちの学校には進入してこなかった。後で聞いたところによると、裏手にある台南工学院が目標で、かれらは日本時代の教練用の旧式の銃器を探し出してきて、二二八暴動に参加した証拠だと言って学校当局に難癖をつけたそうである。実弾の入っていない銃なら、全島の中学校にいくらでもある。しかも、それらは一年半も前の接収でちゃんと封印されているはずだ。まったく馬鹿げた言いがかりというしかなかった。

台南の処理委員会の委員長だった、弁護士の湯徳章《たんとくしょう》は、台南市の暴動の責任を一身に引き受けた。かれは日本時代に警察官だったが、一念発起して日本に留学し、苦学の末、高等文官試験に合格して、弁護士になった気骨の士であった。かれが晴れて弁護士資格をとり、台湾に帰る船には、たまたまドレスメーカーでの勉強を終えた妻の

雪梅《せつばい》が乗船していて、親しく言葉を交わしたことがあった。

　湯徳章は中国人に尋問されても、他の委員の名前は一切言わなかった。三月十二日正午、湯徳章はトラックに乗せられて市内を引き回された後、大正公園で銃殺された。遺体はそのまま公園に放置された。人々は、かれの遺体とその番をする兵士二人から半径五メートルほどのところで取り巻いて見ていた。

　大正公園に行った私は、生まれて初めて射殺死体を見た。かれは頭部に弾丸を受けていた。茶色の背広を着て、後ろ手に縛られていた。上半身はどす黒い血溜まりの中にあった。蠅がうるさく死体の顔にたかっていた。後ろから撃たれ、うつ伏せになっていたのを、足で蹴って仰向けにしたのだそうだ。「示衆」といって、三日間こうやって見せしめにするとのことだった。

　私は胸がムカムカして吐きそうになった。足早に立ち去る私を追い越しながら、人々が、

「かわいそうに」

「中国人は本当にむごいことをする」

「私はもう大正公園を通らない」

　と、小声で言い合うのを聞いた。

　大正公園は台南の人々から「石像《チオシヨン》」と呼ばれて、夕涼みをしたり、野外映画会が催

された憩いの場だった。それを、中国人はこともあろうに刑場にし、遺体の晒《さら》し場にしたのだ。

育霖兄の逮捕とその死

それからしばらくして、わが家に憲兵隊が踏み込んできた。かれらは父に機関銃を突きつけ、「部屋に案内しろ」と要求した。このとき、父は誰の部屋に案内したものか困ったという。わが家で捕まりそうなのは、私のほかに二人いた。日本から帰ってきた後、台南工学院の教授をしていた義兄、黄龍泉《こうりゅうせん》が、同校の二二八処理委員会の副委員長をしていた。育彬弟は、武器を手に学生仲間たちと郊外へ戦いに行っていた。

この日は姉婿が連行されていったが、幸いなことに釈放された。胸を撫で下ろして喜んだのも束の間、育霖兄が台北で逮捕され、消息がわからないという知らせが入った。

兄からは二月二十八日付の手紙の後、連絡がふっつりと途絶えていた。三月下旬になって、親戚の者が手紙で、兄が三月十四日ごろ逮捕されたようだと知らせてきたのである。

家では驚いて、嫂《あによめ》に手紙を出したが、さっぱり返事がない。私は居ても立ってもいられず、台北に行こうと思ったが、私自身、いつ逮捕されるかわからない身である上に、戒厳令が布かれていて自由に動くことができなかった。

後に嫂に聞いた逮捕の日の様子はこうである――。

三月十四日だったか、ある日の正午近く、四、五人の便衣隊〔各種の宣伝や暗殺・破壊・襲撃などを行なった中国人の特殊部隊〕が音もなく、兄夫婦の間借りしている家へ入ってきた。家中の者が呼び出されて、「きみが王育霖か」と一人一人、詰問された。かれらは逮捕令状も人相書きも持っていなかった。兄は一瞬青ざめたが、逃げ出すこともできず、自分は王育霖ではないとシラを切った。

ところが今度は一人一人身体検査をされた。兄は洋服の裏のネームを見つけられて、とうとう言い逃れができなくなった。

「ちょっと、いっしょに来てくれ」

「荷物はいらないのか」

「当分入用なものを持って来い」

嫂は震える手で兄を手伝い、トランクいっぱいに着替えを詰めた。兄はそれを重たそうに持ちながら、遠くに駐車したジープに押し込まれて連れて行かれた。嫂は相当長引きそうだと思う一方で、懲役ぐらいですむのではないかと自分を慰めたそうである。

兄が逮捕されたのには、偶然の要素も混じっていた。

逮捕される三日前に、兄は勤務していた台北高校の恩師カール氏を訪ねて、今後の見通しと身の処し方を相談していた。カール氏は「逃げろ」と言ったそうだ。先生自身、台北の街をジープで走りまわったとき、どこからともなく狙撃されて、危うく一命を落とすところだったという。

副領事のカール氏でさえ逃げる準備をしていたのである。兄がカール氏の忠告を聞き入れて、その準備をしていたかどうかはわからない。あるいは、自分は何も関与していないのだから逃げる必要はない、という呑気な気持ちでいたかもしれない。

三月十四日はカール氏が台北を離れる日だったので、兄は見送りに出かけたのだぞうである。いったんは家を離れたが、途中で財布がないのに気がついて慌てて家へもどってきた。それから五分もたたないうちに便衣隊が踏み込んできたのであった。

もし、兄がもどってこなかったら、少なくともこのときの逮捕は免れることができたはずだ。機転のきく嫂のことだから、カール氏の家なり、知り合いの家なりに電話をかけて、兄にそのまま隠れているようにと注意するくらいのことはできたはずであった。

嫂はそれから夫の釈放を求めて台北市中を奔走してまわった。真っ先に泣きついたのが、新竹県長の劉啓光《ラウケエコン》である。兄が検察官だったときの親交もあるし、遠い親戚でもあったからである。劉は「王太太（奥さん）、大丈夫です、必ず力になってあげます」と言ってくれたが、毎日同じ言葉を繰り返すばかりで、一向に本気で尽力してくれる気配がない。嫂は唇を嚙み締めた。仕方なく、近くに住んでいた王白淵《オンペッエン》氏（文化界の大御所）に泣きついた。かれらだけでなく、嫂は、私もその名を憶えていないほど多くの人に助命を嘆願した。

三月二十三日ごろに、見知らぬ人が嫂に伝言を持ってきた。手渡された紙切れを見ると、兄のことづけで、「西門《セームン》の西本願寺にいる」と書かれていた。持ってきた人は兄と同室だったが、かれは釈放されたのだそうだ。嫂はそれから何日も西本願寺の周りを歩きまわった。人を介して政府筋にも尋ねたが、

「王育霖など捕まえていない。どこかのゴロツキに攫《さら》われたのではないか」

と、とりつくしまがない。嫂は天を仰いで慟哭したという。

それから嫂は生まれたばかりの嬰児を背負って、噂を頼りに、台北市内、郊外のどこでも、兄の遺体を求めてさまよったという。今日は南港だ、明日は大橋頭だというふうに、遺体を見つけてあげたい一心で出かけていった。中国人の殺し方は残虐であったが、嫂は怖がりもせずに遺体の顔を一つ一つ確認した。

半年後、嫂は一切の奔走をあきらめて、まさに尾羽打ち枯らした哀れな姿で、二人の男の子を連れ、台北から引き揚げてきた。プラットホームでその姿を見るなり、私

は思わず泣けてきた。家に着くと、私は声をあげて泣き喚いた。父は半ばうろたえ、半ば怒って私を叱った。

兄がいつ死んだのか、今もってわからない。家族が遺体を確認したわけではないのだ。遺体が出てこないことから、当初、家族はかれがどこかで生存しているかもしれないと、信じようと努めた。火焼島《かしようとう》あたりに流されて、いつかひょっこり帰ってきそうな気がした。

あの年の晩春のある夜、私は兄の夢を見た。かれは右後頭部から左眼窩にかけて、そして右のこめかみのあたりに銃弾の穴を見せて、微笑みながら私の寝室に入ってきた。白いワイシャツは血で汚れていた。かれはトランクいっぱいに服を詰め込んで持っていったはずだ。このひんやりした夜にワイシャツ一枚でいることはなかろうと、私は体を起こしてかれにそう言おうとした。

すると、「徳！　頼んだぞ！」。兄がそのような言葉をつぶやいたような気がした。次の瞬間、兄の姿は消え失せていた。

兄の夢を見たのは前にも後にもその一回きりであった。

私はこの夢を妻にも、嫂にも話さなかった。私は、兄はすでに銃殺されたのだと一人、心の底であきらめた。実際に頭部に二発なら、ほぼ即死だろう。即死ならあまり苦しまずに死んだだろうと、それだけがせめてもの慰めだった。

私の家ではついに兄の葬式を出さずに終わった。遺体も遺骨もないのである。それに、仰々しく葬式を出すと、政府に対する腹いせと受け取られないとも限らない、という父母や他の兄弟の懸念もあって、寺で簡単な法要を営んですませた。

台北から引き揚げてきた嫂は、その後、王家の大家族の中で暮らすことになった。まだ二十六歳だったが、彼女は実家の母親から「女は一度嫁いだら、たとえ未亡人になっても決して再婚せず、一生貞節を守るように」としつけられていた。京都生まれの長男は四歳、前年の暮れに生まれた次男はまだ一歳にもならなかった。

なぜ、兄は逮捕され、殺されねばならなかったのだろう。私は今でもその正確な理由を知らない。新竹市長の汚職を摘発しようとしたさいのいざこざが、原因の一つになったのではないかと思われるが、何の理由もなく殺された人のほうが多いのだ。

事件後の四月一日、政府の機関紙『新生報』には、こう書いてあった。

「今次の事件は政治改革の要求でもなければ、いかなる種類の暴動でもない。それは日本教育を受けた者たちのハネ上がりであり、日本精神の余毒が祟《たた》りをなしたものにすぎない」

日本精神の毒素を取り去るために、国民党は日本時代に育った台湾人を消したのだろうか。

この事件で殺された人の数は約三万人と言われている。今でも、その数ははっきりわかっていない。当時の台湾の人口は六百万人であったから、人口の〇・五％が殺されたことになる。日本の人口一億〔一九六五年当時〕に当てはめれば、約五十万人が殺されたことになる。戦地でもない社会で、一ヶ月のあいだにこれだけの数の住民が、政府の軍隊によって殺される恐怖は筆舌に尽くしがたい。しかも殺されたのは、罪人でも悪人でもない、善良な知識人や青年たちであったのだ。数が失われただけではない。質もまた失われたのである。

一方、中国人側の損害は、死者三百九十八人と発表された。

二二八事件の中国人のあまりの残酷さに、台湾人は胆をつぶしてシュンとなってしまった。もはやインフレも失業もたいした問題ではなかった。命をつなぐことができれば、それだけでも天に感謝しなければならないという気持ちであった。あとは身近なところに、ささやかな幸福を見つけて、憂き世をまぎらわすことである。

しかし、中国人に対する憎悪と敵愾心は、深く心に刻まれた。いつか絶対に、中華民国のくびきから離れて、台湾人自身の独立国をつくるのだという思いは、堅い誓いとなって私の胸の奥にしまわれた。

恐怖政治の始まり

二二八事件の後も、政府による情け容赦ない弾圧は続けられた。国民党政府は、もはや遠慮しなかった。共産主義者であろうと、独立を願うものであろうと、反政府的な考えを持っている者は誰でも、捕まえ、拷問し、投獄し、処刑した。この恐怖政治は長期にわたって続けられることになった。

蔵書を調べられたら、どんな言いがかりをつけられるかわからないので、妻の兄たちが田舎にある家に運んで、天井裏に隠してくれた。私はもう自由に脚本を書くこともできず、一中学教師として暮らしていくしかなかった。

二二八事件の後、台湾のインテリは多かれ少なかれ神経過敏になっていた。「禍、口ヨリ出ズ」の中国の諺をしみじみ噛み締めることになった。身から出た錆《さび》ならまだしも、身に覚えがないのにピストルがお迎えにくることもあるのだ。

訪問客を気やすく家に入れてはいけないとか、ときどき靴紐を直すふりをして、特務〔一般人に紛れ込んで市民を監視する中国人スパイ〕に尾行されていないか気を配れ、と言われた。

ライバルを陥れることは簡単だ。

「○○氏は共産党員だと思われます」

「××氏は独立思想を持っています」と書いた紙切れを投函するだけで、ライバルを地上から葬り去ることができるのである。警察は、「怪しい者一人を捕まえるために、百人の疑わしきを捕まえてもかまわない」と豪語していた。

教師生活

台南市の東のはずれにある台南第一中学までは、家から歩いてもせいぜい二十分弱だが、通勤途上の停仔脚の商店街は、ところどころ爆撃で壊されたままになっていて、大いに利用価値を減じていた。栴檀《せんだん》の並木のある道は、小枝が薪がわりに切られてしまって、たいした緑陰をつくらなくなった。

家の前の本町通りは、戦後は三民主義の一つをとって、「民権路」と改称された。牛車の重い鉄の轍《わだち》のために(日本時代には一定の制限があった)、アスファルトは醜くはがれて、デコボコがひどくなった。

中国式に二時間になった昼休みには、中国人の先生たちは、日本人から接収した学校付近の宿舎に引き揚げて昼寝をする。初めのうちは生徒に悪いような気がしていた台湾人の先生方も、だんだんと真似をして、いったん自宅に帰る人が多くなった。私もそうするようになった。その往復で四、五十分もとられては、せっかくの昼寝も落ち着いてできないので、私は自転車を利用するようになった。

半年前に、月給が八万元のときに七万元を出して買った自転車も、自転車屋から聞いたところでは、今は百二十万元はするという。今月の給料はたった六十万元である。二二八事件の後もインフレは止まることはなかった。

教育処の規定では、中学の専任教員は朝八時から午後五時まで、昼休みの二時間を除いて一日七時間勤務となっている。私は遵法精神の強い台湾人の一人であったから、最初のうちは、まじめに規則を守った。ところが、中国人の先生は、授業のときにしか姿をみせない。それでいて校長も叱らないので、私を含めて台湾人の先生方もすぐに「中国化」してしまった。

昇旗礼（朝礼）に出ないことも多かった。勤務評定は芳しくないだろうが、かまわないという気持ちであった。

実のところ国歌は歌う気になれなかったし、国旗を見るだけでムカムカした。高中部（高校生）の生徒の中には、知らん顔をして突っ立ったままの生徒が多かった。訓育主任が回ってきて小突いて歌わせようとする。

「三民主義《サンミンツウイ》、吾党所崇……」と歌詞にあるが、発音をもじって「専門取利《ツアンムンツウリ》」と歌う者もいたし、「民」の字をわざと「眠」に書き違えて笑う者もいた。

先生や生徒の中にも特務がいて、学校の中でも目を光らせていると言われていた。

私は家庭を持ったことでもあり、おとなしくしていようと思った。それでも反骨精神が頭をもたげてくる。私は授業中に政治を風刺したり、皮肉ったりして、生徒たちとささやかな喜びを分かち合っていた。

また、私は歴史や地理の時間に、それとなく台湾人意識を鼓舞するようなことを話した。授業も中国語でなく、わざと台湾語を使った。台湾語はリズミカルで、微にいり細を穿つ表現が豊富なので、歴史を語るのに適しているのだ。

私は生徒たちに、台湾人として持つべき自覚、正義とは何かをやさしく、面白く聞かせて、少なからざる影響を与えることができたようである。当時の教え子の一部は、今、留学生としてアメリカや日本で台湾独立運動をやっている。

「共産党支部」からの秘密文書

二二八事件の後しばらくして、私の家に、私宛てに秘密文書が届くようになった。一通、また一通と、誰がいつ、どうやって家の店舗の扉のすき間に入れるのか知らないが、広い家で私だけを名指ししてあった。

開けてみると、「共産党支部」といったような差出人である。私はそれをこっそり読んで興奮し、一方で不安の念にかられた。これは出している方も、読む方も、命にかかわることである。私は何と勇敢な人がいたものかと感心した。かれらは家に逼塞《ひっそく》してしまった私より、ずっと勇敢で、現に国民党政府転覆を目指す仕事をやっている。私は、かれらに見込まれたことを少々誇らしく思いもした。

しかし、それが度重なってくると私は怖くなった。これは必ずいつかバレるにちがいない。バレたら逮捕されて銃殺となることはわかりきっている。こんな怪文書を受け取っただけで銃殺になるのはバカらしいと思った。また、こう次々に送られてくるのは、あるいは国府が仕掛けたワナではないかとも思われた。国府がやっているから、間違いなく届けられるのかもしれなかった。

しまいには、私は面倒くさくなった。書いてある内容も、きまりきっていた。勇気を出すだの、国府の崩壊は近いだの、組織に入れだのと書いてある。組織に入るといっても、少しもそれらしき人物が姿を現さなかった。

これ以上送ってもらいたくないと思っているうち、いつの間にか来なくなったので、ホッとした。しかし、怪文書に狙われたことは、いつまでも心の負担となった。

私はこの心配を誰に打ち明けたものかと迷った末、一番親しくしている中国人である蘇校長を選んだ。ある日、勇気を出して、校長室へ相談に行った。

事情を聞いた校長は、

「王先生、あなたの心配はよくわかります。しかし、私の力ではどうにもなりません」

と言った。

「では、捕まえに来るのがわかったら、前もって知らせてくださるだけでも有難いのですが……」

「それがそうもいかんのですよ。ほら、英語の林傑《りんけつ》先生がいたでしょう」

「ええ、一ヶ月前に辞められましたね」

「辞めたのではないですよ。宿舎で逮捕されたのです。共産党だということで」

「え！　少しも知りませんでした。本当に共産党員だったのですか」

「それは知りませんね。外国地理を教えた林祖《りんそ》平《へい》先生と黎清《れいせい》先生を知っているでしょう」

「ええ、仲良くしていましたが、二週間前に辞められました」

「かれらは学校の中で逮捕されたのです。一人は教室で、一人は教務処で」

私は溜め息をつくばかりであった。校庭に出て、私は天を仰いで心の底から嘆いた。

亡命

事が起こったのは、終業式も間近の一九四九年（昭和二十四）六月末の土曜日のことであった。土曜日は生徒たちの「週記簿」を返す日であったが、その日の朝、職員室の私の机の上にあるはずの、高中三年の百二十冊の週記簿が見当たらなかった。用務員に尋ねると、「校長先生が見たいというので、持っていきました」と言う。

　これはまずいことになった。週記簿は生徒の思想動向をチェックし、指導するためにある。高中三年といえば、感じやすい年ごろの青年たちで、その心情を真正面からぶつけてくる。台湾人同士の私と生徒のあいだでは、交換日記のように心情を吐露し合っていたのだ。それを、校長に見られては万事休すである。

　私は自分の不注意を悔やみながら、重い気分のまま教室へ向かった。

　出席をとると、昨日休んだ陳文生《ちんぶんせい》が今日も来ていなかった。二二八事件のときに中国兵に袋叩きにされたことが原因で、ぐれてしまった生徒だった。

「また無断欠席か」。私が言うと、思いつめたように班長が立ち上がった。

「陳は捕まりました」

「なんだと?」

「一昨日、特務に捕まったのです」

「それでどうなった?」

「台北の警備総司令部へ連れて行かれたそうです」

　週記簿の件に続く衝撃であった。校長が週記簿を見たがった理由もこのへんにあったのだろう。

「なぜ早く知らせなかったんだ?」

「陳君のお父さんが、学校に知られると除籍されるのではないかと心配するものですから」

「これは一分一秒を争う生死の問題だぞ」

教室の中が、ざわめいているのを宥《なだ》めたが、私自身が一番動揺していた。なんとか落ち着いて外国史の授業に入ろうとしたとき、用務員が私を呼びに来た。

「至急の面会人です」

授業中に面会を取り次ぐのは異例のことだ。こんなにも早く逮捕の手が回ったのか……。教室を出て廊下を歩くうちに、手足が震えてきた。中央階段の上から恐る恐る下を覗いてみると、待っていたのは憲兵ではなく、弟の育彬だった。

「なんだ、おまえか、驚かすなよ」

安堵の溜め息をつく暇もあたえず、育彬が切羽詰まった形相で近づいてきた。よほど急いできたものと見えて、シャツが汗でびっしょり濡れている。あたりに人がいないのを確かめてから、育彬がささやいた。

「黄昆彬《ソーコンピン》が捕まった」

「えっ！　本当か。いつのことだ」

「三日前。隠れていた新竹の田舎で捕まったそうだ。さっき仲間から手紙で知らせてきた」

弟は頬の筋肉をピクピク痙攣させて泣き出しそうだった。

黄昆彬は育彬の親友で、私の演劇仲間であった。教え子と黄昆彬が相次いで逮捕されたことが、次に何を意味するのかは明々白々であった。

「早く逃げたほうがいい」

育彬に言われるまでもないが、学校はどうしよう。いっそのこと教壇に立ったまま引きずられていってやろうか。その方が劇的で、生徒たちを発奮させるだろう。私が死んでも、後に続く若者を育成できるかもしれない。一瞬、妻や九ヶ月になる娘のことが頭をよぎった。

教室にもどると、ざわついていた生徒たちは私の様子に何か感じとったらしく、静まった。

「今学期の授業も間もなく終わる。先生がいなくても、ちゃんと自分で勉強しなければならない。外国史の範囲はほとんど終わった。試験はノート一冊で間に合うだろう。お互いに台湾のため、六百万島民が幸福になるために頑張ろう。わかったね」

私は教壇を行きつもどりつしながら、別れの言葉の代わりに、こういう告別の辞を述べた。

鐘が鳴った。私は敬礼もそこそこに職員室にもどると、急いで引き出しを整理した。教科書は机の上に揃えておいた。図書館の本は全部返却してある。合作社（校内の消費組合）にも借りはないはずである。用務員を呼んで、頭痛がするから次の時間は自習にすると伝えると、私は大急ぎで自転車置き場に向かった。

おそらく二度とこの学校にもどることはあるまい。いや、卒業式まで待とうか。生徒が可哀想だ。一瞬迷ったが、それを振り払い、私はペダルを漕いだ。

家に帰ると、帳場で筆を耳に挟んで盛んに算盤をはじいていた父に「ただいま」と昔からの習慣で日本語で声をかけ、私は奥の棟の二階にある自分の部屋に上がった。女中に、台所にいる雪梅と娘を呼びにいかせた。雪梅は私の顔を見ただけで、ただならぬ気配を感じとったようだ。

「黄昆彬が捕まったんだ」

「まあ、本当？」

こんな日が来るかもしれないと、前から話し合っていた。

「予定どおり実行しよう。私はまだ死にたくない。奴らの最後を見届けてやらねば気がすまない。今は逃げるしかない」

「田舎？　香港？」

「もちろん香港に行く」

「田舎じゃ、だめ？　そうしたら、いっしょに行けるわ」

「田舎は安全じゃない。黄昆彬は田舎に二ヶ月隠れていたのに捕まったんだよ」

香港には前年に邱永漢《きゆうえいかん》が移り住んでいて、手紙をくれたり、訪ねてきては「きみも早く台湾を脱出して香港に来いよ」と言ってくれていた。英国領は中英協定により、中華民国の身分証があれば、自由に出入りできるのである。

しかし、私の目的地は香港ではなかった。香港を経由して日本に亡命することを考えていた。だが、日本に行くためのパスポートやビザを申請するわけにはいかない。そんなことをしたら、自ら「逃亡の可能性あり」と宣言するようなものだ。香港なら、出入境許可証を申請すれば、二十四時間以内に許可が出る。

私は娘を抱いて、ほっぺたにキスをした。曙薫《スーフン》という名は私が考えた。台湾の明るい夜明けを祈願して、「曙薫《あけぼのかお》る」日がいつか来るようにと。

それにしても、罪になることもしていないのに、愛する妻や娘を置いて生まれ故郷を去らねばならぬとは。「乞食《キチア》趕廟公《コアビオコン》」（乞食に庇《ひさし》を貸して母屋を乗っ取られる）とはまさにこのことだ。

「いつごろ、帰れるの？」

「そう長くはないと思う。一年くらいだろう」

国民党政府もそう長くはもつまい。大陸では、共産党に負け続けている。アメリカは国民党内部の腐敗に愛想をつかして援助を打ち切るらしい。そうなれば、国民党政府は崩壊する。せいぜいあと一年しかもたないだろう。

逃亡の費用は、雪梅が実家の親兄弟に頼んで工面してきてくれた。飛行機のチケットも妻の兄が手配してくれた。私は「夏休みを利用して香港旅行をする」という名目で、出入境許可証を無事取得することができた。

学校が休みに入った最初の日、私は飛行機で香港へと飛び立った。もう二度と台湾の地を踏むことができないとも知らずに。

一九四九年（昭和二十四）七月四日。雲一つない静かな夏の午後であった。

おわりに――その後の足跡（一九四九―一九八五）

台湾の独立を求めて

二十五歳で台湾を離れたあと、王育徳は二度と台湾に帰れぬまま、東京で六十一歳の生涯を閉じた。

一九四九年（昭和二十四）十二月、中国大陸で共産党に負けた国民党は、台湾に逃げ込んで、中華民国政府を台湾に置いた。それ以来、国民党政権による独裁政治が長く続くことになった。戒厳令は一九八七年に解除されるまで、三十八年のあいだ、台湾人の言論と行動の自由を奪い続けたのである。

亡命して十年たった一九六〇年（昭和三十五）、育徳は国民党政権打倒を志して、〈台湾青年社〉を創設し、台湾独立運動を始めた。台湾人の、台湾人による、台湾人のための国の建設をめざして、人生をかけようと決心した。育徳は身を台湾から引き離したことにより、かえって深く、台湾と関わりをもって生きていくことになったのだった。

香港から日本へ

一九四九年七月四日の夕刻、王育徳は無事、香港の啓徳飛行場に降りたった。その足で向かったのは、友人邱永漢氏が寄宿している廖文毅《りようぶんき》氏の住まいであった。

廖文毅氏は一九一〇年台湾生まれで、戦争前にアメリカに留学して、自由主義に目覚め、戦後は台湾人の自治を求める運動をしていた。廖文毅氏の家には、彼を慕う青年たちが数名暮らしていた。育徳はここで寝起きする場を与えられ、ここにしばらく滞在することになった。

香港には自由と物があふれていた。しかし、育徳は初めから、日本に行くつもりであった。日本には錦碧姉がいるし、この機会を無駄に過ごさず、日本で勉強したいと考えていた。問題は日本へ渡る手段であった。パスポートもビザもないため、密航するしか手がない。邱氏の紹介で知り合いになったS氏が、面倒を見てくれることになった。

香港で待つこと三週間、S氏がイギリス船籍の貨物船に話をつけてくれた。船は海南島から鉄鉱石を北九州まで運ぶのだが、サイドビジネスとして、多額の報酬と引き換えに、密輸品と密輸商人も乗せるのである。育徳はそこに紛れ込ませてもらった。狭い船底で寝起きする窮屈さも、早く日本に行きたいという一心で耐えた。船は、数日して下関の沖合まで来ると、暗くなるのを待って密輸品の受け渡しを済ませ、やっと入港した。

イギリス船籍の船員たちの一時的な上陸は自由であった。育徳は船員のふりをして上陸すると、下関駅を目指した。聞こえてくる日本語がなつかしかった。人々の話す言葉がほとんど理解できなかった香港から日本に来て、育徳はようやく、ほっとしたのである。

無事に駅に着くと、夜行列車の切符を買った。しばらくぶりに使う日本語も、ごく自然に口から出た。こうして育徳は密入国に成功したのだった。

神戸から東京へ

神戸の姉とその家族は心から育徳を歓迎してくれた。台湾との貿易業をしている姉婿、蔡東興氏に迷惑にならないかと育徳は心配したが、蔡氏は意にも介さぬ様子であった。そして、このあとも、姉夫婦は温かいサポートの手を差し伸べてくれたのである。

育徳の一番の問題は日本に滞在する身分のことであったが、その難問を解決してくれたのが、義兄の弟で、京都大学の医学部に通う蔡東隆《さいとうりゅう》氏であった。東隆氏は、育徳と似て背が高く痩せ型であったので、左京区役所に丸眼鏡をかけて出向き、「蔡仁徳」と名乗って外国人登録し、その登録証を育徳にくれたのである。ただ、育徳は一度も、警察に外人登録証の提示を求められたことはなかった。一見、日本人と変わらないし、身だしなみもきちんとしていたからだろう。

日本に来て、最初にしたかったのが、東京大学の学籍の確認であった。学費を払わないと除籍処分にするとの通知が台南の家に届いていた。先の見通しは立っていないが、勉強できるチャンスを確保しておき、いつか必ず大学を卒業したいと思っていた。

東京に出るにあたっては、義兄のもう一人の弟で、台南一中時代の同級生でもある、蔡東華氏が一肌脱いでくれた。彼は中国（中華民国）大使館に勤めていたが、育徳のために貸間を借りて、二人で一緒に住むことにしてくれたのである。

大学は、滞納した学費を払えば、復学できるということだったが、幸い、滞納額はインフレのお蔭でたいした額ではなかった。翌一九五〇年（昭和二十五）四月からの復学が決まった。

大学が始まるまでの期間、育徳は作家中河与一氏の下で小説を書く勉強をした。国民党政権に日本語を禁じられてからの三年間、育徳は好きな文学や演劇に関わることを我慢してきたのだ。中河与一氏（一八九七―一九九四）は小説『天の夕顔』で知られた作家であった。門下生にはのちに活躍する曽野綾子氏や三浦朱門氏らがいた。育徳は、王莫愁のペンネームで同人誌「ラ・マンチャ」に「髭的（ひげもじゃ）」という末廣公学校の安田実先生をモデルにした小説を発表した。このほかにも、自分の体験をもとにいくつかの習作を書いた。書きたいことは山ほどあった。

東大入学と家族の呼びよせ

育徳は、一年ぐらいしたら台湾に帰るつもりで、妻子を置いてきたが、一年後、帰れる見込みがなくなったので、日本に呼び寄せることにした。帰れなくなった理由は、蔣介石の支援を見限るはずだったアメリカが支援を続行することになって、国民党政府が延命したからだ。そのきっかけは一九五〇年（昭和二十五）の朝鮮戦争だった。アメリカは中国やソビエトと対峙するためにも、台湾を重要な拠点として確保しておく必要性を再確認したのだ。

妻の雪梅は神戸の義姉訪問を理由にビザを取って、十二月に来日した。目黒の洋裁学校で勉強した経験があるので、東京の生活は初めてではなかったし、日本語にも困らない。育徳にとって、妻はやはり、一番の強い味方であった。

二人は、世田谷区奥沢に小さな家を借りた。この若い台湾人夫婦に、隣近所の人たちは親切だった。お風呂のある家に「もらい湯」にも行った。二歳を過ぎた曙薫は、「かおるちゃん」と呼ばれて近所の子供たちに遊んでもらううちに、自然に日本語を覚えていった。育徳一家は、この後、品川区上大崎、豊島区の千川、千早、と住まいを変えるが、どこへ行っても近所の人に恵まれ、雪梅はしだいに日本の習慣などを学んでいった。一度も台湾人だからという理由で差別を受けたことはなかった。日本教育を受けたせいなのか、生まれつきの性格なのか、育徳と雪梅は日本人が好きだったし、日本での生活のほうが性にあっていると感じたのである。

一九五〇年(昭和二十五)四月、東京大学文学部中国文学語学科一年の生活がスタートした。

育徳は、初めから台湾語の研究をしようと思っていた。台湾の将来を考えてのことだった。支配者に母語を禁じられていては台湾語は滅びてしまうかもしれない、言葉が滅びるときは民族が滅びるときだ、と育徳は考えていた。

台湾人の悲劇を解決するには、台湾人が自由に発言する国を作るしかない。それには外国の支援がいる。ところが、蔣介石も、毛沢東も「台湾は中国の一部だ」と言うから、諸外国はそう思い込んで、中国の内政問題なら口出しすまいと思っている。育徳は、台湾人が中国人でないことを証明する方法の一つとして、台湾語のアイデンティティーを明らかにしようと考えたのである。

育徳は結局、大学、修士課程、博士課程と十年間、台湾語研究のために勉強を続けた。台湾語を知るために、北京語、広東語、客家語、蘇州語を研究し、さらに、一般言語学、音声学、言語年代学を勉強した。優秀な教授陣から、思う存分教えを受けられることを、育徳は心から感謝し、勉強を楽しんだ。

博士論文を提出できたのは、一九六八年（昭和四十三）であったが、それは、一九六〇年（昭和三十五）から、台湾独立運動で忙しくなったためであった。台湾語を他の中国語方言と、語彙や音韻や文法の面から比較研究するには、本来は一生をかけてもよいくらいの時間が必要だったはずである。しかし、育徳の軸足は、つねに台湾の独立運動にあったため、研究も集中して仕上げる必要があったのである。

もう一つ、育徳が是非とも完成したかったのが、新しい台湾語の表記法であった。将来、台湾人の国ができたら台湾語が国語になる。そのときには、今のように話し言葉だけでなく、読み書きも台湾語でできるようにする必要がある。そのためにも、早く使いやすい表記方法を考えなければいけない、と育徳はずっと思っていた。台湾には、古くから西洋の宣教師が布教のために考案した教会ローマ字があり、聖書や賛美歌に使われていたが、クリスチャン以外には使われていなかった。その表記方法も、日常に使うには問題点が色々あるので、育徳は新しいローマ字表記法（王第一式）を考案したのである。一九五六年、博士論文のテーマの一つ、「語彙」の部分をまとめるときに、この表記法を使用した。育徳はそれを、『台湾語常用語彙』として、自費出版したいと妻に話した。しかし、お金が足りないので、しかたなく、育徳と雪梅は、家を売ってその一部を費用に充てることにした。こうしてできた『台湾語常用語彙』

(永和語学社・一九五七年)は、初めての台湾人の手になる台湾語辞典であった。

のちに、育徳は、教会ローマ字に若干手を加えた「王第二式」を考案した。また、その後、台湾語の学習書を書く際には、「教会ローマ字」を使用した。自分式のほうが合理的であったとしても、将来の普及を考えた場合、「教会ローマ字」がすでに台湾の一部の人たちに馴染んでいる点は、大きなメリットだと考えたのである。自分のプライドは問題ではなかった。誰もが簡単に台湾語を読み書きできるようになることが、育徳の一番の目的であったからだ。

育徳は東大で勉強できる環境を心から楽しんだ。何の束縛もなく自由に好きな学問ができる喜びは、言論統制の行なわれている台湾では絶対に味わうことができないものだった。友人もたくさんできた。みな、八歳ほど年下であったが、学ぶことが多かった。香港で世話になったS氏との交友も続いていて、一緒にビリヤードをしたりドライブに行ったりした。兄や義兄に習った将棋や囲碁も好きだった。育徳は、人と一緒に過ごすのが好きだったのだ。

机にへばりついて勉強するのは、台湾人としての使命だと自分に課していた。自分以外に、台湾語の研究をできる環境にいる人は、世界中探してもいないだろうと思ったからだ。育徳は、授業に出るほかに、研究室にある本を片っ端から読みあさった。台湾では禁じられている共産主義や中国共産党についての本が文学部の研究室にはたくさんあった。

もし、共産党が台湾を支配することになった場合、台湾人の運命はどうなるのか。あの国民党と戦った相手なのだから期待できるのか。いや、かれらも中国人だ、台湾人を低く見る気持ちは国民党と変わらないのではないか……。育徳はそれが知りたかったのである。

自首

台湾に帰れないうちに、一九五〇年（昭和二十五）に阿母が、一九五三年（昭和二十八）に父が相次いで亡くなった。とうとう親孝行できないままであったことを、申し訳なかったと謝るしかなかった。

日本に来てから四年半が経つころ、転機が訪れた。密入国を自首して、正規の在留許可を得る必要が生じたのだ。きっかけは、雪梅が身ごもったことであった。密入国者のままでは、子供の出生届が出せず、子供は教育も含め基本的な社会生活ができないことになってしまう。しかし、自首すれば、場合によっては逮捕され、台湾に強制送還される可能性もある。帰されれば間違いなく死刑になるだろう。

自首にあたっては、台北高校の先輩、有馬元治氏が力になってくれた。有馬氏は兄、育霖の同級生でもあった。当時、内務省の内閣官房参事官として、首相官邸に勤めていた。有馬氏に会うために、育徳は首相官邸に行った。有馬氏は親身に話を聞いてくれた。

「わかりました。これは政治亡命ですね。なんとか力になりましょう。育霖君の弟の命まで取られるわけにはいかない」

警視庁での取り調べの結果、三人の身元保証人がいれば、特別在留を許可されることになった。主任教授だった倉石武四郎先生と刑法の権威、小野清一郎教授が身元保証人になることを快く引き受けてくれた。その後、倉石教授は、育徳と共に、警視庁や入国管理局にも足を運ぶことになったが、嫌な顔ひとつ見せず、こんなことを言われた。

「君のお陰で初めて警視庁に入ることができました。そうでもないと、一生チャンスがなかったでしょう」

またあるとき、倉石教授だけが中に呼ばれて入ったことがあった。

「なぜ、密入国者を東大へ置いておくのだと訊かれたのでね、密入国者であるかないか、それを取り締まるのはお宅の仕事でしょう。私の仕事は学生を教えることだ。学生が勉強したいというのを歓迎しない道理がありますか、と言ってやりましたよ」

翌一九五四年（昭和二十九）十月、特別在留許可が下り、正規の外国人登録証が交付された。これは、日本人の戸籍に該当するもので、法治主義の徹底している日本では、法を遵守している限り、外国人であっても、生活権、人権が保障される。育徳一家は、やっと人並みの生活を堂々と送ることができるようになったのである。

それに先立つ四月、まだ許可が出ていないときに、次女が誕生した。次女に明理と名付けたのには、このときの状況が影響している。万が一、日本に在留できず他の国に住むことになった場合を考えて、大体どこの国でも馴染みやすい音の「メイリ」と名付けたのだ。

日本での生活は平和で、みんな親切で、文句一つなかったが、育徳の中では、台湾のことは片時も頭を離れなかった。あのひどい政治を早くなんとかしなければ、と気ばかり焦るのである。そんな育徳の気持ちを見透かしたかのように、倉石教

恩師の倉石武四郎教授（写真・左から３人目）とともに。著者は左から２人目。東大の卒業式・安田講堂前で。

授が育徳に釘をさしたことがある。

「大学に籍を置くからには、勉強に専念して、卒業するまでは、政治運動にかかわらないように。生半可でものになるほど学問は甘くありませんよ」

育徳は、この言葉を守って、博士課程修了までは学問に専念したのである。

一九五六年、『台湾語常用語彙』の出版費用を作るために家を売ったあと、豊島区千川の借家に引っ越した。誰一人知り合いもいない土地であったが、条件のわりには家賃が安かったのである。八畳と六畳の二間だけであったが、窓から見える庭は三百坪もあって、大きな木や花が伸びやかに育っていた。それから三年半後、台湾独立運動の大きな流れを作った〈台湾青年社〉は、この家から始まるのである。

〈台湾青年社〉発足

日本での生活も、もう十年になろうとする一九五九年（昭和三十四）の正月、珍しい客が千川の家を訪ねてきた。台南一中の教え子、黄昭堂《こうしょうどう》氏とその新婚の妻であった。かれは台湾大学を卒業し、兵役も終えて、春から東京大学へ留学するために来日したばかりだった。

王が香港へ脱出したあと、台南一中の生徒の間では「王先生は殺された」とか「王先生は中国へ逃げて共産党に入った」と噂されていた。黄氏は日本へ来た早々、人から「王先生は東京にいる」と聞いて、矢も盾もたまらず飛んできたのだった。育徳にとっては、日本に来て初めての教え子の訪問である。前日からの大雪が庭一面を覆っていた。雪を珍しがる黄夫妻と共に、育徳も家族と庭におりて遊んだ。ハンサムで闊達なこの若者の出現に、育徳はなにか明るい予兆のようなものを感じたのだった。

この出会いが二人の人生を決定づけた。何度も会って話をするうちに、二人は意気投合し、胸のうちにある思いが同じであることを確認した。

「蔣介石政権を倒して、台湾に民主的な国を作ろう！」

台湾を自分たちが帰れる国にしたかった。戒厳令が解除されて、誰でも自由に考え自由に行動できる国にならなければ帰国できない。国民党政府が台湾人の自由と人権を認めないのであれば、政府を倒すしかない。二人は、台湾独立運動を始めようと決心したのである。独立というのは、中華民国体制からの独立の意味であった。

育徳は一九六〇年春には大学院を卒業する。就職も、すでに一年前から明治大学の中国語の講師の口を得ている。まさに準備は整った。それから約一年、黄氏が連れてくる留学生たちと議論を重ねて、一九六〇年二月二十八日、〈台湾青年社〉を立ち上げた。メンバーは六名だった。

王育徳、黄昭堂、廖春栄《りょうしゅんえい》、蔡炎坤《さいえんこん》、黄永純《こうえいじゅん》、傅《ふ》金泉《きんせん》、蔡光顕《さいこうけん》（香港在住・オブザーバー）。廖春栄氏以外は、台南一中の育徳の教え子であった。

主な活動は機関紙『台湾青年』の発行であった。一九六〇年（昭和三十五）四月十日に創刊された『台湾青年』は、A5判の大きさで五〇ページであった。小さいフォントで二段組になっているので、一冊の本に匹敵するような内容があった。

台僑（在日台湾人）や留学生に配り、意識を啓蒙して、台湾独立へ向けてのコンセンサスを作るのが目的であったが、同時に、日本の知識人やマスコミに台湾の状況を知らせる目的もあった。ちなみに、『台湾青年』は、一九六〇年四月に創刊されてから二〇〇二年（平成十四）に停刊するまで、実に四十二年間、五〇〇号まで毎月（九号までは隔月刊）休むことなく続いたのである。他の雑誌にはない、台湾関係のインフォメーションとその解説が出色で、教養にあふれた内容であった。

当時、『台湾青年』を手にした台湾人留学生の反応は、さまざまであった。恐怖政治のもとで育った青年たちの手元に、突然、反政府的な雑誌が送られてくるのである。怖がって読まずに捨てる人が多いなか、のちに加入する金美齢氏のように、「こんな勇気のある台湾人がいたのか」と感激する純粋な若者もいたのである。

編集会議、発送作業など、すべての活動は育徳の自宅で行われた。編集会議は育徳の書斎兼寝室である六畳間を使い、発送作業は八畳間を使った。そこは妻子の生活の場で、発送作業が終わらなければ、子供達は食事をすることも、布団を敷いて寝ることもできなかった。食事時に留学生達が家に居れば、雪梅は必ず食事を用意した。夫の独立運動に、そんな形で協力したのである。

資金のほとんどは募金に頼った。妻が眉をひそめるのもかまわず、育徳は精力的に台僑の経営する店を探して募金して回った。たいていは迷惑がられたが、会って話をすることは、一つの独立運動だと自分を励ました。メンバーにも募金に行くように促したが、若い留学生には荷が重く、結局、募金や資金調達はほぼ育徳一人の肩にかかっていた。

雑誌を置いてくれる書店も自分の足で開拓しなければならなかった。他に大学教師という本来の仕事もある。しかし、忙しさも苦にならなかった。台湾の独立のために、若い人たちと心を一つにして行動していることに充実感を覚えていた。一九六一年(昭和三十六)一月十五日、徹夜で作業している育徳に妻が「忙しそうね」と声をかけた。

「そう、ここは工場だ。革命製造工場だよ」

準備していたのは、第六号「二二八事件特集」であった。国民党政府の報道規制により、外部に知られていなかった「二二八事件」について、十二年目にして初めて、詳細に取材し記述した世界初の刊行物であった。これにより、〈台湾青年社〉が反政府的な立場にあることがより鮮明になったのである。

一九六一年(昭和三十六)、借家では、大家に気兼ねするので、豊島区千早町に小さな家を買い求めた。『台湾青年』第七号からは堂々と、発行所として自宅の住所を印刷した。

次第に、参加を希望する人が集まってきた。この頃、育徳は何度も日記に「台湾青年は発展する」と書いている。このあと加わったメンバーには次のような人たちがいる。

許世楷、鳥居民、周英明、王義郎、郭嘉熙、王天徳、宗像隆幸、金美齢、林啓旭、侯栄邦、張国興、黄文雄。

このときの主要メンバーの多くは、「台湾独立建国連盟」の盟員として、またオピニオンリーダーとして活躍している。黄昭堂氏は現在も、〈台湾独立建国連盟〉本部主席を務めている。優秀で誠実で忍耐強い人材が、初期の〈台湾青年社〉に多く集まったのである。

その後も加入を希望する留学生が集まってきたが、メンバーの加入には慎重な審査が必要であった。特務が紛れ込む心配があったからである。当初、本名を明かしていたのは、王育徳だけで、留学生達はペンネームで活動した。台湾独立運動は生半可な覚悟では続かない活動であった。結局、残った者より、落伍していった者のほうが圧倒的に多かった。それだけに残った者達は強い連帯感で結ばれていったのである。

一九六一年（昭和三十六）六月十六日、台北高等学校の一期後輩の、李登輝氏が秘かに育徳の家を訪ねてきた。李登輝氏は、当時、台湾大学の助教授で、国民党政府から高く評価される農業経済学者であった。この日の育徳の日記にはこう記されている。

夜、家に着いてみれば、李東輝［原文のママ］が来ており、鳥居氏、廖君ともうかなりの時間談笑された後のようであった。（中略）実に気持ちのいい人で、日本に来て始めて、こんな素晴らしき台湾人に会った。将来の独立も希望がもてるというものだ。

話し足りなかった二人は六月三十日にも会っている。その日にはこう書いた。

夜八時半、李さんを訪ねて、十一時過ぎまでしゃべる。台湾の経済は彼にまかせて大丈夫。鳥居氏のこと、農学部学生に対する講演のこと、台湾経済のこと、政治家のこと、一旦緩急あればのこと、肝胆相照らして話し合った。彼のような快男児が東京におれば明日からでも『台湾青年』を月刊にもっていくのだが。彼のような快男児が台湾に百人おれば理想郷の建設は夢物語じゃないのだが。元気で再会できるよう祈る。

二人はその後、二度と会うことはなかったが、育徳の予言どおり、李登輝氏は後に台湾人初の総統（在任期間一九八八―一九九九）となって、理想郷の建設に道を開いたのである。

台湾独立運動

当時の〈台湾青年社〉は孤立無援の状態であった。

応援を頼みたい日本人知識人やマスコミ関係者の多くは当時、左翼的で、中共の「台湾は中国固有の領土だ」という考えを鵜呑みにし、「祖国」の分裂を企てる台湾独立派には批判的であった。逆に、自民党や資本家達は台湾贔屓であったが、「打倒蔣介石！」を掲げる台湾独立派を、中共の手先ででもあるかのように敵視した。戦後の混乱の中で蔣介石が言った「以徳報怨」（徳を以って怨みを報ず）を憶えていて、好意を持っている人も少なくなかったのである。

育徳は機会があると、日本の雑誌でも台湾独立の意味を説明した。いくつか抜粋すると、「ある台湾独立論者の主張」（『世界』一九六二年四月号）では、理想像を語ったあとに、現実を見極めた言葉が続く。当時、すでに集団防衛構想を頭に描いていたことがわかる。

台湾人意識を盛る政治的器としては、一つの独立国を樹立する以外に方法はなく、独立後、台湾は非武装地帯となって、アジアの平和に貢献したい。

中共の「台湾解放」の脅威が残る限り、残念ながら独力では防衛しきれないから、どうしても集団防衛の途を講ぜざるを得ない。集団防衛は世界各ブロックに見られるもので、少しも恥とするに及ばない。

「自由を愛する諸国民に訴える」（『新勢力』一九六二年四月号）では、当時すでに、戦後台湾に来た中国人も含めた、新しい国づくりの構想を持っていたことがわかる。

われわれ台湾人が目指す目標は、暴力と虚偽の束縛からとき放たれることであり、政治的自由、自決の自由を獲得することである。同時にこれはまた（台湾にいる）百五十万中国人の過半数の希望でもある。何故なら彼らの希望は今や全く不可能とわかった大陸反攻にあるのではなくて、支配者の束縛からのがれ、平和的に故郷に帰る路を求めることである。もちろん、共産中国に帰ることを希望しない中国人もいよう。台湾にとどまり、台湾の市民になろうと考える中国人は当然台湾人なのである。

台湾問題に関連して、育徳は日本の中国対策についても書いている。戦後台湾人が味わった悲惨な経験から、日本人に警鐘をならそうとしたのである。

「ライバルの宿命をもつ日中両国——日本は中共と対決せよ」(『評』一九六五年四月号)、「日本・中国ライバル論」(『自由』一九六五年七月号)では、アジアにおいて、日本と中共とは、好むと好まざるとにかかわらず、ライバル関係にあることを自覚する必要があること、核実験を成功させ軍事大国になろうとしている中国に対して、日本が平和憲法だけで対処していくのは危険であること、日本の青少年層に見られる無責任で安易な人生観・世界観を善導しなければ、中国に負けてしまうこと、などの苦言を呈している。


五十年前の育徳の危惧は当たって、今や中国は軍事面でも経済面でも日本の脅威となっている。

発表当時、育徳の持論は、少数意見であった。しかし、どう反発されても、自分の信念は決して曲げず、少しも妥協しなかった。雑誌『現代の目』(一九六二年十一月号)の紙上座談会では、育徳以外の出席者は全員、「台湾は中国と統一されるべきだ、台湾人も漢民族である以上中国人だ」という考えを主張したが、育徳は決して妥協しなかった。

「台湾人と中国人は引き裂かれた民族ではない。別の民族である。統一なんてとんでもない、台湾は悪魔の手を借りても独立したいんです」

いつでも「台湾は台湾人のものである。台湾は独立するべきだ」という信念一つ、人に何を言われても揺らぐことはなかった。

育徳は、生涯を通じてペンの力を信じ続けた。人を動かすのは言葉だと思っていた。『台湾青年』の果たした役割は、恐怖政治のなかで育ったために縮こまってしまっている青年の心を解きほぐし、勇気づけることであった。「台湾人は自分たちの民主的な国を建設するべきなのだ」と啓蒙し、そのために団結しなければならないと説いた。『台湾青年』はアメリカの台湾人留学生達にも読まれ、影響を与えた。

しかし、〈台湾青年社〉では、活動を始めて三、四年経ってくると、ペンの力に頼る育徳と、直接行動にも訴えたい血気盛んな青年達との間に、意見の相違が見られるようになった。育徳に黙って世間を騒がす行動を起こしたこともあった。武力やテロの手段は考えるべきでないという育徳の持論に対し、若者達は、再び台湾で二二八事件のような反乱が起きた場合に対応できる準備をするべきだと考えていた。また、〝王先生と学生達〟のような形から脱却して、組織化をはかり、秘密メンバーも参加しやすくなる体制を求めていた。

そこで、一九六三年（昭和三十八）五月、〈台湾青年会〉と改称し、新しい組織として再出発することになった。最高機関に中央委員会が設けられ、選挙で黄昭堂委員長を選出した。事務所も王の自宅を離れ、新宿区に一軒家を借りてメンバーが住み込むことになった。

その後、〈台湾青年会〉は行動力を増していき、秘密メンバーも、前より活発に活動に参加するようになった。戦後教育を受けた学生のために、一九六六年（昭和四十一）には『台湾青年』の中文版を出版したので、海外の台湾人留学生にさらに読まれるようになり、台湾独立運動が海外で盛り上がる大きなきっかけとなった。次第に、世界各地に独立運動の拠点もできていった。

体力的にも限界を感じていた育徳は、一九六三年末、〈台湾青年会〉の業務から一時離れることにし、数年間できなかった仕事を片づけることにした。

一九六四年（昭和三十九）一月、『台湾――苦悶するその歴史』（東京・弘文堂）を出版した。『台湾青年』の仕事の傍ら二年がかりで書いたものである。軍事独裁政権の下にいる国民が自由になるには、どうしても国際的な世論の応援が必要である。台湾が中国の固有の領土でないことを納得してもらうには、客観的事実に裏づけられた歴史書が必要であると育徳は考えた。今はＤＮＡ検査によって、中国人と台湾人は違う民族だと証明することができるが、当時はまだそんな技術はなかった。

『台湾――苦悶するその歴史』の「まえがき」に育徳の気持ちが書かれている（抜粋）。


　私は、やむにやまれぬ気持ちからこの本を書いた。この本はわが同胞一千万の台湾人が、いかなる過去を背負い、現在いかなる境遇にあり、将来どこに活路を見出だすべきかを探究したい一念で、筆をとったものである。

　台湾は台湾人のもので、台湾人だけが真の台湾の主人公である。私は真理は一つしかなく、勝利をおさめるのは必ず真理であると信じている。


　新聞や雑誌の書評も好意的で、二カ月で一万五千部が売れた。弘文堂の渡辺社長はこう言った。

「王さん、あの本が一万部も売れたということは意義重大ですよ。この方面のことに関心のある日本中のインテリが大抵読んだとみていいでしょう。かれらはあなたを理解してくれるに違いありません」

　この本は、当然ながら、台湾では〝禁書〟となったが、密かに持ち込まれ回覧された。一九七九年（昭和五十四）に中文に翻訳されたあとは、より多くの台湾人に読まれるようになった。

　その後、育徳は、ずっと気にかかっていた博士論文の執筆に取りかかった。三年がかりで書いた論文は、一九六八年、「閩音《びんおん》系研究」と題して東京大学文学部に提出された。四百字詰め原稿用紙で本文一〇二七頁、資料三四一頁、他に「中古音与台南方言声母対照表」「中古音与台南声調対照表」「台南方言同音字表」からなる論文は東大の服部四郎教授ほか四名の教授による審査を無事通過し、翌六九年三月十八日、文学博士の学位が授与された。台湾人で東大の文学博士号を授与されたのは王育徳が初めてで、このことは、育徳の社会的地位や信用を高めることにもなった。

例えば、明治大学では長年、薄給の講師であったが、この後まもなく助教授になり、数年後、教授に昇進した。長い間、講師扱いだったのは、中華民国大使館が大学に対し「王育徳を解雇しろ」と毎年飽きずに圧力をかけ続けたせいであった。

育徳の明治大学での中国語の授業は厳しいことで有名だった。学生達の覚えが悪いと容赦なく怒鳴りつけた。大学ではそういう教師は珍しかったために、かえって慕われもした。育徳は学生達を自分の子供のように可愛がった。王ゼミナールの学生達は、育徳がプライベートな時間を一番多く過ごした相手であった。

王ゼミコンパ、出席は五代に亘り二十四人。ここまで発展したかと嬉しい。若い学生と接触できる大学の先生の商売って実にいいものだ。これが私の活力の一つとなっている。他の独立運動者にはないエネルギーの供給源である。(一九六

三年二月十五日の日記）

ゼミ員が卒業後も遊びに来てくれる。私を慕ってのことである。まさしく私の財産と思った。結婚して生まれた子供もまるで孫のような感じだ。（一九八四年九月二十二日の日記）

王ゼミの学生達はよく家に遊びに来た。特に正月には、現役生はもちろんのこと、卒業生も来るし、妻子同伴で来る人もいる。中国語履修の学部生も顔を出すことがある。学生達に、本格的な台湾料理を食べさせるのが、育徳の楽しみの一つだった。雪梅は、狭い台所で二人の娘に手伝わせながら、フルコースの台湾料理を出すのである。元旦の朝は、家族だけで、日本式に、お雑煮やお節料理も食べる。そのため、毎年、暮れは、台湾料理と日本料理の準備で目まぐるしく過ぎるのだった。

家庭での育徳はいつも穏やかである。初めて訪ねてきた学生は例外なく「王先生は家では別人のように優しいんですね。いつもこうなんですか」と家族に訊く。「ええ、いつもこうですよ」と言いながら、家族は大学で怖い顔をしている育徳を想像して、愉快な気持ちになるのである。

育徳は他の大学からも頼まれて授業を受け持った。すべて東大時代の恩師や友人達の紹介によるものであった。教鞭を執った大学は、埼玉大学、東京大学、東京外国語大学、東京教育大学（現・筑波大学）、東京都立大学であった。忙しくても引き受けた。台湾人の自分が、日本の大学で必要とされることを幸せに思っていたからだ。特に東京外国語大学での「台湾語講座」は世界で初めての台湾語の授業であった。内容は、単なる台湾語の会話にとどまらず、音韻史などの専門的な面にも及んだ。まさに、日本の国立大学が育徳のために作ってくれた講座であった。

結局、黄昭堂氏ら青年たちに促されて、一九六九年（昭和四十四）、育徳は〈台湾青年独立連盟〉（一九六五年改称）に復帰し、一九七〇年一月から『台湾青年』の発行人となった。

海外で盛り上がる独立運動をまとめるため、一九七〇年（昭和四十五）一月一日、アメリカ、日本、ヨーロッパ、カナダ、台湾の支部を統合して、アメリカに本部を置く〈台湾独立聯盟〉が発足した。東京豊島区千川の小さな家で始まった〈台湾青年社〉が、ここまで大きく成長したのである。

中華民国の孤立

一九七一年（昭和四十六）十月二十五日、国連で、「中華人民共和国を常任理事国に迎え入れ、中華民国を追放する」というアルバニア案が可決された。中共が唯一の

「中国」であると国際社会に認められたのである。もし中華民国が「〝台湾〟として国連に留まる」ことを選択するなら、受け入れられる可能性はあった。その〝台湾国〟宣言を、育徳たち独立運動者は期待した。そうなれば、独立への一歩になる。しかし、中華民国政府は、自分のメンツを優先して国連から立ち去ってしまった。その結果、一四〇〇万の台湾人の存在までが、全く無視されてしまうことになったのだ。

アメリカは中共との外交関係を復活させようとしていた。ベトナム戦争に行き詰まったアメリカは、中共と手を結ぶことで、ソ連を牽制しようと考えていたのである。

蔣介石政権は孤立無援の状態にあった。育徳は、今こそ、こちらから働きかけて、外省人と台湾人が手を結んで、台湾共和国を建国するのが、台湾独立の近道ではないかと考えた。しかし、「国台合作論」と呼ばれるこの考え方は、独立聯盟の他のメンバーの賛同を得られなかった。

このとき以来、現在も、中華民国は国家として認められず、国際機関に正式に加盟することができないままである。

一九七二年（昭和四十七）に日本は中国と国交を回復し、同時に、中華民国との国交を断絶した。以来、新聞やテレビから「台湾」「中華民国」という言葉が一斉に消えてしまった。まるで台湾という島自体が消えてしまったかのようであった。

しかし、台湾では、蔣介石の後を継いだ蔣経国が打ち出した経済政策が成功して、景気がよくなり、中華民国政府は存在し続けていた。

台湾人元日本兵士の補償問題

一九七五年から亡くなるまでの十年間、育徳が時間と情熱を注いだのは「台湾人元日本兵士の補償問題」であった。

それは、一九七四年（昭和四十九）十二月二十六日、インドネシア・モロタイ島で台湾出身の日本兵（陸軍一等兵）中村輝夫さん（本名スニヨン・五十五歳）が発見されたことがきっかけだった（第二次大戦中、約二十一万人の台湾人が日本軍人・軍属として従軍している）。

中村さんは終戦を知らずに、三十年間、ジャングルに隠れていたのである。発見され、戦争は終わったと告げられたとき、中村さんは、「川島中隊長の命令を受けなければ投降できない」と抵抗したそうである。毎朝かかさず、皇居の方角へ礼拝したあと、支給された銃の手入れをし、一人で小さな畑を作って暮らしていたという。

ところが、中村さんが台湾の出身であることがわかると、日本政府は未払い給与と帰還手当て、六万八千円だけを払って、台湾に送還することに決めたのである。

育徳は中村さんの三十年の孤独と忠誠心を思ってかわいそうでならなかった。かれを待つ台湾はもはや「日本」ではない。かれの理解できない中国語がとびかい、妻もとっくに再婚しているという。かれが故郷で目にするものを想像しただけで胸が痛くなった。かれの苦労に報いない日本人を悲しく思った。

かれより前に発見された、横井庄一さん（一九七二年）と小野田寛郎さん（一九七四年）の場合には、あれほど国中が熱狂し、歓迎したのだ。日本人にはそういう気持ちは十分にあるはずなのに、日本政府は台湾と外交がないこと、台湾と関わると中国政府が抗議することを考えて、一人の忠誠な日本兵を無視しようと決めたのだろう。それが、育徳には情けなかった。

育徳は元日本兵士が台湾で置かれている立場を改めて考えてみた。かれらは、本当に気の毒であった。戦後、「ご苦労様でした」と言われることもなく、敵として戦った中華民国政府の下で、日本兵であったことを隠すようにしながら生きてきたのだ。三万人の戦死者とそれ以上の数の戦傷者に対して、日本政府は一切の補償を行なっていなかった。日本人の場合は、戦没者遺族には恩給法で年金が、戦傷者には障害年金が支給されているが、この二つの法律には、「国籍条項」があって、戦後、日本国籍を失った台湾人は、補償から漏れてしまった（一九五二年に締結された日華平和条約で、日本と中華民国の間でこの件を処理することに決まっていたが、日本の問い合わせに中華民国が反応しないまま、一九七二年、日本は条約を破棄した）。

彼らのために何かしてあげたいと育徳は思った。たいていの人は、一見して難問だと思うと、「言ってもしかたがない」「法律で決まっているから」と、行動する前にあきらめるのだが、育徳は、「言うことに意義がある。やってみなければ、何も始まらない」という信念を持っていた。長年、台湾独立運動もこのポリシーでやってきたのである。

また、この問題を通して、日本人に「台湾」の存在を思い出してもらえるというメリットもあった。三年前に中国との国交が回復して以来、日本のマスコミから「台湾」という言葉が消えてしまったが、中村輝夫さんのことは「台湾人元日本兵」としか表現のしようがなかった。テレビのアナウンサーが「たいわん」と言う。新聞の活字に「台湾」という字がある。それだけで、育徳は胸が熱くなるのだった。

育徳は、「台湾人元日本兵士の補償問題を考える会」（以後、「考える会」）を作ることを決心した。台高、東大時代の友人や知人に声をかけると、ほとんどの人が賛同して世話人に名前を貸してくれた。代表世話人は、明治大学教授の宮崎繁樹氏が快く引き受けてくれた。宮崎氏は国際法の権威で「在日台湾人の人権を守る会」のメンバーでもあった。

「考える会」に参加したいという人も少しずつ増えた。中村輝夫さんの上官、川島威伸氏や特設水上勤務第一一一戦友会ら、当時の日本人上官が参加したことは、育徳たちを力づけた。「考える会」には会則も会費もなく、全くのボランティア・グループであった。台湾独立聯盟は当初、この問題に時間を割くより独立運動に専念したほうがいいと考えていた。だが、育徳は「これも一つの台湾問題だ」と説得した。以後、聯盟は全面的に協力し、街頭活動や記者会見の下準備などに、長年の経験と行動力が活かされたのである。

「台湾人の戦死傷者に補償する」という課題を政府に実行させるには、どんな方法があるのか、みんなで知恵を寄せ合って、その方法を考えるのはやりがいのあることでもあった。

立ちはだかるのは、「国籍法」という法律の壁と、台湾と日本の間に外交関係がないという壁であった。初めに考えついたのは、街頭署名活動や集会で世論を喚起することと、関係省庁に陳情することであった。

会報『台湾人元日本兵士を考える』の発行は育徳の担当であった。年に一回ないし二回発行した。内容は、活動方針の説明や新聞報道の紹介、会の報告や予定のほか、寄付者の住所氏名、金額を全て掲載した。事務作業は育徳が自宅で行なった。寄付金を受け取ると、すぐに領収書を書いて送った。なにごとも誠実に対応することが活動には一番大事なことだと思っていた。

一年経っても、何も成果が見られなかったので、宮崎教授の提案で、国を相手に訴訟しようということになった。訴訟することで、マスコミの関心を引きつけ、たとえ裁判には負けても、マスコミの力で世論を動かし、その力で国会議員を動かして、議員立法に漕ぎつける。そういう考えだった。自由人権協会が全面的に支援を表明し、所属の弁護士七名が訴訟を担当してくれることになった。全くのボランティアで、弁護士報酬は一切ないことを承知の上であった。弁護士が台湾に調査に行って、十四人の原告を選んだ。原告が公判に来るときの渡航費用や滞在費には、一般の人からの寄付金があてられた。

一九七七年（昭和五十二）八月十三日　東京地方裁判所に提訴。一九八二年（昭和五十七）二月二十六日　判決、請求棄却。

敗訴であったが、マスコミが同情的に大きく取り上げたので投書やカンパが急増した。「瑞穂塾」や「南星会」（第四十八師団戦友会）など、参加者も増えて、さらに活気が加わった。育徳は訴訟関係の資料集を編纂した。出来上がると、若い人たちが議員会館やマスコミ各社に配って回った。

参加者は、職業も経験もバラバラであったが、和気藹々《わきあいあい》とした雰囲気だった。「考える会」では、最後まで一度も仲間割れがなかった。年輩者から若い人まで、みな、仲間を尊重し信頼しあっていた。「いつも王先生が活動の中心にいて、ニコニコしていましたからね」と思い出を話す関係者も多い。育徳にとっても、有能で礼儀正しい人たちと仲良く難問に立ち向かっていることは楽しかったのである。それに、こんなに大勢の日本人が台湾人のために働いてくれていることを思うと、もう、それだけで感極まってくるのだった。

一九七八年（昭和五十三）六月、有馬元治代議士を中心に、「国会議員懇談会」が発足した。有馬氏は内務省から労働省に移り、事務次官を務めたあと、代議士になっていたのだ。一回目の参加者は六名だったが、第一審判決についてのマスコミの反響が大きかったことから参加議員が増え、多いときは五十名にもなった。議員の所属は自民党、社会党、民社党、公明党、共産党と全党に及んだ。議員達は自分の選挙には一票にもならないことのために、時間を割いてくれた。裁判に負けても、議員立法で法律ができれば、補償は実現する。「考える会」の期待も高まっていった。

ところが、その頃、有馬氏は亜東協会（台湾駐日大使館）に呼び出された。面会した台湾政府関係者から「この件は王育徳が糸を引いている。補償金を手に入れたら、独立運動にその金を使おうとしている。台湾政府は協力する気はないから、有馬先生も早く手をお引きなさい」と忠告されたのである。

乗り気になっていた自民党の人々は台湾側から圧力をかけられて、意気阻喪してしまった。

それ以後、育徳は前以上に注意を払い、「事務局」という名前で仕事をした。聯盟のメンバーも最後まで黒子に徹したのである。この活動で、王育徳や〈台湾独立聯盟〉がどれだけ働いたか、台湾で全く知られていないのはこのためである。逆に、「考える会」のメンバーや弁護団は育徳達とつきあううちに、台湾独立運動の良き理解者となっていった。

一九八二年（昭和五十七）三月十日、東京高等裁判所に控訴状を提出。政府は八五年度予算に「台湾人元日本兵問題検討費」五〇〇〇万円を計上した。ついに公式に、政府に「台湾人元日本兵」という言葉が認知されたのである。いつのまにか、新聞もマスコミも「台湾」という言葉をふつうに使うようになっていた。一九八五年（昭和六十）五月、政府は「台湾人元日本兵問題関係省庁連絡会議」を召集した。一九八五年八月二十六日　第二審判決。「控訴棄却」敗訴。しかし、吉江清景裁判長は、異例の「付言」を述べた。

「外交上、財政上、法技術上の困難を超克して、早急にこの不利益を払拭し、国際信用を高めるように尽力することが、国政関与者にたいする期待であることを特に付言する」

これは、政府に対しての「なんとかしてあげなさい」という強いメッセージで、「形は敗訴でも実質的な勝訴だ」とみな喜んだ。新聞は第一面に大きく取り上げ、社説も「台湾人元日本兵士の救済を急げ」という論調一色だった。ここまで日本人が台湾人のことを考えてくれるようになったことが育徳には嬉しかった。ただ、残念なことに、台湾では報道が規制されていて、どれだけ、日本人ががんばってくれているか、台湾人の耳には届いていなかった。

実は、吉江裁判長は育徳の台北高校のクラスメートであった。もちろん、かれが担当裁判官に任命されたのは全くの偶然だが、台湾に育った吉江氏には、台湾人の境遇に対しての深い理解があったと思われる。このあと最高裁で担当判事になる園部逸夫氏も台北高校の後輩であった。そして、この頃、先輩の有馬代議士は、中国政府と台湾政府の了承を取り付けるために奔走していた。両政府とも、台湾人のことは眼中になく、自分たちのメンツだけを心配していたのである。

そして、ついにその日は来た。

一九八七年（昭和六十二）九月十八日、国会で「台湾住民である戦没者遺族等に対する弔慰金に関する法律案が成立した。日本の国会史上まれなことに、衆議院、参議院ともに、自民党から共産党まで全会一致の可決であった。支給額は、翌年四月の国会で「特定弔慰金等の支給の実施に関する法律案」が成立し、一律二百万円と決定した。ついに、十二年間の活動が実を結んだのだ。

実際に、二万八千人の台湾人が二百万円の弔慰金を受け取った。実は、日本の戦後補償で実現したのはこの一件だけなのである。

この法律を、戦後日本で制定された法律の中で、一番いい法律だと言う人もいる。

十二年間に集まった一般からの寄付金は、三千五百五十万円にも達した。まさにこの問題は日本人の善意によって解決されたということができる。

一九九二年(平成四)七月十四日、「考える会」は解散式を行なった。

王育徳はこの成功を見ないまま一九八五年(昭和六十)九月、第二審判決の二週間後に亡くなった。国を動かした結果を見ることはできなかった。しかし、「考える会」の活動に十分な手ごたえを感じていたにちがいない。他のメンバーからも「あの活動をしていたときが、一番充実していて楽しかった」という声が聞こえてくる。それは、育徳にとって最高の餞《はなむけ》であるだろう。

無力な市民が国家に立ち向かうという点においては、台湾独立運動と相通ずるものがあった。どちらも、自分の損得のためではなく、台湾人のために正義感から発した運動であったことも共通している。

この運動はまた、育徳にとって、人生の集大成でもあった。身一つで日本に来てから培った広い交友関係が、この活動の最初の核となり、輪が広がって、たくさんの良識ある日本人が集まった。育徳はそういう人たちと心一つに行動することが大好きだったのである。

育徳の十年間の心労を思えば、独立運動に専念したほうが良いと意見した独立聯盟の懸念は当たっていたとも言える。しかし、一つ言えることは、育徳が始めなければ、このことは知られることもなく、あのまま闇に葬られていただろうということだ。総額五六二億円の日本の国家予算を使っての台湾人への補償は、育徳がそのきっかけを作ったということは間違いない。

燃えて尽きたし

一九八五年（昭和六十）九月八日、育徳は原稿を書いている途中で夕食によばれ、万年筆を置いた。食事を終えたあと、「気分が悪い」と言って横になり、そのまま意識を失った。心臓の発作であった。

救急車が来て、呼吸は回復したが、意識は戻らないまま東京女子医大に運ばれた。翌九月九日、一旦は意識を回復したものの、夕方再び発作を起こし、帰らぬ人となった。死因は心筋梗塞であった。いつも元気そうに見えたが、この年の四月、大学へ行く途中で胸に痛みを感じ、検査の結果、狭心症と診断されていた。しかし、片づけなければならない仕事が山積みであることから、外科的手術を受けずに、薬の内服で様子を見ることになった。現在であれば、カテーテルによる狭窄部分の拡張治療で改善され、まだ何年も生きることができたはずであるが、一九八五年当時の日本の心臓外科の技術はまだそこまでいっていなかった。医者から節制するよう指示されていたにもかかわらず、生真面目な性格から、連日、大学に講義に出かけた。六月の台高のクラス会では、色紙の寄せ書きに「燃えて尽きたし」と書いた。同じような意味のことを、その頃、独立聯盟でもよく口にしていた。自分の命が長くないことはわかっていたのだろう。それでも、あえて静養して延命するよりは、やるべきことをできるだけやり遂げる道を選んだにちがいない。「燃えて尽きたし」はその覚悟と、みんなへの別れの言葉であった。

その夏は特別に行事が多かった。第二審判決のほかに、海外在住の台湾人が一堂に会する「台湾同郷会世界大会」と〈台湾独立聯盟〉の中央委員会大会が日本で開かれ、その準備や接待などで休む暇もなかった。

八月の同郷会のとき、何人かの台湾から来た若者が壇上に上がり、「民主化に向けての決意」を熱く語った。それを聞いて育徳は妻に言った。

「もうこれで台湾は大丈夫だ。ぼくの役目は終わったよ」と。

亡くなったとき、書斎の棚には、編集を終えた会報『考える』十七号の原稿と、資料集特集『二審判決「国は救済策を急げ」』の原稿が置いてあった。判決から二週間たらずでまとめ上げたものであった。

机の上に残された書きかけの原稿は、『台湾青年』の次号に載せる予定のもので、タイトルは「〃一寸《いっすん》の虫にも五分の魂〃の戦い」。まさに、六十一年の育徳の生涯につけるにふさわしいタイトルであった。

台湾では育徳の願いどおり、八〇年代に入ってから、民主化を求める動きが活発になり、一九八六年（昭和六十一）、台湾独立を綱領にかかげる民進党が結成された。一九八七年、ようやく戒厳令が解除された。一九八八年（昭和六十三）に、台湾人として初めて総統になった李登輝氏は国民党の主席として、政権内部から次々と民主化のための改革を押し進めた。二十七年前の育徳の予感が的中したのである。

二〇〇〇年（平成十二）、初めての民主的な総統選出選挙が行なわれ、民進党の陳水扁候補が当選した。

五月、総統就任式に列席するため、王雪梅は五十年ぶりの帰国を果たした。その数年前から独立運動関係者も帰国できるようになっていたのに、雪梅は「台湾が独立するまでは帰らない」と言い張っていたのだ。それは、亡き夫への操《みさお》のようなものであった。

二〇一一年（平成二十三）現在、台湾はまだ独立国家として国際的に認められていない。民主主義国家として機能しているのに、国連にも国際機関にも加盟できない。自分たちは「中国」ではなく「台湾」であると宣言する日、本当の「台湾」という国の誕生する日を、今か今かと、育徳は待ち望んでいることだろう。

文庫版のためのあとがき

本書の元原稿は一九六五年頃、父王育徳が自伝として発表しようと考えて書いていたものでした。ところが、母や伯母（父の実姉）から「同じ家に三人の妻が同居していたなんて恥ずかしいことを世間に知られたくない」、「弱冠四十歳で自伝を出すのはおこがましい」と猛反対にあい、あえなく断念したという経緯があります。中共政府や国民党政府に何を言われても信念を曲げなかった父も、妻や姉には歯が立たなかったようです。

王育徳の死後、台湾は民主化してブラックリストも解除され、父の本も台湾で扱われるようになりました。二〇〇二年に台湾で『王育徳全集』の第十五巻目にこの「自伝」を入れようという話が持ち上がった時には、母も喜んで承諾しました。父が万年筆を走らせた二〇〇字詰めのコクヨの原稿用紙の束を前に、母と私と私の娘（近藤綾）の三代で、文字通り額を寄せ合って解読して整理し、綾と手分けしてパソコンに入力してゆきました。

父は苦労したことや辛かったことを家族にも愚痴ることの無い人でしたが、この回想録においても、尋常でない環境やつらい体験を述べながらも感情に流されず、客観的な視点を軸においているということを感じます。それは四十歳までに父が台湾語研究論文や雑誌『台湾青年』や『台湾——苦悶するその歴史』を執筆するなかで身につけたものだったのかもしれません。あんなに情熱的に台湾独立運動や台湾人元日本兵の補償請求運動などに取り組んだ人なのに、書斎で原稿を書いている時はいつも姿勢正しく静かに向かい合っていたことが思い出されます。

この原稿が十年前の二〇一一年、『「昭和」を生きた台湾青年』という題名で草思社から出版されたのは東日本大震災の直後でした。その未曽有の災害に対して、台湾の人々からどこよりも多い二五〇億円にものぼる義援金が寄せられたことは今も多くの人の記憶に残っています。その頃から「そんなにも日本を想ってくれる台湾とはどういう国なのか」と、改めて台湾に関心を持つ人が増え、本書を読んで下さった方も多かったようです。研究者の方からは、「日本統治時代の台湾のことや戦後の様子を知る上で貴重な一次資料だ」と評価して頂きました。それは、小説や物語ではなく、敢えて正確な回想録として書き残した王育徳の学者らしい誠実な執筆姿勢が生かされた結果だと思われます。

この十年の間に台湾は大きく変わりました。台湾人アイデンティティは高まり、民主的な体制は成熟度を増しています。特に刮目すべきなのは、台湾の若者たちの政治意識の高さと行動力です。若者たちの間では、もう戦後中国大陸からやってきた外省人と古くから台湾に住む本省人の差はなく、「台湾に生まれ育ち台湾を故国と思う者は皆台湾人だ」という意識があります。二〇一四年に起きた「ひまわり学生運動」では、当時の国民党政権が中国との関係を深めようとしていることに危機感を感じた若者たちが行動を起こし、それを大人世代が支援して、とうとう国の方針を変更させることに成功しました。その後も、若者たちは意思を表明する手段として選挙の度に積極的に投票行動を取り、社会を動かす大きなファクターとなっています。二〇二〇年に世界中が新型コロナウイルスの感染拡大で呻吟するなか、台湾は官民一体となって、手際よく感染を封じ込めることに成功し、その先見性や優秀な政治家の手腕は世界中から称賛されました。まさに、王育徳が望んでいた民主的な理想の社会が現実のものになっていると言っても過言ではありません。

二〇一八年九月に父の故郷台南市に設立された「王育徳紀念館」（注：台湾では紀の字を使用）について少し述べたいと思います。これは台南市が公費で設立したものです。生前はずっと国民党政府のブラックリストに載っていたような人物の個人記念館を公の機関が作ったという珍しいケースです。父が取り組んだ台湾語の研究も、台湾の歴史書の執筆も、台湾独立運動も、当時の台湾では禁止されていたことばかりでした。つまり、生きている間、父は故郷から遠く離れた地で、評価されることを期待せずにただ地道に自分がやるべきだと決めた仕事に向かい合ったのです。生きて二度と帰ることができなかった故郷、やがてそこに自分の記念館が作られることになるとは夢にも思っていなかったことでしょう。「王育徳紀念館」のパンフレットの表紙には「一生を台湾の夜明けに捧ぐ」と記され、最後のページには「私たちの王育徳。私たちは忘れない。」と書かれています。

場所は台南市の中心部、父の生家から歩いて数分の「呉園」という名園のなかで、池の畔に佇む伝統的な建物がこれに充てられました。

展示室は五つに分かれ、それぞれに次のようなタイトルが付けられています。

故郷・台南市にある王育徳紀念館。

第一室　文学青年から多面的活動家へ
第二室　言葉は民族の魂である―台湾語の研究―
第三室　民主と自由を求めて―台湾独立運動―
第四室　非情の判決を乗り越えて―台湾人元日本兵の補償―
第五室　小さな書斎が大きな世界を開く（書斎の再現展示）

それぞれの展示内容は本書の「おわりに」に記した活動に関する記録や実際に使用されていた物で、全てに中文と日本文の解説が併記されています。

入口近くには李登輝元総統から贈られた言葉が掲げられています。


「王育徳紀念館に寄せて」　元総統　李登輝

王育霖さんと王育徳さんの兄弟は、ともに私の台北高等学校の尊敬する先輩でした。兄、育霖さんは台湾の司法を背負って立つ人材でしたが、非常に残念なことに二二八事件で犠牲になられました。

弟の育徳さんは日本に亡命されましたが、私は東京で一度お会いし、台湾の将来に

ついて語り合ったことがあります。住む場所も与えられた環境も異なりましたが、
私たちは共通の理念で結ばれていました。
それは、台湾人の幸せを願い、その為に最善を尽くすということでした。
育徳さんの魂はこの地で、台湾の幸福を見守り続けるでしょう。

李登輝氏が言及している二人の対面について記したのが、本書三五二頁（単行本では三〇六頁）の場面です。単行本では、李登輝氏をR氏と表記しましたが、文庫版では、原文の通りに李東輝と記しました（父は万が一のことを考えて普段から留学生の名をペンネームで書いていますが、李登輝氏の登の字も敢えて東と記したようです）。

二十五歳で日本に亡命して自由を手に入れてから、王育徳はその自由を自分の為ではなく、故国台湾の為に使うことを自分に課し、精いっぱい生きました。それは二二八事件の時に弱冠二十八歳で命を絶たれた兄の志の分も果たそうというような使命感だったのかもしれません。故郷を離れ連絡

「王育徳紀念館」へ寄せる言葉を考えるために本書を再読する李登輝氏。2018年3月26日。

が途絶えても、毎日台湾のことを想い、台湾人が幸せに生きられる社会を求め続けた一生でした。生きている間にはその成果を見ることはできませんでしたが、今、台湾は父が望んだように民主化し、自由に行動できるようになり、故国の人々が父を忘れずに記念館を作って迎えて下さったのですから、父の一生は本当に意味のある人生だったと言えると思います。

一人の人間はどうやって、また、いつから愛国心を持つようになるのでしょう。どのようにして自分の使命を知るのでしょう。その答えは本書『「昭和」を生きた台湾青年』のなかに必ずあると思うのです。

最後に十年前、この本が世に出る後押しをして下さった作家鳥居民さんと編集部の増田敦子さんに今改めて御礼を申し上げたいと思います。残念ながら、お二人とも鬼籍に入られましたが、この度、藤田博編集長の御英断により文庫本として生まれ変わることができたことを一番喜んで下さっていると思います。藤田編集長、草思社の皆様、本当に有難うございました。

近藤明理（王明理）

＊本書は、二〇一一年に当社より刊行した著作を文庫化したものです。

草思社文庫

「昭和」を生きた台湾青年
日本に亡命した台湾独立運動者の回想　1924-1949

2021年8月9日　第1刷発行

著　者　王 育 徳
編集協力　近藤明理（王明理）
発 行 者　藤田　博
発 行 所　株式会社 草思社
〒160-0022　東京都新宿区新宿 1-10-1
電話　03(4580)7680(編集)
03(4580)7676(営業)
http://www.soshisha.com/

印 刷 所　株式会社 三陽社
付物印刷　株式会社 暁印刷
製 本 所　大口製本印刷 株式会社
本体表紙デザイン　間村俊一

ISBN978-4-7942-2532-0　Printed in Japan